O SABER DA FILOSOFIA

Nesta colecção publicam-se
textos considerados representativos
dos nomes importantes da Filosofia,
assim como de investigadores
de reconhecido mérito
nos mais diversos campos
do pensamento filosófico.

O SABER DA FILOSOFIA

1 — A EPISTEMOLOGIA
Gaston Bachelard
2 — IDEOLOGIA E RACIONALIDADE
NAS CIÊNCIAS DA VIDA
Georges Canguilhem
3 — A FILOSOFIA CRÍTICA DE KANT
Gilles Deleuze
4 — O NOVO ESPÍRITO CIENTÍFICO
Gaston Bachelard
5 — A FILOSOFIA CHINESA
Max Kaltenmark
6 — A FILOSOFIA DA MATEMÁTICA
Ambrosio Giacomo Manno
7 — PROLEGÓMENOS A TODA A METAFÍSICA FUTURA
Immanuel Kant
8 — ROUSSEAU E MARX
Galvano Della Volpe
9 — BREVE HISTÓRIA DO ATEÍSMO OCIDENTAL
James Thrower
10 — FILOSOFIA DA FÍSICA
Mario Bunge
11 — A TRADIÇÃO INTELECTUAL DO OCIDENTE
J. Bronowski e Bruce Mazlish
12 — A LÓGICA COMO CIÊNCIA HISTÓRICA
Galvano Della Volpe
13 — A HISTÓRIA DA LÓGICA — DE ARISTÓTELES
A BERTRAND RUSSEL
Robert Blanché
14 — A RAZÃO
Gilles-Gaston Granger
15 — HERMENÊUTICA
Richard E. Palmer
16 — A FILOSOFIA ANTIGA
Emanuele Severino
17 — A FILOSOFIA MODERNA
Emanuele Severino
18 — A FILOSOFIA CONTEMPORÂNEA
Emanuele Severino
19 — EXPOSIÇÃO E INTERPRETAÇÃO
DA FILOSOFIA TEÓRICA DE KANT
Felix Grayeff
20 — TEORIAS DA LINGUAGEM,
TEORIAS DA APRENDIZAGEM
Massimo Piattelli-Palmarini (org.)
21 — A REVOLUÇÃO NA CIÊNCIA 1500-1750
A. Rupert Hall
22 — INTRODUÇÃO À FILOSOFIA DA HISTÓRIA DE HEGEL
Jean Hyppolite
23 — AS FILOSOFIAS DA CIÊNCIA
Rom Harré
24 — EINSTEIN: UMA LEITURA DE GALILEU E NEWTON
Françoise Balibar
25 — AS RAZÕES DA CIÊNCIA
Ludovico Geymonat/Giulio Giorello
26 — A FILOSOFIA DE DESCARTES
John Cottingham
27 — INTRODUÇÃO A HEIDEGGER
Gianni Vattimo
28 — HERMENÊUTICA E SOCIOLOGIA DO CONHECIMENTO
Susan J. Hekman
29 — EPISTEMOLOGIA CONTEMPORÂNEA
Jonathan Dancy
30 – HERMENÊUTICA CONTEMPORÂNEA
Josef Bleicher

CRÍTICA da RAZÃO
CIENTÍFICA

Título original: *Kritik der Wissenschaftlichen Vernunft*

© Verlag Karl Alber GmbH
Freiburg/Munchen 1978, ³1986

Tradução e revisão de Artur Morão

Capa de Edições 70

Depósito legal n.º 62.315/93

ISBN – 972 – 44 – 0876 – 0

Direitos reservados para todos os países de língua portuguesa
por Edições 70, L.da

EDIÇÕES 70, LDA. — Av. da Liberdade, 258-3.º 1200 LISBOA
Telefs. 3158752 / 3158753 / 3158755 / 3158765
Fax: 3158429

Esta obra está protegida pela Lei. Não pode ser reproduzida,
no todo ou em parte, qualquer que seja o modo utilizado,
incluindo fotocópia e xerocópia, sem prévia autorização do Editor.
Qualquer transgressão à Lei dos Direitos de Autor será passível
de procedimento judicial.

Kurt Hübner

CRÍTICA da RAZÃO CIENTÍFICA

edições 70

PREFÁCIO

Hoje são muitos os que julgam que verdade e conhecimento se podem dar, em sentido próprio, apenas na ciência e que, por isso, é necessário que todos os âmbitos da existência sejam pouco a pouco por ela dominados. E também é uma opinião amplamente difundida que a humanidade depende de modo essencial da clarificação científica. O que se encontra fora da cientificidade, como arte, religião, mito, é, pois, mais do que nunca ocasião de perplexidade — como é que se pode ainda tomar a sério e justificar? Mas existe também o partido oposto, que em particular aproveita a ocasião e semelhantes aspectos discutíveis do progresso técnico (poluição do ar e da água, superpopulação, etc.) para se abandonar a uma hostilidade irracional nos confrontos da ciência, Nem uns nem outros, evidentemente, têm uma ideia adequada do que é propriamente a ciência, do que nela significam termos como verdade, experiência e conhecimento, do que ela pode e não pode oferecer. E a mesma coisa vale para a técnica.

A indagação seguinte intenta contribuir para esclarecer tudo isto. Nela, virão à luz novas perspectivas, que fazem aparecer também os já indicados âmbitos extracientíficos numa luz até agora inusitada.

Não foi intenção minha tratar o tema de um modo exaustivo (se é que uma coisa deste género é possível) e discutir extensamente a bibliografia mais recente escrita sobre muitos dos temas aqui abordados. Geralmente, limitei-me ao mais essencial para assim fazer realçar de um modo mais claro e mais compreensível os conceitos fundamentais, muitas vezes inabituais. Em virtude da actualidade do objecto, viro-me também para um mais amplo círculo de leitores e de modo algum apenas para os especialistas de epistemologia. Certos capítulos poderão ser de difícil acesso a alguns leitores; no entanto, a compreensão do conjunto nem por isso se lhes torna absolutamente impossível. Com efeito, justamente os capítulos mais importantes não exigem deles nenhuns conhecimentos prévios particulares e, além disso, estão concebidos de modo a também se poderem ler como unidades autónomas. Entre estes contam-se em particular os capítulos 1, 3, 4, 8, 11, 13, 14 e 15.

Por fim, para evitar mal-entendidos deve sublinhar-se ainda o seguinte: o estudo presente ocupa-se das ciências só na medida em que elas têm a *forma de teorias empíricas*, tal como se difundiram no decurso dos tempos modernos. Mas também só para elas existe a conexão com os problemas actuais, a que pouco se aludiu.

Estou grato aos meus colaboradores na Universidade de Kiel, Dr. Deppert, Dr. Fiebig e Sell pelos numerosos conselhos e pela leitura do manuscrito. Porém, visto que alguns capítulos deste volume surgiram já no tempo da minha actividade docente em Berlim, gostaria também de agradecer, pelos muitos estímulos que me proporcionaram, aos meus colaboradores de então o Prof. Dr. Lenk, o Prof. Dr. Rapp e o docente Dr. Gebauer.

Kiel, 31-12-1977

PREFÁCIO
à Quarta Edição Alemã

Desde a primeira aparição da «Crítica da Razão Científica» em 1978, prosseguiu de múltiplos modos a pesquisa no âmbito da teoria da ciência, entendida como teoria das formas do pensamento científico, dos seus fundamentos e das possibilidades do conhecimento. No entanto, as questões particulares que ele levanta e as respostas que tenta dar-lhes com dificuldade foram abordadas de um modo essencial. Por isso, não divisei qualquer ocasião para uma modificação ou adaptação aos novos desenvolvimentos no seio da filosofia da ciência.

No tocante à situação espiritual que eu tinha descrito no meu prefácio à primeira edição, ela tornou-se mais aguda, já que a ansiedade face à destruição da natureza, atribuída sobretudo ao progresso técnico e científico e aos seus efeitos económicos, se intensificou em vez de se ter atenuado. Entretanto, reconheceu-se, por um lado, em larga medida que uma porta de saída do mundo técnico-científico, como muitos a sonharam, é impossível e a catástrofe que se teme apenas seria acelerada; por outro, está-se supostamente sujeito ao círculo infernal de a destruição ameaçadora do ambiente poder em geral ser impedida só com os meios do progresso técnico-científico agora posto em causa.

Por conseguinte, no primeiro plano do interesse, ao prescindir-se de manifestações marginais, não está o modo como livrar-se da ciência, mas como avançar de um seu uso e entendimento ingénuo para outro reflectido. Não se trata unicamente da sobrevivência, mas sim da relação do homem com a natureza, com a realidade e sobretudo consigo mesmo. A questão de se ou em que limites a natureza e a realidade se devem abordar cientificamente encerra a questão de se ou em que limites o próprio homem deve ser objecto de consideração científica. Sempre que a ciência pretende sujeitar-se a objectivos determinados está inteiramente em debate a ideia do humano.

Mas embora a situação se tenha agravado do modo esboçado e, por isso, mais ainda relativamente a tais objectivos e à ideia com eles conexa, existe, no entanto, a tendência de sem alteração se saltar por cima do primeiro estádio, aliás fundamental, que unicamente pode residir na teoria aqui definida das próprias ciências. E assim a crítica da ciência permanece ainda não menos ingénua do que a crença na ciência que justamente se pretende combater. Os preconceitos da última são, pois, substituídos apenas pelos preconceitos da primeira.

Apresento, portanto, ao público a quarta edição deste livro com a convicção de que, abstraindo da validade dos seus resultados, nada perdeu da sua actualidade. E vejo-me nisso confirmado pelas suas numerosas traduções que, entrementes, saíram noutros idiomas.

Kiel, 1993

Parte I

Teoria das ciências da natureza

I

Introdução histórica ao problema da fundamentação e do valor das ciências naturais, do numinoso e da arte

Quando ligamos a ignição do nosso automóvel, esperamos que o motor comece a trabalhar; quando na obscuridade nos servimos de um interruptor da luz, esperamos que a luz se acenda; é possível calcular com antecipação o curso das estrelas; as ligações químicas são continuamente reproduzidas no mesmo modo. Toda a nossa vida no mundo da indústria está cheia de uma rede finamente entrelaçada de execuções técnicas, continuamente baseadas em expectações que de modo incessante são satisfeitas. Mas a tudo isto subjaz a física e as leis físicas. Por isso, afirmava Lenine: a práxis demonstra a verdade da física ([1]).

Mas a física não contém apenas leis, que de modo incessante aplicamos. Fornece igualmente uma determinada interpretação de múltiplos fenómenos tanto no laboratório do físico como na vida quotidiana. Acende-se uma luz; dizemos: passa a corrente. Observamos a subida da maré e dizemos: a lua exerce uma força de atracção. Quando vemos luz, dizemos: estas são ondas electromagnéticas. Quando ouvimos a rádio, afirmamos: uma voz vem do éter até nós. Quando observamos um vestígio numa fotografia de uma câmara de bolhas, dizemos: eis a imagem da trajectória de uma partícula, e damos a esta partícula o nome de electrão. Em todos estes casos, introduziram-se como óbvias teorias físicas na linguagem quotidiana do homem moderno. Também estas teorias se consideram verdadeiras. E, no entanto, nem a existência de leis físicas nem a verdade de teorias físicas constitui uma evidência, como permanentemente nos é sugerido, mas algo de problemático.

O capítulo presente visa introduzir nestes aspectos problemáticos mediante três exemplos clássicos e pertinentes para o seu tratamento. Estou a referir-me a Hume, Kant e Reichenbach, que representam respectivamente o empirismo crítico, o transcendentalismo e (no último caso) o operativismo. Mostrar-se-á assim como já nestes exemplos históricos se torna saliente também a problemática do numinoso e da arte.

1. *O problema da justificação das ciências naturais no empirismo crítico de Hume, no transcendentalismo de Kant e no operativismo de Reichenbach*

Comecemos com Hume e consideremos a este respeito a lei da queda dos graves:

$$s = \frac{g}{2} t^2$$

Se se conhece o instante em que se iniciou a queda do corpo, então, segundo esta lei, pode predizer-se o espaço percorrido num instante ulterior. Com a afirmação de que as leis físicas existem, intenta-se dizer que elas exprimem uma constituição universal da natureza, que a natureza é efectivamente construída segundo tais leis. Estas leis devem, pois, valer *sempre,* mesmo no futuro; com efeito, só então são efectivamente leis. Mas a experiência de que tais leis estavam presentes e de que nós, com a suposição das mesmas leis, tinhamos sempre êxito, diz apenas respeito ao passado. No melhor dos casos, podemos apenas afirmar: até agora, as nossas expectações com base nas leis foram sempre confirmadas. Com que direito, porém, inferimos do passado para o futuro e dizemos: estas leis valem sempre, pois são leis naturais *universais?* As experiências da práxis não nos conferem de modo algum o direito de tirar esta conclusão. Se para elas se quisesse apelar, então cair-se-ia, como é fácil de ver, num círculo. Deveria, de facto, argumentar-se do seguinte modo e, efectivamente, é deste modo que se argumenta quase sempre comummente: até agora, e isto quer dizer no passado, tivemos êxito prático com as nossas inferências do passado para o futuro; portanto, também no futuro teremos êxito com semelhantes inferências e, assim, este tipo de inferência é justificado. Mas semelhante fundamentação utiliza já o que se pretende fundar, a saber, a inferência do passado para o futuro, pois dos êxitos práticos passados ela infere para os futuros. Mas tão pouco se pode aqui obter com a referência a experiências feitas no passado como com a pura lógica. Com efeito, a constância das regras na natureza, que se devem pressupor em todas as inferências do tipo indicado, não é um conceito da lógica. A lógica, na sua universalidade vazia e formal, nada ensina acerca das propriedades particulares da natureza; portanto, também nada ensina a propósito da sua constância. O resultado é assim este:

a experiência, que é sempre passada, ou a pura lógica jamais podem demonstrar a existência de leis físicas, que devem ser válidas para todos os tempos. Esta era a convicção fundamental de Hume. Tornou-se assim claro que tanto a existência como o conteúdo das leis da natureza não são de modo algum factos empiricamente dados, e que nós não encontramos simplesmente estas leis na natureza, mas que manifestamente, num certo sentido, as levamos à natureza, as introduzimos nela. Mas se, além disso, afirmamos que elas existiam em si, na natureza, que existiria por assim dizer uma harmonia pré-estabelecida entre o que nós a ela levamos e o que nela verdadeiramente existe, então devemos cair na conta de que uma tal afirmação não se pode fundamentar. Exprime antes uma fé.

Mas com que direito levamos, então, leis à natureza? Hume reconduziu simplesmente a sua aplicação ao hábito, que se institui na permanente repetição de eventos que se seguem regularmente uns aos outros. Negou assim a questão de direito em geral. Esta concepção é insustentável. Em primeiro lugar, pode falar-se de uma atitude conforme ao hábito só em leis muito simples, por exemplo, numa lei do tipo: se se levar a mão ao fogo, queima-se. Confiamos, no entanto, também em leis que estão muito afastadas do âmbito quotidiano da experiência e do hábito constante, como, por exemplo, as que determinam as órbitas dos cometas. Em segundo lugar, a suposição de leis que subjazem à ciência não se pode fundar em algo tão instável e subjectivo como o hábito humano. A ciência precisa para tal de fundamentos racionais.

Com que direito, então, se pressupõem leis físicas, se elas não são dadas na experiência, se, portanto, a sua existência de nenhum modo é garantida?

Kant parte da suposição de que nós devemos pensar as múltiplas e desconexas representações, que enchem a nossa consciência, como postas necessariamente numa possível relação permanente. Com efeito, só quando elas se encontram em semelhante possível relação é que podem pertencer à unidade de uma autoconsciência. Assim, na nossa própria consciência, pulsa sempre, de um modo intuitivo e mais ou menos temático, a representação de um horizonte mundano, universal e interconexo, no qual ordenamos todas as coisas. Mas estas conexões não nos são dadas realmente e na experiência na sua totalidade. Devem ser pensadas por um eu, que se entende a si mesmo como unidade, como possíveis só em linha de princípio, e, portanto, pressupõem-se *a priori*. Ora o empreendimento de Kant é descobrir as conexões que devem pressupor-se *a priori,* pelas quais, como ele diz, a consciência se constitui como unidade. A este respeito, Kant chega ao resultado de que a estas conexões *a priori* deve, entre outras, pertencer o nexo das representações de eventos segundo o princípio da causalidade. Este princípio, se deixarmos aqui de lado algumas dificuldades não relevantes, diz em síntese o seguinte: para todo o evento, há uma explicação causal de modo que ele deve pensar-se como derivado de acontecimentos precedentes segundo uma regra universal. Mas este princípio parece também ser a condição do facto de em geral haver objectivamente representações de acontecimentos. Com efeito, uma representação de eventos é, segundo Kant, objectiva, e não subjectivamente arbitrária, se — como ele se exprime — «se encontra sob uma regra, a qual se distingue de toda a outra apreensão e torna necessário um modo de unificação do múltiplo» ([2]). Semelhante regra é, por exemplo, o princípio de causalidade.

Só quando pensamos um acontecimento como originado segundo uma regra causal é que o consideramos como verdadeiramente objectivo, e não como derivado do nosso arbítrio. A configuração apriórica do princípio de causalidade é, pois, como Kant afirma, não só a condição da unidade da consciência, mas também do facto de que em geral seja possível a experiência dos objectos.

Se, por conseguinte, no passado descobrimos uma regra como a lei da queda dos graves, temos doravante um direito de esperar a sua validade também para o futuro. Com efeito, esta regra é apenas um caso particular da afirmação válida *a priori* do princípio de causalidade, segundo o qual todos os acontecimentos devem necessariamente pensar-se como derivados segundo regras e leis invariáveis.

É esta a resposta que provém do idealismo transcendental de Kant à questão de com que direito se pressupõem *a priori* leis físicas, se não podem ser dadas empiricamente.

A resposta operativista de Reichenbach, pelo contrário, é esta: quando a ciência estabelece para si o objectivo de elaborar prognoses e de dominar a natureza, deve pressupor que os acontecimentos naturais decorrem segundo regras e leis constantes. A existência de semelhantes leis não se pode demonstrar de um modo puramente empírico; mas visto que, se em geral assim é, existe apenas uma via metódica para conseguir o objectivo da prognose que pretendemos, isto é, a via da pressuposição de leis, devemos percorrê-la, ainda que não saibamos se o nosso esforço será vão.

«Um cego — escreve Reichenbach — que se perdeu na montanha, tacteia com o bastão um caminho. Não sabe aonde o caminho o leva, nem sequer sabe se o bastão o não levará para junto do abismo, de modo que ele caia no precipício. E no entanto, ao avançar tacteando com o seu bastão, seguirá passo a passo pelo caminho e avançará. Com efeito, se para ele existe em geral uma possibilidade de sair dessa selva rochosa, é justamente o tactear ao longo do caminho. Perante o futuro, encontramo-nos como cegos; mas tacteamos uma senda e sabemos que se em geral podemos encontrar um caminho através do futuro, isso tem lugar graças ao tacteio ao longo de tal caminho.» ([3])

Com esta parábola, Reichenbach quer dizer o seguinte: quem se ocupa de física e pretende dominar a natureza deve pressupor *a priori*, de um modo metódico, leis físicas e o princípio da causalidade. Mas assim nada se afirma acerca da existência de tais leis. A concepção de Reichenbach pode ainda transferir-se para a vida quotidiana. Porque é que pressupomos ininterruptamente, mesmo nas mais pequenas acções, leis da natureza? Ora, porque queremos agir e querer agir implica de um modo racional o pressuposto de tais leis.

2. *Confronto entre os fundamentos do transcendentalismo e do operativismo*

Se se comparar o transcendentalismo de Kant com o operativismo de Reichenbach, temos o seguinte resultado: a crítica da razão pura deve demonstrar o objectivo englobante de que os fundamentos da física — como, por exemplo, as categorias de causalidade, de acção recíproca, etc. — representam a estrutura necessária *a priori* em que a uma autoconsciência unitária se podem dar em geral objectos, em que apenas a experiência é possível. Entre o tipo de consideração da física e o da vida quotidiana existe, pois, para Kant, unicamente uma diferença de grau: quanto aos seus fundamentos, a física explicita apenas o que cada autoconsciência pressupõe inconscientemente *a priori*.

A física permaneceria assim, pelo menos segundo a forma, o único modo legítimo de consideração do mundo externo. Sem dúvida, Kant, nos seus escritos ulteriores, foi ainda mais longe. Nos *Primeiros Princípios Metafísicos da Ciência da Natureza* e no seu *Opus Postumum*, deduz-se *a priori* também uma grande parte do *conteúdo* da física newtoniana.

Em contraste com este ponto de vista, segundo a perspectiva do operativismo, resulta que a física não é nem verdadeira nem falsa, mas se funda antes em estipulações *a priori* e em construções simbólico--ideais, as quais se trazem à natureza apenas com o fim de se conseguir um esquema para o seu domínio. Mas, com estas construções, não se levantou a pretensão de elas ilustrarem a constituição da natureza. Talvez isto se possa comparar com uma rede de coordenadas, que lançamos sobre o globo terrestre a fim de nele nos orientarmos. Também esta rede é uma construção ideal, mas não constitui nenhuma propriedade da terra.

O elemento comum da filosofia transcendental e do operativismo consiste, pois, em que ambos rejeitaram a clássica e ingénua relação Eu-objecto, segundo a qual o Eu está perante um objecto em si, acerca do qual, em seguida, por meio da experiência, obtém conhecimento. Com efeito, tanto a filosofia transcendental como o operativismo ensinam que o Eu, num certo sentido, produz ele próprio o objecto. Em ambos os casos temos, diante de nós, um apriorismo, pois *a priori* significa, em primeiro lugar, apenas isto: dado não através da experiência, mas por nós mesmos. A diferença, porém, consiste em que Kant considera os modos desta produção como *a priori* necessários e imutáveis, ao passo que o operativismo os deduz de um modo puramente metodológico do fim de considerar a natureza sob o ponto de vista da sua dominação. Poderia, portanto, denominar-se também necessário o *a priori* de Kant; em contrapartida, o do operativismo chamar-se-ia contingente ou acidental. Para Kant, a física é a única possível construção autêntica de objectos; pelo contrário, para o operativismo, ela baseia-se numa decisão particular. Também a história do desenvolvimento da física, com todas as suas inabarcáveis consequências, como se delineiam na indústria, nas bombas atómicas e nos foguetões lunares, surge, à luz da filosofia transcendental, como um processo em que a razão clarifica para si apenas os modos em que em geral ela objectivamente constitui objectos. À luz do operativismo, pelo contrário, o desenvolvimento da física baseia-se num acto da vontade, de uma vontade que visa o poder sobre a natureza, como já tinham pressentido Bacon e Hobbes, os primeiros homens da era da técnica.

3. *O problema da fundamentação do numinoso e do objecto artístico no transcendentalismo e no operativismo*

Chego assim ao terceiro parágrafo deste capítulo, parágrafo que deve mostrar como se desenvolve a problemática dos objectos extra-científicos, isto é, do numinoso e da arte.

Para Kant, a física é o modo de consideração do mundo externo. Ele é assim, porém, tão moderno como qualquer outro, pois eu já delineei a situação em que hoje nos encontramos. Na era da técnica, o objecto físico defronta o homem de um modo ininterrupto e com imensa força. Todo o seu mundo está cheio de execuções técnicas quotidianas, a sua linguagem está imbuída de física. Vê também os objectos da vida quotidiana na perspectiva da física. O cristal, a pedra preciosa, o mar, o sol, o vento — tudo isto é para ele, em última instância, substância material que se deve explicar mediante a física. Em verdade, assim se diz numa opinião popular, temos aqui a ver com um grande número de átomos e de partículas elementares — e nada mais. Se esta opinião é verdadeira ou se o é apenas em parte ou não o é, em cada caso, ela reflecte a sugestão contínua a que estamos sujeitos em virtude do incessante condicionamento por coisas técnicas e que determina até o subconsciente. Mas seria também possível tornar não inexpugnáveis os fundamentos da era da técnica, se, juntamente com Kant, se conseguisse demonstrar que a física é necessária *a priori*. Pelo que Kant, apesar dos séculos que dele nos separam, pode figurar como um expoente do nosso tempo.

Ora se bem que Kant tivesse, por um lado, proclamado o poder absoluto da física, tentou no entanto, por outro, limitá-lo de novo com a ajuda de um artifício idealista. Tal poder deve valer apenas para os fenómenos, não para o reino das coisas em si. Daqui, porém, resultam as consequências decisivas da sua filosofia: a física — ele dizia «o saber», mas isto é para Kant a mesma coisa — «deveria suprimir-se e dar lugar à fé». Mas o que é que daí resultou como efeito final? O postulado, aliás fundado de modo muito débil, de um guardião do mundo, ao qual se confiou o papel de olhar pela ordem moral do universo. Eis a divindade que Kant nos oferece. Neste caso, foi-nos prometido um pomar e somente uma maçã nos foi dada.

Na perspectiva kantiana, o numinoso é impossível. Por este termo não se deve entender uma categoria cristã, mas uma categoria religiosa universal. O numinoso é o sagrado, o que — como Rudolf Otto o descreveu — faz tremer o homem num *misterium tremendum* e, ao mesmo tempo, o atrai para a sua própria órbita num *misterium fascinosum* ([4]). É o divino, que nos aparece no espaço e no tempo; e justamente por isso ele é o milagre.

Mas o milagre é justamente o que, para Kant, deve ser impossível, porque se desenrola no reino do fenómeno, para o qual só a física é adequada. Daí também a evasão para o mundo inteligível em si, para o qual se postula, em seguida, o abstracto guardião do universo. O que Hume disse a respeito do milagre, pode igualmente considerar-se como característico para Kant. De facto, Hume ensinou que, quando se afirma que teve lugar um milagre, devemos examinar o que é mais provável conformemente às leis da natureza e da psique do homem conhecidas de modo científico e extracientífico, a saber, se o milagre teve efectivamente lugar ou se ocorreu uma ilusão. E só no caso de a ilusão ser mais maravilhosa do que o milagre é que este último se pode considerar como verdadeiro. Mas isto, em relação às ditas leis, nunca pode acontecer. Em semelhante perspectiva, por conseguinte, o numinoso é impossível. Que, sem dúvida, Hume tivesse direito a uma tal argumentação porque, em oposição a Kant, duvidava da possibilidade de fundamentar as leis da natureza, é uma outra questão.

Impossível é também, em seguida, o objecto da arte. Gostaria de elucidar este facto com o exemplo da arte figurativa. Qual é o objecto da arte? Com este termo não me refiro, por exemplo, ao assunto de um quadro, nem ao seu tema, mas à totalidade dos acontecimentos que ele põe diante de nós. Isto, obviamente, concerne também à chamada arte «privada de objecto». O objecto da arte figurativa não é o da ciência em geral nem o da física em particular. É, por assim dizer, imune a uma objectalidade construída segundo leis científicas.

Do objecto artístico derivaram todas as teorias estéticas desde a antiguidade até Kant exclusive; elas relacionaram de modos diversos este objecto com a ideia platónica ou com o conceito aristotélico de forma.

Ora é sintomático que Kant, em quem se reflecte a tendência da época para transformar a física em critério de avaliação dos objectos, subtraia ao objecto artístico a sua importância. Não é sobre ele que Kant faz gravitar a sua teoria da arte, mas antes sobre os efeitos que a obra de arte produz em quem a contempla. Estes efeitos, segundo a concepção kantiana, consistem no prazer desinteressado e no jogo aprazível, livre e harmónico, das faculdades cognoscitivas. O objecto artístico entra aqui em geral no campo da visão só enquanto possui a forma universal da finalidade; mas a finalidade não é, para Kant, nenhuma constituição objectiva da natureza, é unicamente um princípio subjectivo da sua avaliação. Segundo tal concepção, poderia pois dizer-se, a modo de exagero, mas no entanto com propriedade, que o protótipo da obra de arte é o desenho da tapeçaria. Se, porém, Kant transfere assim o acontecimento artístico para a subjectividade, tal é apenas o reverso do facto de que ele deve declarar como impossível o objecto artístico, portanto, a totalidade do acontecimento que a obra de arte representa. Com efeito, para ele, só é possível o que se nos pode contrapor ou segundo leis empíricas (em rigor, conhecidas cientificamente) ou segundo leis *a priori*. Kant deixa tudo o mais à subjectividade, à ficção, que em última análise é indiferente. Mas se se suprime o objecto artístico na sua possibilidade, suprime-se igualmente a arte e o acontecimento estético. Efectivamente, este acontecimento só é possível em virtude de apelarmos para o direito de considerar o objecto artístico, quer no processo de criação, quer na sua contemplação, como algo de objectivo. A obra de arte tira toda a sua força fascinante, todo o seu significado, da pretensão de que o seu objecto é de algum modo válido, que ele constitui uma interpretação possível do mundo real. Por isso, Kant estancou a fonte, a partir da qual unicamente o numinoso e a arte podem viver.

Em contraposição à filosofia transcendental, o operativismo deixa aberta a possibilidade da arte e do numinoso; mas nem por isso os consegue também fundamentar. Segundo ele, o objecto físico surge — e neste caso concorda, num primeiro momento, com Kant — em virtude de nós, segundo regras e leis, trazermos *a priori* uma unidade sintética à multiplicidade das percepções. Mas enquanto, para Kant, isto é um modo necessário da construção em geral dos objectos, segundo a concepção do operativismo, tal é determinado apenas mediante objectivos finais de carácter prático, e portanto não é necessariamente vinculante. Ora, o objecto artístico, formalmente considerado, surge igualmente graças a que o artista, para falar como Kant, traz à multiplicidade da percepção uma «unidade sintética segundo regras». Toda a obra de arte tem as suas leis internas de estilo e de estrutura, controla a riqueza da multiplicidade por meio da ordem e da forma, embora, claro está, de um modo inteiramente diverso da física. E também a síntese artística é, gnoseologicamente considerada, algo de *a priori*, a saber, uma criação. Ora visto que segundo a perspectiva operativista a construção dos objectos físicos não pode em princípio gozar de uma deferência maior do que outras construções de objectos, não pode também entrar em contradição com a criação do objecto artístico. O mesmo vale para o numinoso. Com efeito, a lei física não é, na perspectiva do operativismo, nem verdadeira nem falsa, mas é uma construção ideal e metodológica, elaborada para um fim determinado. Mas então não existe também em geral mais nenhuma objecção de princípio contra o numinoso.

Como se disse, não é possível deste modo fundamentar nem a obra de arte nem o numinoso. Efectivamente, embora no quadro do operativismo não se possa impugnar também em princípio o direito a produções diferentes das físicas, nem por isso se decidiu sobre o que nos deve levar a atribuir valor objectivo a essas outras produções.

Já nos exemplos históricos apresentados se pode decerto reconhecer em toda a sua agudeza a questão da validade da física e, assim, já que ela é uma espécie de ciência fundamental da natureza, a questão da validade das ciências naturais em geral. E, além disso, deve reconhecer-se como esta questão se conecta necessariamente com as que se levantam a propósito do numinoso e do objecto da arte. Mas as respostas que sobre este ponto Hume, Kant e Reichenbach oferecem já não nos podem hoje satisfazer. O que os incitava move-nos decerto a nós com não menos intensidade. Hoje, estamos até mais profundamente expostos ao mundo da física e da técnica que, por um lado, nos fascina e, por outro, nos alienou ainda mais do numinoso e da arte. Entretanto, uma grande quantidade de novos conhecimentos em torno da questão obriga-nos, como se mostrará a seguir, a tentar novos e diversos caminhos, leva-nos, porém, também mais longe.

NOTAS

([1]) W. J. Lenin: *Materialismus und Empiriokritizismus*, Berlim 1958, p. 180.
([2]) *Kritik der reinen Vernunft* B 236.
([3]) H . Reichenbach, *Wahrscheinlichkeitslehre*, Leida 1935, p. 420.
([4]) R. Otto: *Das Heilige. Über das Irrationale in der Idee des göttlichen und sein Verhältnis zum Rationalen*, Munique 1936. (Trad. port.: *O Sagrado*. Lisboa, Edições 70 1992.)

II

Análise de um caso particular: a fundamentação e a validade do princípio da causalidade na mecânica quântica

Antes de, no próximo capítulo, após a precedente introdução histórica, se desenvolver sistematicamente a problemática deste livro, queremos, primeiro, virar-nos agora para um caso particular. Preparar-se-á assim a consideração que se segue, mais abstracta e geral. Como um dos mais importantes princípios das ciências da natureza, o princípio de causalidade esteve também, desde sempre, no centro do interesse filosófico pela mecânica quântica. Perguntemos, pois: como se exprime aí o princípio da causalidade? Será aí também válido o princípio de causalidade?

1. *A restrição da aplicabilidade do princípio de causalidade na mecânica quântica*

Heisenberg expressou-o na «formulação mais forte» do seguinte modo: «Se conhecermos exactamente o presente, podemos determinar o futuro» ([1]).

Aqui, segundo o seu modo de ver, «não é a consequência que é falsa, mas o pressuposto. *Não podemos,* em princípio, conhecer o presente em todos os seus elementos determinantes...» ([2]).
A causa desta falta de conhecimento é a relação de indeterminação da mecânica quântica. Ensina ela que é sempre possível medir exactamente apenas ou a posição ou o impulso de uma partícula, mas não ambas as coisas ao mesmo tempo. (Quando, em seguida, eu falar *da* relação de indeterminação, será sempre nesta forma que a entendo.) Se agora, em virtude da mecânica quântica, o «pressuposto» do princípio de causalidade é falso, mas ao mesmo tempo todos os experimentos se submetem à mecânica quântica, segue-se então, para Heisenberg, que «a invalidade do princípio de causalidade está definitivamente

estabelecida» (^{3}). A partir de então, os apóstolos da «acausalidade» apoiam-se nesta observação, proveniente de uma tão autorizada fonte.

Se, porém, se tomar Heisenberg à letra, deve constatar-se que a sua afirmação, logicamente considerada, é falsa. O princípio de causalidade é expresso por Heisenberg como uma proposição 'se-então'. Mas, segundo as regras da lógica, uma tal relação 'se-então' não se torna inválida quando a sua premissa é falsa. Pelo contrário, se a premissa é falsa *em princípio* (não podemos, em princípio, conhecer exactamente o presente), a relação 'se-então' (aqui, pois, o princípio de causalidade) torna-se mesmo sempre verdadeira.

Sem dúvida, o princípio de causalidade jamais se torna também então aplicável. Seria, de facto, possível utilizá-lo somente se eu conhecesse de modo realmente exacto o presente e se, a partir dele, pudesse determinar o futuro. Mas, para Heisenberg, isso nunca acontece.

Evidentemente, Heisenberg confundiu a validade do princípio de causalidade com a sua aplicabilidade — mas são dois predicados diversos.

Ora, não é deveras difícil encontrar um princípio de causalidade, que não só seja pressuposto como regra directiva pela mecânica quântica, mas que também seja aplicável.

Pode assim expressar-se: «Para todo o evento em princípio exactamente mensurável, há outros que lhe são simultâneos, passados e futuros, com os quais está conexo mediante leis causais.» Defino o conceito de lei causal baseando-me numa definição de Stegmüller (^{4}), que apenas abrevio e modifico ligeiramente: uma lei causal é uma lei determinista, uma lei de acção por contacto expressa mediante funções matemáticas diferenciadas segundo o tempo, lei que se refere a um contínuo espácio-temporal homogéneo e isotrópico. «As leis causais são deterministas» significa que elas permitem uma previsão exacta, e não apenas probabilística; na física, tais leis tomam a forma das funções matemáticas indicadas; são leis de acção por contacto, porque a velocidade de propagação das séries de eventos por elas reguladas é finita; referem-se a um contínuo espácio-temporal isotrópico, porque para essas séries de eventos é indiferente a direcção em que se propagam.

Esclarece-se deste modo o que se intenta ao dizer que um acontecimento está conexo com outros mediante leis causais; significa que estes acontecimentos podem determinar-se a partir dele ou, vice-versa, que este acontecimento se pode determinar a partir daqueles.

Não se define aqui explicitamente o conceito de evento. Aponte-se apenas o seguinte: um evento não deve definir-se por ser, em princípio, exactamente medível. Poderia, por conseguinte, haver também acontecimentos não exactamente mensuráveis. Um exemplo a propósito seriam os chamados interfenómenos, pelos quais se entendem acontecimentos da microfísica que não entram em interacção com outros fenómenos materiais, portanto, residem entre coincidências — como a trajectória de uma partícula desde o seu ponto de partida até à sua colisão com um quanto de luz. Não se afirma com isto que tais acontecimentos existam realmente; com este exemplo, deve apenas mostrar-se que o conceito de «evento», aqui empregue, não inclui a exacta mensurabilidade.

No exemplo da medida da posição de uma partícula pode elucidar-se o facto de que a mecânica quântica pressupõe não só como regra directiva o há pouco formulado princípio de causalidade, mas que ele é também aplicável.

Ele é *pressuposto,* porque a uma tal mensuração antepõe-se a seguinte consideração: se determinadas grandezas são medidas com exactidão (p. e., os comprimentos de onda da luz que se deve usar na medida, as dimensões do aparelho de medida, o padrão de difracção daí resultante, etc.), há então aí ainda outras grandezas (a posição da partícula) que se podem determinar a partir delas segundo leis causais (da óptica clássica). E o princípio da causalidade é aplicável, porque estas medidas exactas se podem efectuar. Com efeito, só com base no pressuposto destas medidas exactas é que se pode aplicar o que é exigido pelo princípio de causalidade, isto é, que além das grandezas medidas com exactidão há ainda outras com as quais elas se encontram conexas mediante leis causais.

A este respeito, encontra-se assim em Heisenberg uma observação — sem dúvida, menos notada —, segundo a qual para a mecânica clássica vale o seguinte: «se em qualquer momento certas grandezas físicas se medirem tão exactamente como é possível em princípio, então há também, em qualquer outro momento, grandezas cujo valor se pode determinar com exactidão, isto é, para as quais se pode prever com precisão o resultado de uma medição...» ([5]).

Não pode, porém, aplicar-se o princípio de causalidade a todos os eventos possíveis; pelo contrário, a sua aplicabilidade é circunscrita pela relação de indeterminação. Segundo tal relação, nem *todas* as grandezas clássicas são exactamente mensuráveis em todas as circunstâncias e em princípio. (Expressando isto no formalismo da mecânica quântica, temos o seguinte: os operadores associados ao que é observável, à posição ou ao impulso de uma partícula, não se podem trocar reciprocamente; têm diversas autofunções, ou os sistemas dos eixos principais das matrizes de operadores associados à posição ou ao impulso não são idênticos.) Segue-se daí que a mecânica quântica possibilita decerto enunciados exactos sobre medições e predições correctas, mas sobretudo que implica também asserções probabilísticas que não são redutíveis, com base nos fundamentos do formalismo da mecânica quântica, a enunciados que não concernem a *nenhuma* grandeza probabilística.

A mecânica quântica divide-se, pois, num grupo de asserções para as quais encontra aplicação o mencionado princípio de causalidade — e um outro, para o qual o princípio de causalidade não depara com qualquer aplicação. Se o princípio de causalidade se formula no modo há pouco aduzido, esta restrição de aplicabilidade do mesmo princípio mediante uma lei empírica, não porém a sua supressão ou invalidade, é que distingue a mecânica quântica da física clássica.

A esta formula parece ser equivalente também a definição do princípio de causalidade de von Weizsäcker. Escreve ele: «Se se conhecerem alguns elementos determinantes do estado de um sistema, podem calcular-se todos os elementos determinantes de estados precedentes ou sucessivos, que se encontram, segundo a física clássica, numa relação unívoca com os elementos conhecidos» ([6]).

Apesar de tudo, von Weizsäcker *não* pretende dizer — como há pouco se afirmou — que a restrição da aplicabilidade do princípio de causalidade na mecânica quântica designe a sua distinção em relação à física clássica; pelo contrário, ambas teriam antes em comum esta restrição. Com efeito, também na física clássica todos os elementos determinantes de um sistema jamais foram exactamente mensuráveis, por causa dos erros de medida e de todo o tipo de perturbações, e nem sequer podiam alguma vez conhecer-se de um modo completo. A diferença consiste, portanto, apenas nos limites a que se pode levar a determinação de um estado.

Aqui não se realça suficientemente que a restrição indicada na física clássica — justamente por causa dos limites mencionados por Weizsäcker — se diferencia essencialmente da mecânica quântica. Enquanto, de facto, na física clássica, os limites da exactidão e da informação acerca da medida existem só *praticamente* — e é, pois, concebível que eles, em princípio possam de bom grado deslocar-se — na mecânica quântica, em virtude da relação de indeterminação, tais limites consideram-se *em princípio* como não ultrapassáveis.

Na física clássica, portanto, sob este aspecto, o princípio de causalidade *não* é em princípio limitado; pelo contrário, na mecânica quântica, é em princípio *só* aplicável de um modo limitado. Creio, pois, poder ater-me à diferença há pouco sublinhada entre física clássica e mecânica quântica.

2. *O princípio de causalidade ilimitado e os parâmetros ocultos*

Uma definição do princípio de causalidade, que a mecânica quântica contradiz, é, p. e., a seguinte: «Para *todo* o acontecimento há uma explicação causal.»

Visto que neste caso uma explicação causal deve significar que acontecimento é logicamente deduzível de outros por meio de leis causais, e para este fim — segundo a definição de lei causal fornecida por Stegmüller — se exigem exactos valores de medida, segue-se então da afirmação de que «todo o acontecimento é casualmente explicável» a outra asserção de que todo o acontecimento é exactamente mensurável. E *isto* contradiz a conhecida interpretação dos fenómenos da física quântica.

Este princípio de causalidade exprime uma ilimitada exigência: deve resultar verdadeiro para *todos* os eventos. Gostaria, pois, de o chamar *princípio causal ilimitado*. Em contrapartida, chamo *princípio causal limitado* àquele que se limita apenas a acontecimentos exactamente mensuráveis (como a relação de indeterminação ensina, nem todos devem ser exactamente mensuráveis).

Ater-se ao princípio causal ilimitado, perante a mecânica quântica, significa que, para além dos valores de medida inexactos ou não determináveis em geral por causa da relação de indeterminação, se supõem valores exactos *em si*; e só sob este pressuposto é que se pode talvez, em seguida, esperar poder mais tarde medir alguma vez estes valores ou de qualquer modo os interpolar, a fim de se obter a desejada explicação causal. Tais valores em si chamam-se hoje, quase sempre, «parâmetros ocultos». Poder-se-á, porém, perante a mecânica quântica, afirmar a existência de tais parâmetros ocultos e o princípio causal ilimitado? Às duas questões postas de início — «Como se enuncia o princípio de causalidade?» e «Será válido o princípio de causalidade?» — junta-se inevitavelmente a terceira: «Haverá parâmetros ocultos?», e a respeito desta questão os espíritos encontram-se ainda hoje também divididos.

A chamada escola de Copenhaga decidiu-se pela rejeição. Os seus representantes, sobretudo Bohr, Heisenberg, von Weizsäcker e outros, afirmam que não se pode admitir que a elementos determinantes singulares da natureza se atribua um sentido objectivo independente da respectiva relação observacional. Tudo o que verdadeiramente nos é dado são os fenómenos que aparecem mediante as medidas levadas a cabo de um modo clássico e através de experimentos interpretados em sentido clássico (clássico no sentido há pouco ilustrado, a propósito do exemplo de uma medida de posição); os momentos complementares a estes fenómenos não poderão conectar-se com eles num mundo em si; as asserções de probabilidade são, pois — como a relação de indeterminação — em princípio inevitáveis; e este ponto de vista constituirá também o fundamento para *toda* a futura teoria da microfísica.

Em contrapartida, Bohm, para escolher um exemplo do ponto de vista filosófico particularmente interessante e esclarecedor, em colaboração com Vigier e estimulado por ideias de De Broglie, que já remontavam a muito tempo antes mas não estavam bem amadurecidas, propõe uma teoria física, que se funda em parâmetros ocultos. Ela contrapunha-se assim à mecânica quântica tradicional e à chamada interpretação de Copenhaga da microfísica.

Bohm ([7]) cindiu, em primeiro lugar, a equação de Schrödinger que depende do tempo (a qual contém mesmo uma função complexa) nas suas partes imaginárias e nas suas partes reais e obteve deste modo duas equações. Uma pode conceber-se como equação de continuidade, que corresponde à equação clássica de continuidade da massa, só que ela afirma agora que a probabilidade de uma partícula se encontrar numa posição indeterminada não varia. A outra equação, porém, corresponde, sob uma certa suposição, à clássica equação diferencial de Hamilton-Jacobi, pressupondo que o quanto de acção h de Planck seja igual a zero. Se h se tornar diferente de zero, pode conservar-se esta correspondência com a equação clássica, se se introduzir de novo a noção de um particular potencial, que se acrescenta ao clássico.

A equação de Schrödinger é interpretada por Bohm como lei de conservação da probabilidade para a descoberta de uma partícula numa determinada posição; e ela exprime ao mesmo tempo, no seu modo de considerar as coisas, que as relações dinâmicas do movimento das partículas se descrevem como na mecânica clássica mediante a equação diferencial de Hamilton-Jacobi. As trajectórias das partículas mostram-se assim como grandezas classicamente determinadas; a função de onda representa para Bohm um campo real, que exerce uma força sobre a partícula; os processos da teoria quântica que surgem como descontínuos são, segundo esta interpretação, substancialmente contínuos ([8]).

Entre a teoria de Bohm e a mecânica quântica tradicional afigurou-se difícil uma decisão experimental, porquanto aqui como além a equação de Schrödinger é fundamental e se fazem as mesmas predições. Por isso, Heisenberg escreveu: «Bohm estava em condições de expor esta ideia de modo que os resultados, em qualquer experimento, sejam os mesmos que os da interpretação de Copenhaga. A primeira consequência a partir daqui é que a intenção de Bohm não se pode contradizer por via experimental...» ([9]).

3. *A filosofia da escola de Copenhaga e a filosofia de Bohm*

Num certo sentido, pois, ambas as interpretações se podiam considerar como equivalentes, se se prescindisse do facto de que *ambas* tinham mais ou menos de lidar com certas dificuldades, as quais ainda não foram superadas (coisa que agora não podemos aqui aprofundar). Mas visto que a sua superação mediante uma melhoria correspondente do formalismo respectivo não pareceu estar excluída, o debate entre as diferentes concepções transferiu-se em parte para o campo filosófico.

Ambas as interpretações foram, pois, também filosoficamente fundamentadas e interpretadas e, como não era de esperar de outro modo, a filososofia de uma está em evidente contraste com a da outra. Confronto aqui explicitamente as suas teses fundamentais e começo pela escola de Copenhaga.

Bohr e os seus seguidores vêem na relação de indeterminação um fenómeno originário do ser; tem uma existência objectiva só o que é mensurável, mas não o que lhe é complementar. Von Weizsäcker ensina que, subjacente à física clássica, existe uma ontologia que hoje já não se pode manter; nela, a natureza foi pensada, de modo cartesiano, como algo de existente em si; mas, pelo contrário, as leis físicas não existem na natureza sem a nossa intervenção, são antes leis da possibilidade de produzir fenómenos mediante o experimento. Só existe propriamente o que deste modo pode aparecer. A filosofia da escola de Copenhaga poderia resumir-se na proposição: só é possível o ser que, com a ajuda de algum dispositivo de medida, é suscitado como real.

Em contraposição a este enunciado, Bohm ensina que as leis causais são operantes na natureza em si mesma. A natureza é infinitamente complexa, estruturada num número infinito de estratos; e cada um deles possui uma autonomia apenas relativa, pois mostra efeitos dos estratos que residem em maior profundidade, cujos parâmetros permanecem por agora ocultos.

Bohm resume a sua filosofia no enunciado: «O carácter essencial da investigação científica consiste em que ela se move para o absoluto, enquanto estuda o relativo na sua inesgotável multiplicidade e diversidade» ([10]).

Por qual destas filosofias que reciprocamente se contradizem nos devemos decidir? Ou será que talvez nenhuma delas é convincente? Para responder a tais questões, devo ilustrar de modo mais particularizado e considerar criticamente tanto uma como a outra orientação filosófica; começo pela escola de Copenhaga.

Segundo esta escola, o único fundamento legítimo de um enunciado científico é o que é observável com base na relação de indeterminação. «Observável» significa aqui «mensurável». E só o que aparece mediante uma tal mensuração constitui, para os adeptos da escola de Copenhaga, uma realidade. Ora, eles crêem que, segundo a sua interpretação, o formalismo da mecânica quântica admite unicamente transformações de enunciados acerca de observáveis (e, portanto, mensuráveis) noutros enunciados deste tipo. Em virtude de assim não se abandonar o sólido terreno da «realidade», fica garantida a superioridade a respeito de toda a teoria que trabalha tanto com conceitos especulativos como com parâmetros inobserváveis.

Por isso, Heisenberg observava contra Bohm: «Bohm mantém-se na situação de afirmar: ''Não devemos renunciar à descrição exacta, racional e objectiva, de sistemas individuais no âmbito da teoria quântica". Esta descrição objectiva revela-se, no entanto, por si mesma como uma espécie de 'superstrutura ideológica', que pouco tem a ver com a realidade imediata» ([11]).

Justamente porque para a escola de Copenhaga a realidade dada apenas na observação representa o único fundamento legítimo do saber, segundo a sua concepção, também não nos é permitido atribuir a elementos determinantes singulares da natureza um sentido objectivo independente da respectiva conexão observacional. Tudo o que *verdadeiramente* nos é dado são os fenómenos que aparecem mediante medidas e experimentos; os fenómenos que lhe são complementares não podem com eles conectar-se num mundo em si.

Aqui, à primeira vista, temos de facto a ver necessariamente com uma atitude empirista que faz lembrar o «esse est percipi» de Berkeley, a qual se vira sobretudo contra a existência de parâmetros inobserváveis. A diferença decisiva em relação a Berkeley consiste, sem dúvida, em que este «esse est percipi» parece estar doravante transformado num «ser é ser medido». (No capítulo 6, em que entre outras coisas se abordará mais em pormenor esta diferença, mostrar-se-á, no entanto, que «ser é ser medido» não exprime exactamente o estado de coisas.)

A propósito desta atitude empirista, há que observar o seguinte: a pretensa restrição da física ao observável é uma ilusão; nenhuma teoria física seria possível se esta restrição se exercesse com rigor — e isto vale mesmo de modo particular para a mecânica quântica.

Desejo agora elucidar isto com brevidade.

Se a função de estado Ψ, no sentido da exigência da escola de Copenhaga, deve representar uma realidade física, então ela deve poder determinar-se mediante mensurações. Mas isto comporta uma dificuldade, já que o caminho teoricamente pensado de calcular a função Ψ com a ajuda de uma distribuição de conjunto de sistemas e do cálculo estatístico não pode ser plenamente levado a cabo em virtude de razões práticas ([12]).

Poderia talvez pensar-se que isto não tem nenhum significado particular, já que os problemas práticos de um dia se podem resolver. Mas se no âmbito da mecânica quântica esses problemas se considerarem com maior exactidão, deve reconhecer-se que uma tal esperança lida já com os limites da especulação.

No interior da mecânica quântica é, de facto, possível, por meio de um operador, transportar toda a função complexa regular, com algumas condições limitativas ao infinito, para uma função que satisfaça a equação de Schrödinger. Ora visto que segundo o formalismo da mecânica quântica cada grandeza física é representada por um operador, a mecânica quântica seria plenamente interpretável se também, inversamente, a cada operador correspondesse uma tal grandeza.

O número das grandezas definíveis neste modo tornar-se-ia então infinitamente grande. Assim há grandezas a que não se associa nenhum significado físico, como, por exemplo, o produto da energia pela raiz quadrada do impulso. Sem dúvida, poder-se-ia, mediante uma especial construção de um dispositivo de medida, tornar interpretáveis fisicamente também estas grandezas. Mas isto deveria acontecer então, pelo menos, para todas as combinações possíveis das fundamentais grandezas físicas e, claro está, para todas as possíveis potências positivas e negativas. Segue-se daí que se, na mecânica quântica — em correspondência com o postulado da total observabilidade — cada possível grandeza houvesse de ser mensurável, deveria ser necessário um número inconcebível de dispositivos de mensuração.

Por isso, a afirmação de que o formalismo da mecânica quântica admite apenas transformações de enunciados sobre observáveis noutras asserções deste tipo está assim muito longe de ser suficientemente fundamentada. E, por fim, Wigner demonstrou (cf. o capítulo 6) que a maior parte dos operadores possíveis na mecânica quântica não representa grandezas mensuráveis.

Assim como a filosofia da escola de Copenhaga partia da observação mensurante, assim também Bohm se baseou na validade do princípio causal ilimitado. Julgava ele que na física todas as asserções probabilísticas eram em princípio reduzíveis a asserções, que não o são; as asserções probabilísticas são para ele sempre algo de provisório. Segundo a sua opinião, existe a natureza em sentido absoluto, em si, numa multiplicidade infinitamente complexa e, por isso, possui parâmetros ocultos, os quais, se se conhecessem de modo suficiente, reinstaurariam a determinação do que acontece. Para Bohm, portanto, todo o evento é em princípio causalmente explicável.

Só que a validade deste princípio causal ilimitado não se pode demonstrar de modo teórico, como, por outro lado, também não se pode contradizer; e isto verifica-se com todo o princípio de causalidade possível em geral.

De facto, como se poderia tomar em consideração um tal pró e contra? No entanto, poderia justificar-se ou empiricamente ou *a priori*.

Mas um princípio de causalidade não pode nem confirmar-se nem falsificar-se empiricamente. Seja qual for o modo como o princípio de causalidade surja formulado — e, naturalmente, há muitas mais possibilidades de o exprimir do que os exemplos aqui examinados —, ele poderá sempre, se em geral houver de ser adequado, inserir-se numa clara forma lógica que consiste numa proposição universal combinada com uma proposição existencial do tipo: «para cada... acontecimento... existe...» Com efeito, seja qual for a forma que ele possa ter, deduz-se da formulação geral e indeterminada: para todo o acontecimento existe uma causa. Ora uma proposição universal não é susceptível de confirmação — com efeito, como se poderiam conhecer todos os casos? — E uma proposição existencial não é falsificável — efectivamente, como se poderia saber se o que ainda não se revelou como existente não existirá apesar de tudo? ([13])

Ora, no tocante às tentativas de fundamentar como necessário o princípio de causalidade teoricamente e *a priori* (p. e., de um modo transcendental), é pelo menos certo que estas demonstrações permaneceram extremamente duvidosas e, por isso, depararam com algo muito diverso de um consenso geral.

Pode também interpretar-se o princípio de causalidade — seja qual for o modo como se formule — no sentido de que não representa nenhuma asserção teórica; não pretende, então, expressar nem um facto empírico, nem uma constituição necessária *a priori* da natureza ou do ser que importa conhecer; não é, pois, nem verdadeiro nem falso, mas significa unicamente o *desafio* a que para todo o X se *pressuponha* e se *procure* um Y existente. O princípio de causalidade torna-se assim um *postulado prático* e, por conseguinte, justifica-se exclusivamente mediante o fim que com ele se pretende obter. Pelo que já não precisamos de nos interrogar: que é que diz o princípio de causalidade? Será o princípio de causalidade válido? Com efeito, o que ele diz já não depende aqui do que é, mas do que se pretende; e, além disso, um qualquer princípio causal também não possui validade nem dela está privado — nenhuma instância empírica ou metafísica poderá aqui encontrar algo para julgar. Ele não tem nenhum conteúdo teórico; nada afirma acerca do mundo (por isso mesmo, já muitas vezes se considerou como uma tautologia). É um postulado metódico. Ambas as questões devem então, se se entenderem correctamente, tomar a forma seguinte:

> *a.* Qual o princípio de causalidade que pretendo pôr como fundamento da física enquanto universal regra metodológica directiva?
>
> *b.* Que dificuldades empíricas devo ultrapassar com esta regra directiva?

4. *Nem o princípio de causalidade limitado nem o ilimitado implicam uma asserção «ontológica». Ambos são estipulações a priori*

Se agora olharmos para trás, vemos que tanto a filosofia da escola de Copenhaga como a filosofia de Bohm partem de falsos pressupostos.

A escola de Copenhaga tem como único legítimo fundamento do saber o que é observável e o fenómeno mensurável, e julga poder nele basear apenas a sua interpretação da mecânica quântica — eis o *seu* erro; Bohm, porém, considera o princípio de causalidade ilimitado como a expressão de uma propriedade do mundo em si — e este é o *seu* erro. Mas a ambos é comum o erro de divisarem nas proposições e princípios da física traços essenciais da natureza ou do ser; em última análise, entendem as teorias físicas de um modo ontológico e passam por cima o facto de que elas constituem apenas construções, modelos, que são determinados mediante estipulações *a priori* e postulados do mais variado género.

Estes apriorismos não podem confundir-se com os de uma metafísica ou de uma ontologia: os apriorismos de uma metafísica consideram-se como necessários — como exemplo podem servir os «juízos sintéticos *a priori*» de Kant. Pelo contrário, os apriorismos da física não são de modo algum necessários, mas substituíveis por outros.

Disto são prova os diversos princípios causais aqui discutidos, os parâmetros ocultos de Bohm. Disto é prova, porém, também o facto de que diversas teorias podem igualmente ser possíveis sobre o mesmo domínio da experiência: nem contra uma nem contra a outra se podem, por isso, aduzir argumentos *decisivos* de natureza física ou filosófica.

Parece ser uma propriedade inextirpável dos homens a sua tendência para transformarem de imediato num dado objectivo tudo o que, no fundo, brota do seu projecto próprio. A história da física é um processo em que se repete continuamente esta confusão da própria e livre construção com o ontologicamente real.

Se, por um lado, se eliminou a realidade absoluta do espaço ensinada por Aristóteles e a cinemática se conectou com a livre escolha da posição, por outro, introduziu-se logo, por seu turno, uma nova realidade absoluta, isto é, a do movimento de inércia; ele não devia depender da escolha do corpo físico de referência, mas ser uma qualidade essencial e efectiva do próprio corpo a que ela se atribuía. Isto, na perspectiva cartesiana, podia ainda ser compreensível, como se mostrará no capítulo 9. Na ulterior interpretação do princípio de inércia, porém, dever-se-ia ter reconhecido que tal pressupõe o conceito de «tempos iguais», cujo critério é, de novo, a lei de inércia. Com efeito, deve haver «tempos iguais» se um corpo não sujeito a forças percorre distâncias iguais. Revela-se assim que inércia não é uma propriedade nem necessária nem empírica das coisas, mas que corresponde à livre estipulação de um critério de medida; o princípio de inércia transforma-se numa definição de medida.

A liberdade de estipulações *a priori,* que aqui vem à luz, oferece certamente a chave de como se pode eliminar o conflito dogmático das concepções metafísicas, que se constroem com base em determinadas teorias físicas ou que as guiam: mostra justamente que nenhuma delas pode pretender expressar a estrutura *ontológica* do mundo, uma vez que a todas estas teorias apenas subjazem *possíveis* interpretações e postulados práticos; mas esta liberdade é então também o *problema autêntico* que a física põe à filosofia, e não este ou aquele modelo problemático e sempre necessariamente provisório. Que é, de facto, esta liberdade? Uma grande parte das análises que se vão seguir ocupar-se-á desta questão. No capítulo 6 elucidar-se-á também ainda mais uma vez e de um modo pormenorizado, a partir de pontos de vista diversos de quanto até agora aconteceu, a questão dos parâmetros ocultos na mecânica quântica. Mas, por agora, prescindindo do caso particular da mecânica quântica, quero tratar de modo mais geral e sistemático o problema das estipulações e das fundamentações *a priori* na física.

NOTAS

[1] W. Heisenberg: «Über den anschaulichen Inhalt der quantentheoretischen Kinematik und Mechanik», in *Zeitschrift für Physik*, Vol. 43 (1927), p. 197.
[2] *Ibidem*.
[3] *Ibid*.
[4] W. Stegmüller: «*Das Problem der Kausalität*», in *Probleme der Wissenschaftstheorie*, Festschrift für Viktor Kraft, Viena 1960, p. 183.
[5] W. Heisenberg: *Physikalische Prinzipien der Quantentheorie*, Mannheim 1958, p. 45.
[6] C. F. von Weizsäcker: *Zum Weltbild der Physik*, Estugarda 1958, p. 85 s.
[7] D. Bohm, in: *Phys. Rev.*, Vol. 85 (1952), n. 2, p. 187. É aqui sem importância que este exemplo, como de resto também o da escola de Copenhaga, se deva quase certamente de novo chamar «histórico». Com base em ambos, devem demonstrar-se e comprovar-se, apenas como estudo de um caso particular, determinadas posições gnoseológicas fundamentais. Além disso, devem também demonstrar como tais atitudes se reflectem em determinadas teorias filosóficas.
[8] D. Bohm, in: *Phys. Rev.*, Vol. 85 (1952), n. 2, p. 166 s.; *Phys. Rev.*, Vol. 89 (1953), n. 2, p. 458 s.; *Progr. of Theoretical Phys.*, Vol. IX, n. 3 (1953), p. 273 s.; — J. P. Vigier, in: *Phys. Rev.*, Vol. 96 (1954), n. 1, p. 208 s.
[9] W. Heisenberg: «The Development of the Interpretation of the Quantum Theory», in: *Niels Bohr and the Development of Physics*, Comp. por W. Pauli, Londres 1955, p. 17 s.
[10] D. Bohm, *Causality and Change in Modern Physics*, Londres 1958, n. 2, p. 170.
[11] W. Heisenberg, *op. cit.*, p. 18.
[12] Com a ajuda da distribuição dos conjuntos de sistemas e do cálculo estatístico, obtêm-se diferenças do tipo:

$$\mid \psi (q, t_1)\mid^2 - \mid \psi (q, t_0)\mid^2$$

Esta é uma aproximação a:

$$\frac{\delta}{\delta t} \mid \psi (q, t_0)\mid^2$$

Com a ajuda de certos métodos matemáticos, pode obter-se a partir daqui uma função ψ que, mediante o cálculo estatístico, satisfaz os dados obtidos a partir de $\mid \psi (q, t_0)\mid^2$ e *ao mesmo tempo* representa uma solução da segunda equação de Schrödinger.

E esta é então a função ψ «determinada experimentalmente». No entanto, esta determinação mostra justamente que ela é possível só com uma aproximação grosseira e que não é acessível a uma mensuração exacta.

([13]) Contra esta concepção, foi-me objectado, em nome do empirismo, que ela se funda numa definição inadequada, porque demasiado estrita, do conceito de capacidade de confirmação empírica. Se se seguirem as argumentações de Carnap no seu ensaio sobre «Conceitos Teóricos da Ciência» (*Zeitschrift für Philosophische Forschung*, Vol. XIX, 1960, p. 209 s.), então as proposições universais e as proposições existenciais combinadas revelam-se também, segundo o tipo do princípio de causalidade, como «empiricamente significantes» e, portanto, não privadas de conteúdo empírico.

Não posso aqui entrar em pormenores a propósito do trabalho mencionado de Carnap. Em síntese, pode porém a seu respeito dizer-se o seguinte: Carnap abandonou nele explicitamente a sua primeira exigência empirista, ainda exposta em «Testability and Meaning» (*Philosophy of Sciences*, Vol. III — IV, 1936 — 1937), segundo o qual todos os predicados teóricos e todas as proposições deveriam ser reduzíveis, de modo completo ou imcompleto, ao que é imediatamente observável. Em vez disso, o seu «critério empirista de significado» afirma agora, em síntese, o seguinte: um conceito teórico é significante, se a sua aplicação, no interior de uma «suposição determinada», produzir uma diferença na previsão de um acontecimento observável. Ora, um tal conceito surge no interior de uma «linguagem teórica», que, mediante «regras de correspondência» arbitrárias, estabelece uma relação somente indirecta com proposições acerca de entidades imediatamente observáveis, das quais elas estão nitidamente separadas. (Esta é uma observação que, no meu entender, se baseia numa análise das teorias científicas que em princípio é apropriada.)

A viragem geral de Carnap de um ponto de partida teórico-perceptivo para um ponto que, como fio condutor, tem só ainda a praticabilidade da ciência é óbvia. Pergunto, pois: que é que um tal critério de significância tem ainda a ver com o empirismo? Uma resolução completa ou também só parcial dos conceitos em predicados observáveis está fora de discussão; decisivo permanece apenas que, no contexto das proposições observacionais, dos postulados teóricos e das regras de correspondência, os conceitos teóricos tenham o seu lugar na determinação das provisões. Tais conceitos promanam, pois, da espontaneidade do pensamento, não da percepção — e justamente por isso não são de natureza empírica.

O ensaio de Carnap não representa, portanto, uma melhoria do ponto de vista empirista em relação a «Testability and Meaning» e ao Círculo de Viena, mas nada mais é do que o abandono definitivo deste ponto de vista.

À objecção supramencionada, segundo a qual o princípio de causalidade se revela, com base no ensaio de Carnap sobre os «Conceitos Teóricos da Ciência», como empiricamente capaz de confirmação e dotado de conteúdo empírico, desejo portanto replicar que ela se funda, por seu lado, numa definição inadequada do conceito de «empírico». Com efeito, do ensaio de Carnap pode inferir-se que ele, em contradição com a sua precedente atitude empirista, reconheceu no âmbito da ciência global (não apenas da lógica) o significado decisivo da espontaneidade do pensamento, o qual é certamente estimulado pelas observações, mas não por elas determinado.

A este respeito é também muito instrutivo o que Carnap entende ao declarar algo, no campo da ciência, como «real»: nada mais, efectivamente, a não ser que se aceita uma teoria, enquanto se aplicam os seus postulados juntamente com as regras de correspondência para dirigir as expectações, ou mais exactamente, para deduzir as proposições observacionais que as exprimem. «Real» é, portanto, para ele, o que se utiliza para os próprios objectivos *práticos*, mas não o que se funda teoricamente em percepções.

Cf., além disso, a este respeito W. Stegmüller, «Das Problem der Kausalität», in *Probleme der Wissenschaftstheorie*, Festschrift für Victor Kraft, Viena 1960, p. 87 s.; A. Pap, *Analytische Erkenntmistheorie*, Viena 1955, p. 138 s.

III

Desenvolvimento sistemático do problema da fundamentação nas ciências da natureza

A fé nos factos é uma característica do mundo moderno. Esta fé exige — como qualquer outra — que o crente se incline perante o que é criado, portanto, ela diz-lhe: «Inclina-te perante os factos!» O facto considera-se como algo de absoluto, que fala compulsivamente por si mesmo; a experiência compara-se assim a um tribunal, onde se procede a um interrogatório e se emite um juízo. E, como todo o tribunal, também este se considera como uma instância objectiva. Mas o domínio que sobretudo se crê estar sujeito a esta objectividade é a ciência; e, por isso, ela é olhada como a guardiã e a descobridora da verdade.

Que é que há de correcto nestas opiniões? Que se passa com a fundamentação da ciência mediante os factos? Partamos novamente de um exemplo que hoje se considera como um modelo ideal para a maior parte das ciências: consideremos uma teoria física.

Ela consta de um grupo de axiomas, que têm a forma de equações diferenciais com as derivadas das funções de estado num ponto em relação ao tempo. Desses axiomas derivam-se leis da natureza e dispõem-se assim, no âmbito da teoria, numa conexão unitária, e ordenam-se também entre si e classificam-se umas em relação às outras. Mediante as indicações das condições marginais e a introdução de grandezas de medida para as variáveis, obtêm-se as chamadas proposições de base associadas a esta teoria. A partir delas, graças aos teoremas da teoria, derivam-se outras proposições de base que prognosticam resultados de medida para um momento temporal ulterior — e estes podem comprovar-se mediante mensurações.

É evidente que estas proposições de base se consideram como o fundamento empírico da teoria — e chamam-se também proposições de base por estes motivos: devem expressar os factos para os quais a teoria tem de apelar; deve *nelas* expressar-se o intentado juízo objectivo do tribunal; devem estabelecer a conexão entre pensamento e a realidade; devem suscitar a decisão empírica exigida acerca do facto de se a teoria é verdadeira ou falsa, se corresponde ou não à natureza.

Examinemos, pois, antes de mais, em que medida as proposições de base expressam realmente os factos e, portanto, até que ponto estes factos podem fundar, por um lado, as leis naturais e, por outro, os axiomas da teoria.

1. A fundamentação das proposições de base

A proposição de base exprime um resultado de medida ou obtido ou ainda a esperar. Para isso, são necessários instrumentos de medida. Mas, para lidar com instrumentos de medida, para neles confiar, deve já possuir-se uma teoria sobre o modo do seu funcionamento. Isto vale já para os instrumentos mais simples — como, p. e., uma régua ou um telescópio —, pois, se se usa a régua, pressupõe-se evidentemente que ela não sofre no transporte nenhumas alterações ou alterações calculáveis (pressupõe-se, portanto, uma determinada métrica); se se emprega um telescópio, tal implica ideias determinadas sobre como se comportam os raios luminosos, etc. (isto é, pressupõe-se uma determinada óptica.) ([1]).

Se o processo de medida, porém, deve ter o sentido indicado, deve precedê-lo não só uma teoria dos instrumentos nele utilizados, mas além disso também uma teoria sobre as grandezas que se devem medir. Com efeito, o conceito destas últimas não é fornecido mediante quaisquer experiências indeterminadas da vida, mas define-se e determina-se apenas no interior de uma teoria ([2]).

Um exemplo: se se pretende levar a cabo a mensuração do comprimento de onda da luz, é preciso, primeiro, possuir antes uma teoria das ondas luminosas; em seguida, importa saber, com a ajuda desta teoria e de uma teoria do instrumento de medida, de que modo este instrumento possibilita uma tal mensuração do comprimento de onda e, em terceiro lugar, de que modo nele se pode ler o valor da medida procurado.

Chega-se assim à conclusão de que as proposições de base, as quais devem expressar os factos que fundamentam uma teoria, não comunicam simples percepções (como leituras da agulha indicadora, congruências, deslocações, etc.), mas que também as proposições de base possuem um conteúdo teórico. As proposições de base não dizem: «tenho estas e aquelas percepções»; mas: «mediu-se este e aquele comprimento de onda, a intensidade da corrente, a temperatura, esta e aquela pressão, etc.» E todos estes conceitos têm sentido e conteúdo apenas no interior de teorias.

Visto que, por fim, também a precisão da medida pode ser apenas limitada, é possível seleccionar arbitrariamente de cada medida, dentro de certos limites, muitos dados de mensuração; se se escolhe um, não é isso afazer algum da experiência ou da percepção, mas da decisão. Que tal decisão não se tome normalmente de um modo arbitrário, mas no quadro de uma teoria do cálculo dos erros, em nada altera os termos do problema. Com efeito, a esta teoria subjazem, entre outras coisas, os seguintes pressupostos não empíricos: a suposição da existência de um valor verdadeiro, a suposição de que os erros têm com igual probabilidade uma marca positiva ou negativa; além disso, estipula-se que no cálculo dos erros se deve partir dos quadrados dos desvios do valor médio, etc. (^{3}).

Vê-se assim que a proposição de base não exprime nenhum simples facto e que nunca se obteve mediante um tal facto; não pode ser um fundamento extrateórico de uma teoria; ela própria é já teórica, é determinada por interpretações e promana de certas decisões.

2. A fundamentação das leis da natureza

Até que ponto as proposições de base podem fundamentar leis da natureza? Prescindamos agora do facto de que as proposições de base não exprimem nenhuns factos absolutos, e suponhamos que se podem, apesar de tudo, considerar como determinadas de um modo empiricamente suficiente, como de resto também normalmente acontece. Deverá então tentar-se a fundamentação de uma lei da natureza mediante proposições de base do modo seguinte: fazem-se medições; a partir delas obtém-se uma curva que representa a função matemática em que se exprime a lei da natureza em questão; a curva, diz-se, funda ou confirma a lei. Só que a obtenção de semelhante curva jamais se pode realizar exclusivamente mediante mensurações. Visto que as mensurações só esporadicamente se podem levar a cabo, terá de recorrer-se sempre a interpolações e polimentos que, por seu lado, também se apoiam de novo apenas em decisões e estipulações. Temos aqui, por conseguinte, uma situação que é análoga à que se encontra no cálculo dos erros. Sem tais estipulações não há fundamentação alguma das leis da natureza a partir de mensurações; e com elas esta fundamentação não se obtém já, mais uma vez, mediante factos (^{4}).

Examinemos, contudo, um pouco mais de perto a conexão entre proposição de base e lei natural. As constantes da natureza desempenham um papel decisivo nas leis físicas. E seja também qual for, na sua determinação, o papel que possam desempenhar nivelamentos, interpolações, pressupostos teóricos ou decisões, apontamos, no entanto, para a relativa igualdade dos resultados de medida que determinam estas constantes, os quais se obtêm pelos mais diversos caminhos; seja qual for o lado pelo qual deles nos aproximemos, demonstram uma igualdade em termos numéricos. Isto parece justificar a *posteriori* e transformar em factos todos os pressupostos tacitamente feitos nas medições.

Antes de examinarmos esta afirmação geral, proponhamos antes de mais um exemplo para uma melhor elucidação. Ele diz respeito à determinação da velocidade da luz e, decerto, uma vez com a ajuda das constantes de aberração e outra com o auxílio do método de Fizeau. Ambos levam ao mesmo resultado, embora se baseiem em processos de medida inteiramente diversos. Examinemos, em primeiro lugar, de que modo os pressupostos não empíricos entram numa e noutra medição.

Se a constante de aberração for conhecida, pode calcular-se, a partir daí, a velocidade da luz, quando se conhece a velocidade da terra. A velocidade da terra, porém, só pode, por seu lado, estabelecer-se se também se conhecer o caminho por ela percorrido num determinado intervalo de tempo. Entram assim, porém, no cálculo da velocidade da luz duas medidas temporais; uma no início do intervalo de tempo; a outra, no seu fim; e estas duas medidas temporais ocorrem em lugares entre si afastados. Mas aqui pressupõe-se que os relógios utilizados nesta ocasião são sincrónicos, que a sua sincronia está estabelecida. Para medir a velocidade da terra, deve, pois, determinar-se quando dois acontecimentos longínquos entre si são simultâneos. Mas, o mais tardar a partir da teoria da relatividade, tornou-se-nos claro que a simultaneidade de acontecimentos entre si afastados não é observável e, por isso, se funda em estipulações. Elucidou-se assim que estipulações entram na mensuração da velocidade da luz com o auxílio das constantes de aberração.

Consideremos agora ainda o método de mensuração da velocidade da luz de Fizeau. Ele faz percorrer a um raio de luz uma distância conhecida até um espelho, pelo qual o raio é em seguida reflectido para o ponto de partida. Por meio da determinação do intervalo de tempo entre o envio e o regresso do raio ao ponto de partida pode assim calcular-se a velocidade da luz. Ora, nesta medição entra a estipulação de que a velocidade da luz é a mesma no percurso de ida e no regresso. Se se quisesse transformar esta estipulação num facto empírico, deveria medir-se tanto o tempo de chegada do raio luminoso ao espelho reflector como o que decorre entre o envio e o regresso ao ponto de partida; mas, então, ter-se-iam de novo duas medidas temporais de acontecimentos afastados um do outro, e a estipulação entraria, pois, num outro ponto.

Segundo este exemplo esclarecedor, deve agora responder-se à questão geral de se as estipulações, que em princípio entram nas mensurações, nas definições de constantes e nas fundamentações das leis da natureza, não se revelarão retroactivamente como factos porque todas elas, embora independentemente umas das outras, conduzem ao mesmo resultado; portanto, se a partir da consonância dos resultados não se poderá inferir retroactivamente para a verdade empírica das pressuposições neles feitas. Mais exactamente, esta conclusão teria a forma seguinte: das estipulações F_1, F_2,... F_n independentes uma das outras, segue-se sempre a mesma medida M; *logo,* F_1, F_2,... F_n são empiricamente verdadeiras. Nada, contudo, justifica semelhante conclusão. Com efeito, visto que nem sequer o resultado numérico M é efectivamente dado em si, mas só se consegue em cada caso singular unicamente mediante estipulações, não *mais* se pode afirmar a não ser que também a correspondência indicada é apenas o resultado de estipulações. Tudo o que se pode dizer é que as estipulações, que no modo descrito levam a tais correspondências, se escolheram adequadamente, porque levam a uma determinada simplicidade da física — e nada mais. A dificuldade de compreender esse simples estado de coisas funda-se unicamente no facto de que transportamos permanentemente em nós uma metafísica, segundo a qual as proposições da física deveriam delinear de qualquer modo uma realidade em si existente.

Segue-se daí assim que não só as proposições de base, mas também as leis da natureza não exprimem nenhuns factos simples, mas são co-determinadas por decisões espontâneas.

3. *A fundamentação dos axiomas das teorias científico-naturais*

Com isto parece tornar-se supérflua a questão acerca da fundamentação empírica do terceiro grupo de proposições pertencentes a uma teoria, os axiomas. Assim como há pouco, no exame das leis da natureza, também aqui queremos prescindir dos resultados até agora obtidos e supor que eles não são válidos. Consideremos antes apenas o facto lógico como tal de que os axiomas, o núcleo da teoria, são as premissas a partir das quais resultam, como conclusões, as proposições de base. Segue-se daí que se a conclusão é verdadeira — aqui: se a proposição de base predita mediante a teoria é confirmada por uma medição —, então, não se decidiu deste modo, segundo as regras da lógica, o valor de verdade das premissas — aqui: o sistema de axiomas da teoria. Pode ser verdadeira, mas também pode ser falsa.

Além disso, segue-se daqui que evidentemente se podem estabelecer também diversos sistemas de axiomas a propósito das mesmas proposições de base — sem dúvida, também diversamente interpretáveis no âmbito de teorias diversas. E com isto — analogamente aos diversos modos, há pouco discutidos, que levam aos mesmos resultados — se institui a questão de se, a partir da concorrência de tais diversas teorias, não se poderá elaborar talvez algo como factos empíricos. Até agora, examinamos apenas a fundamentabilidade empírica de uma teoria em geral; passamos agora a considerar grupos de teorias e examinamos aqui as seguintes possibilidades de confrontar entre si teorias (outras possibilidades abordar-se-ão nos capítulos 5, 6, 11 e 12).

1. As teorias possuem as mesmas proposições de base B — embora diversamente interpretadas no seu âmbito —, mas uma delas é a mais simples ou refere-se ainda a outras proposições B'.
2. As teorias têm a mesma estrutura.
3. Uma delas contém as outras como caso limite.

Todas estas três possibilidades se utilizaram a fim de proporcionar critérios para o conteúdo factual das teorias. Comecemos pela primeira.

A propósito desta, afirmou-se que a teoria mais simples ou mais englobante é a teoria verdadeira ou a que mais se aproxima da verdade ([5]).

Esta afirmação pressupõe que a natureza *é* construída de um modo simples ou completo (e, além disso, do modo como indica a teoria em questão mais simples ou mais englobante!). Mas como se pretende demonstrar isto, se — tal como se afirmou — não é possível demonstrar que a teoria em questão, que apenas poderia confirmar e desvelar a constituição da natureza, é, por seu lado, verdadeira?

Quanto à segunda possibilidade, afirmou-se que, se existem mais teorias acerca do mesmo domínio de base, deveriam no entanto ter a mesma estrutura — e *esta* é, pois, a verdade empírica ([6]).

Mas que é que se quer dizer exactamente com identidade e estrutura? Dois conjuntos, numa palavra, têm exactamente a mesma estrutura quando se satisfazem as seguintes condições:

1) Todo o elemento de um conjunto pode associar-se de modo unívoco a um elemento do outro.
2) Se alguns elementos de um conjunto estão numa relação uns com os outros, os elementos associados do outro conjunto estão entre si na relação correspondente.

Segue-se daqui, portanto, que se dois conjuntos, dos quais cada um representa um sistema de proposições, como acontece numa teoria, têm exactamente a mesma estrutura, então as proposições de ambas as teorias são deriváveis umas a partir das outras de modo recíproco. Mas justamente isto não é de modo algum o que acontece necessariamente entre teorias diversas, que se edificaram sobre o mesmo domínio de base. A única coisa que têm em comum é o próprio domínio de base — mas este nada diz sobre a sua identidade estrutural. Por conseguinte, visto que uma tal identidade estrutural não existe normalmente no caso indicado de teorias concorrentes, então também a estrutura das teorias não pode representar um fundamento empírico invariante dos factos. Em relação à terceira das possibilidades mencionadas, afirma-se que, regra geral, as teorias se tornam por fim casos limites de outras, mais ainda, justamente nisto consiste essencialmente o progresso científico — e tal mostra precisamente que as teorias se edificam com base em factos. Com efeito, a teoria que se torna um caso limite poderia decerto complementar-se mediante aquela que a contém e integrar-se numa conexão mais ampla, mas em si — enquanto se baseia em factos — é irrefutável. Visto que como exemplo para esta afirmação se aduz a relação entre a física newtoniana e a teoria da relatividade especial, bastará aqui examinar tal relação.

Muitos físicos afirmam ainda hoje que a física de Newton é um caso limite da teoria da relatividade, que se apresenta quando lidamos com velocidades que residem significativamente muito aquém da velocidade da luz. Tal justifica-se com a suposição de que este caso limite é deduzível da teoria da relatividade.

Mas como se deverá considerar esta dedução? Se designarmos por R_1,... R_n as asserções que contêm as leis da teoria da relatividade especial deveremos, para obter a física de Newton como caso limite, acrescentar-lhes uma asserção do tipo que $(v/c)^2$ seja muito mais pequeno do que 1. Obteríamos assim, em seguida, asserções K_1... K_n, e só neste sentido se poderia falar de uma dedução. Estes K_i são decerto casos especiais da teoria da relatividade especial, mas não contêm nem a física newtoniana, nem dela são casos particulares. Com efeito, as variáveis e os parâmetros que nos R_i representam o lugar, o tempo, a massa, etc., não sofrem nos K_i nenhuma variação; são, no entanto, diversos das grandezas clássicas que têm o mesmo nome: o conceito de massa, na física de Newton, refere-se a uma constante; o de Einstein é convertível em energia e é, portanto, variável; a física newtoniana define espaço e tempo como grandezas absolutas; em Einstein, acontece o contrário, etc. Esta clara diferença lógica não permite dedução alguma de uma teoria para a outra, mesmo se nesta como naquela se empregam as mesmas expressões. Se não elaborarmos redefinições, as variáveis e os parâmetros dos K_i não são clássicos; e se os redefinimos, já não se pode falar de uma dedução dos K_i a partir dos R_i. Na passagem da teoria de Einstein para a da física clássica, altera-se não só a forma das leis, mas também se modificam os conceitos a que elas se referem. E, por isso, a física newtoniana não é nenhum caso limite da de Einstein. A integral força revolucionária do impacto de Einstein baseia-se nas suas novas definições ([7]).

A mesma incompatibilidade lógica recíproca ostentam também a teoria geral da relatividade e a teoria newtoniana da gravitação. Segundo Einstein, o universo é curvo e privado de força de gravitação; o universo de Newton, porém, é um espaço euclideano no qual actuam forças de gravitação. E prescindindo do facto de que, pelos motivos há pouco indicados, é incorrecta a afirmação segundo a qual a teoria geral da relatividade se transforma em casos limites — p. e., relativamente a pequenas porções espaciais e, portanto, debilmente curvas — na teoria de Newton, deve aqui apontar-se igualmente para o facto de que a teoria newtoniana — com poucas excepções — prevê e descreve os movimentos celestes tão correctamente como a de Einstein, não só nestes casos-limite, mas em todos os outros. Da teoria newtoniana da gravitação como caso limite da teoria geral da relatividade, que a deveria substituir, não pode, portanto, sequer falar-se.

Daí se segue que nem é *necessário* que, na relação de teorias concorrentes, uma contenha a outra como caso limite, nem isto acontece também de modo habitual. Nem sequer se pode dizer correctamente que uma figura como aproximação da outra, porque para isso falta o *tertium comparationis*. Com efeito, como é que se pode dizer que os resultados de medida se revelariam, em certos casos, semelhantes ou iguais — e isto significa, no entanto, a aproximação —, se as grandezas lidas nestas mensurações têm, no modo aduzido, um sentido logicamente diverso?

4. Só as asserções metateóricas podem ser puramente empíricas

Esta análise puramente lógica de uma teoria física e da sua relação com outras teorias, que deverá ainda ampliar-se e aprofundar-se nos capítulos seguintes, tira o fundamento a todas as tentativas de oferecer critérios necessários para a sua verificação empírica. Uma verificação já fracassa em virtude de uma teoria conter proposições universais, não sendo possível, porém, controlar todos os casos. Perde justamente o seu significado se nela se reconhece o papel das estipulações definitórias, a conexão apenas muito indirecta que ela tem com a observação e a percepção no interior do processo de medida, se se reconhece a especificação teórica deste próprio processo — e se se considera, por fim, o facto lógico de que teorias reciprocamente contraditórias se podem substituir umas às outras.

Como estão, porém, as coisas com uma falsificação empírica de uma teoria? Até agora, considerou-se apenas a questão da possibilidade de fundamentação de uma teoria, a sua capacidade de ser confirmada mediante factos — não se poderá ao menos indicar exactamente quando ela *não está* em consonância com os factos? Visto que, como deveria ser claro, não existem absolutamente estes factos como juízes severos, eles não podem assim nem confirmar nem desmentir. E, por conseguinte, tanto a aceitação como a recusa de uma teoria baseia-se evidentemente em decisões não empíricas. Consideremos, no entanto, de mais perto o processo de falsificação.

Ele pode apenas consistir em que — se prescindirmos da demonstração das contradições internas de uma teoria — qualquer resultado de medida — ou vários — contradizem pelo menos uma previsão derivada da teoria. Neste caso, a teoria será em regra tão amplamente formulada que por ela se tomarão em conta a imprecisão de medida que se aguarda, os limites prováveis das interpolações dos resultados de medida e das interferências. Isto significa que não podemos atribuir os desvios dos resultados que se esperavam nem à inexactidão da medida, nem à interpolação inadequada, nem ainda a interferências externas não interpretáveis mediante a teoria, mas devem antes considerar-se como falsificação da teoria. Mas é isto *empiricamente* necessário? Forçar-nos-ão os factos *empíricos* a semelhante falsificação?

Suponhamos que alguém *decide* não rejeitar a teoria, apesar das predições deficientes. Suponhamos que ele diz que há perturbações não registadas ou interpretáveis a partir da teoria, perturbações que são responsáveis pelo resultado delusório, que há ainda integrações da teoria construíveis ad hoc que a salvam, que há erros no processo de medida, etc. Deverá então conceder-se que todas estas asserções existenciais não são enquanto tais empiricamente falsificáveis e, portanto, não são *empiricamente* refutáveis. Se alguém as declinar, tal só pode acontecer remetendo para o facto de que *metodologicamente* não é apropriado e que é metodicamente irracional apelar para elas como para uma esperança. Assim quando, p. e., Popper exige que se prefira sempre a falsificação de uma teoria à tentativa de a salvar, também isto pode ser apenas o apelo para um bom método, e não para qualquer facto absoluto eventual ([8]).

Queremos aqui em geral chamar postulados metodológicos a estas sugestões relativas ao método. Mas serão os postulados metodológicos de Popper realmente *sempre* adequados e racionais? Os capítulos 5 e 10, em particular, mostrarão que de nenhum modo assim acontece.

Se, porém, não existe em sentido estrito nem uma verificação nem uma falsificação empírica, põe-se a questão de se porventura o facto empírico não desempenhará em geral papel algum para a construção, a aceitação e a rejeição das teorias físicas. A resposta soa assim: de modo nenhum; procuramos, no entanto, qual o lugar que os factos empíricos ocupam no âmbito das teses aqui defendidas.

Com a ajuda de estipulações não empíricas F, obtemos resultados de medida M expressos nas proposições de base. Mas com o auxílio de outras estipulações deste tipo F', obtemos outros resultados de medida M', e *isto*, que no caso de uma estipulação obtenhamos alguns resultados de medida, no caso de uma outra outros resultados de medida, é um facto empírico. Ora, se acrescentarmos outras estipulações, obtêm-se proposições que exprimem as leis da natureza N e, de novo, com outras estipulações deste tipo, leis da natureza N'. E também *isto* é um facto empírico. A teoria T a este respeito formada é, no entanto, novamente uma questão de simples estipulação. Parta-se agora da teoria e façam-se medições no seu contexto. Pode então resultar que com as estipulações F se obtenham resultados de medida M tais que, com base nos postulados metodológicos há pouco indicados, nos forcem a declarar a teoria como falsificada, ao passo que com outras estipulações F' obtemos resultados M' tais que, com os mesmos postulados, não sejamos a tal constrangidos. Se partirmos de uma outra teoria T_1, repetir-se-á a mesma coisa. Mas enquanto antes tínhamos obtido os resultados M, M', podemos obter com a teoria T_1 os resultados M_1, M_1' — e também *isto* é um facto empírico.

Daí se segue que não é o *conteúdo* das proposições teóricas que é empírico; nem F, nem N, nem T, nem as proposições de base M exprimem por si factos empíricos; puramente empírica é aqui apenas a consequência *metateórica,* segundo a qual postas estas e aquelas estipulações, estes e aqueles postulados, estas e aquelas teorias (tudo isto são designações metateóricas), então, seguem-se estas e aquelas proposições de base, estas e aquelas verificações ou falsificações (e também *isto* são expressões metateóricas). Ou uma outra formulação: se temos estas e aquelas proposições — que nada enunciam sobre a natureza —, então seguem-se empiricamente estas e aquelas outras proposições — que igualmente nada expressam acerca da natureza. Só *nestas* relações metateóricas 'se-então' se exprimem factos empíricos; mas o conteúdo das proposições da teoria não representa de modo algum, por si só, um estado de coisas empírico: a realidade não aparece na teoria, mas nó na metateoria ([9]).

Até agora, apenas se demonstrou em geral que a uma teoria empírica pertencem necessariamente diversas estipulações *a priori*. O próximo capítulo porá estas estipulações na sistematização das categorias. Mas nele também se levanta a questão, e numa primeira aproximação dá-se-lhe uma resposta, de que modo estas estipulações *a priori* se podem em rigor justificar. Por outras palavras: a sua liberdade consiste num mais profundo conhecimento ou é somente arbitrária?

NOTAS

([1]) Ver, a este respeito, B. Riemann, *Über die Hypothesen, welche der Geometrie zugrunde liegen,* Gotinga 1892, n. XIII; — H. Poincaré, *La science et l'hypothèse,* Paris 1925; — A. Einstein, *Geometrie und Erfahrung,* Berlim 1921; — H. Dingler, *Relativitätstheorie und Ökonomieprinzip,* Lípsia 1922; — H. Reichenbach, *Philosophie der Raum-Zeit-Lehre,* Berlim 1928; — A. Grunbaum, *Philosophical problems of space and time,* Nova Iorque 1963.

([2]) Ver, a propósito, P. Duhem, *La théorie physique: son objet, sa structure,* Paris 1914; — E. Cassirer, *Das Erkenntnisproblem in der Philosophie und Wissenschaft der neuerer Zeit von Hegels Tod bis zur Gegenwart,* Estugarda 1957; — R. Carnap, «Theoretische Begriffe der Wissenschaft», in *Zeitschrift für Philosophische Forschung,* 1960.

(³) Estão sempre dadas apenas *n* medidas particulares diferentes entre si $l_1, \ldots l_2 \ldots l_n$, mas nunca o «verdadeiro valor» X, cuja existência é antes só uma estipulação. Seja $e_k = l_k - X$ o desvio do valor particular em relação ao suposto verdadeiro valor X. Ora, se se fizer a suposição ulterior de que os erros têm com igual probabilidade o sinal positivo ou negativo (no que se elimina aproximadamente a sua soma algébrica), então toma-se como «erro médio verdadeiro» o valor particular l_k

$$\mu = \sqrt{\frac{1}{n} \sum_1^n e_k^2}.$$

Por fim, pressupõe-se ainda que a média aritmética dos valores particulares — designada valor melhor L — se aproxima mais do valor verdadeiro. Analogamente, do $v_k = l_k - L$ resulta como erro médio em relação a L:

$$\frac{1}{n} \sum_1^n v_k^2.$$

Com todas estas estipulações não empíricas obtém-se assim, mediante simples operações, a equação:

$$\mu = \sqrt{\frac{v}{n-1}},$$

na qual

$$v = \sum_1^n v_k^2.$$

Se com ΔL se designa o desvio médio de L em relação a X, resulta por fim

$$\Delta L = \frac{\mu}{\sqrt{n}}.$$

(Exaustivo a este respeito é W. Westphal, *Physikalisches Praktikum*, Braunschweig 1963[11], p. 290 s.)

(⁴) Se, p. e., num conjunto de valores x, y, obtido por meio de medições, se escolher a fórmula de interpolação de Newton, para determinar de um modo mais preciso a função que lhes corresponde, então já se pressupõe que esta função deve ser uma função racional inteira.

(⁵) Como excelente representante desta concepção pode figurar Einstein. Ver, p. e., A. Einstein, «Zur Methodik der Theoretischen Physik», in *Mein Weltbild*, Berlim 1960.

(⁶) Esta concepção parece ser defendida por von Weizsäcker no seu livro, *Zum Weltbild der Physik*, Estugarda 1958. Ver a este respeito também K. Hübner, «Beiträge zur Philosophie der Physik», in *Philosophische Rundschau*, n. 4, Tubinga 1963.

(⁷) Cf. a propósito T. S. Kuhn, *The Structure of Scientific Revolutions*, Chicago 1962, p. 100 s. A partir de Kuhn, surgiu uma ampla literatura sobre o tema do caso limite, sobre a qual não quero aqui debruçar-me. Não tenho, porém, a impressão de que ela tenha trazido à luz algo de decisivamente novo.

(⁸) K. R. Popper, *Logik der Forschung*, Tubinga 1966².

(⁹) Esta é uma generalização de conceitos que já por Poincaré, Reichenbach e Einstein foram aplicados na relação entre geometria e experiência. Cf. a este respeito a bibliografia fornecida na nota (¹).

IV

Um ulterior desenvolvimento da teoria historicista de Duhem da fundamentação científica

Vale a pena lembrar que a teoria da ciência que se constituía em torno da viragem do século estava ainda estreitamente ligada ao estudo da história da ciência. São disso testemunho inequívoco nomes como os de Mach, Poincaré, Le Roy e sobretudo Duhem. Mas o desenvolvimento da epistemologia não seguiu pela senda por eles indicada. Os historiadores separaram-se dos filósofos e encontraram, de resto, pouca atenção; havia a convicção de que a sua tarefa era uma tarefa simplesmente de museu.

Isto poderia sobretudo fundamentar-se pelo facto de que o objecto das ciências naturais, com que então principalmente se lidava — isto é, a natureza — se considerava como uma essência sem história, que podia indagar-se progressivamente sempre mais a fundo e sempre com maior exactidão. Para tal conseguir, deveriam apenas idear-se os correspondentes métodos de elaboração, justificação, controlo e aplicação das teorias. Estes métodos consideravam-se como uma função da sempre idêntica essência a que se referiam, e consideravam-se, portanto, como substancialmente sempre idênticos, embora susceptíveis de contínuo melhoramento. A teoria da ciência, assim se pensava, progride de modo tão contínuo como a própria ciência da natureza. Ela seria o produto de uma reflexão de tipo abstracto, para a qual é suficiente a análise directa de algumas das mais importantes teorias actuais como, por exemplo, a mecânica quântica ou a teoria da relatividade. Da realidade histórica, e sobretudo dos âmbitos que se encontram fora da física, só muito pouco se encontra. Mais, afirma-se expressamente que não tinha interesse algum o que os cientistas *tinham* feito; deve antes descobrir-se o que eles *devem* fazer. E pensava-se assim que a teoria da ciência deveria criar um *órganon* universal da ciência em geral, do mesmo modo que também o é a lógica formal. Esta é também ainda hoje uma opinião muito difundida.

Em oposição a ela, proponho aqui a tese de que o estudo da história é de importância decisiva para a teoria da fundamentação da ciência; uma tal teoria não é possível sem o pensamento histórico.

1. A epistemologia historicista de Duhem

O primeiro a defender esta concepção foi Duhem ([1]). Duhem explicou que só podia ser físico enquanto epistemólogo e epistemólogo enquanto historiador da ciência. E foi justamente a prática da investigação e do ensino que lhe revelou claramente esta conexão indissolúvel. A impossibilidade de construir peça a peça uma teoria física lógica e empiricamente necessária, as obscuridades e as confusões daí resultantes, levaram-no a reflectir sobre a teoria de uma semelhante teoria. E o seu resultado foi que a justificação de um sistema físico pode consistir apenas na sua história ([2]). Por este motivo, gostaria de chamar «historicista» à sua teoria da ciência. Começo com uma breve exposição e interpretação da sua filosofia.

O seu ponto de partida é a convicção de que apenas um complicado mecanismo de tradução leva dos dados às asserções de uma teoria física, mecanismo esse que não admite entre eles uma correspondência biunívoca. Isto já se esclareceu, se bem que também com instrumentos mais modernos do que os que estavam à disposição de Duhem, no capítulo precedente. Em síntese, isto significa: a um e mesmo facto podem, em virtude dos limites da precisão de medida (por exemplo, da leitura de uma agulha indicadora), corresponder inúmeras asserções teóricas, que reciprocamente se excluem ([3]). Além disso, nas grandezas a medir, lida-se com conceitos que não se baseiam, como os da linguagem coloquial, em abstracções derivadas do que é imediatamente percepcionado; diversamente, por exemplo, de «árvore«, «sol», «rio», termos como «electrão», «onda electromagnética», etc., são compreensíveis só no quadro de complicadas teorias físicas e são dados unicamente mediante a relação que com elas têm ([4]). Além disso, os instrumentos utilizados em tais medições, se se quiser compreender o seu funcionamento e justificar a sua fiabilidade, pressupõem as teorias em que se fundam e segundo as quais são construídos ([5]). Por estas razões, também um experimento jamais pode decidir acerca de uma hipótese isolada; com efeito, seja qual for o resultado de um experimento, ele dependerá no entanto de um completo sistema de suposições teóricas, que não podem de facto controlar-se singularmente ([6]). Para Duhem, resulta, pois, que uma teoria pode decerto fracassar; mas se tal acontece, depende dos critérios de escolha para o mecanismo de tradução que vai do dado para o elemento teórico. E estes critérios de escolha, embora indispensáveis, não são dados de modo necessário nem pela natureza nem por uma razão universal. Também aqui se expressa, pois, aquela liberdade de que já se falara nos capítulos 2 e 3.

Quanto mais a Duhem se impunha esta convicção como base das análises empreendidas na investigação e no ensino, tanto menos ela o podia satisfazer. De nenhum modo recebia assim uma resposta a *questio iuris* de uma teoria física, pelo contrário, esta questão punha-se agora de modo renovado e com toda a sua acuidade. Não se resolvia, então, a física em puro arbítrio, se os critérios de escolha indicados não eram necessários? Não havia, portanto, nenhuma instância objectivamente vinculatória para a aceitação ou a rejeição das teorias físicas?

Esta instância, já o disse, Duhem divisa-a na história da ciência. Só ela, na sua opinião, faz aparecer uma teoria física compreensível e porporciona assim a sua análise completa. Somente uma teoria da ciência que procede de modo abstracto e an-histórico e, portanto, incompleto produz efectivamente a impressão de uma ilimitada liberdade na escolha dos mecanismos de tradução. A história da ciência, pelo contrário, permite-nos, segundo Duhem, seguir os passos absolutamente bem fundados dos desenvolvimentos que levaram à elaboração e à aceitação de teorias. Sem dúvida, nenhum destes passos foi levado a cabo mediante uma forma qualquer de necessidade; e, no entanto, na história seria inegável a acção de um *bon sens* físico ([7]). Ora Duhem entende este «bon sens» em parte historicamente, em parte de modo an-histórico. É histórico, na medida em que permanece referido a uma situação histórica determinada, na medida em que deve seguir todos os pormenores e ramificações desta situação a fim de poder levar a cabo a sua compreensão. Não se podem, pois, obter regras universalmente vinculantes, isoladas desta situação. Às vezes, por exemplo, o *bon sens* ater-se-á a fundamentos não imediatamente controláveis de uma teoria, não obstante as dificuldades experimentais, pois de novo rejeitará estes fundamentos, que tinha assumido sem discussão, e substitui-los-á por outros novos. Não parece preocupar-se com regras universais para a verificação ou falsificação, como actualmente de bom grado se elaboram. E as decisões deste tipo ou de tipo semelhante sempre se justificarão apenas mediante o caso particular e historicamente irrepetível em que nos encontramos.

«Histórico» não significa, portanto, que uma vez algo se considerou verdadeiro que, mais tarde, se veio a revelar como falso. Não é isso que se significa. *«Histórico» quer antes significar que a imagem física da natureza, na medida em que e enquanto é apenas função de um mecanismo de tradução, brota de uma situação específica e com ela de novo se desvanece.* A imagem da natureza é, deste ponto de vista, somente um elemento constitutivo da história. Ou seja, não se refere mais ou menos aproximadamente a uma eterna, entenda-se ela como se entender, imagem originária. Devemos entender neste sentido a intenção de Duhem, embora ele a não tenha expresso com tais palavras.

Para Duhem, é justamente um erro clássico perder de vista a condicionalidade histórica das decisões teóricas apontadas e considerá-las, em seguida, como verdades universais eternas e evidentes. Entre outras coisas, ele ilustra isto com o exemplo de Euler ([8]). Este pensava que o princípio de inércia se baseava num juízo da pura razão e que se impunha justamente a quem se encontrasse desprovido de preconceitos. Não atendia a que uma tal aparente evidência era apenas a consequência de um processo cansativo, contingente em todos os seus passos e de carácter histórico e, portanto, o resultado de um hábito que se adquiria lentamente, as regras produzidas num trabalho minucioso fatigante e em discussões infindáveis. O aristotelismo, que se contrapunha a este princípio, teria podido basear-se já há muito numa intuição imediata (embora também isto se pudesse dizer apenas de modo condicionado).

Ora em que medida é que também o *bon sens* físico é não histórico? Por um lado, segundo Duhem, ele é perenemente guiado pelo mesmo sentimento e pela mesma fé, que lhe dizem que as classificações obtidas por meio de uma teoria reflectem uma ordem ontológica ([9]). (Por exemplo, com semelhante ordem, os fenómenos de refracção da luz podem associar-se a um âmbito, e os de difracção a outro). Estas classificações não poderiam certamente conter, pelos motivos já mencionados, a verdadeira representação desta ordem; mas, não obstante, deveria *crer*-se que elas lhe são análogas, se toda a actividade física não houver de se desvanecer num simples jogo de sombras ([10]). Por outro lado, está fé imutável numa ordem ontológica conduz a algumas constantes regras epistemológicas orientadoras que, assim pensa Duhem, atravessam como um fio vermelho toda a história. Estas regras orientadoras exigem que na física se chegue a uma crescente e sempre maior unidade e universalidade. E justamente porque se seguiram estas regras orientadoras, a história da física representa-se como uma cadeia de progressos contínuos. Trata-se, pois, de compor lentamente, peça a peça, um todo sempre mais compreensivo. É sobretudo do ponto de vista desta meta — assim crê Duhem — que o físico considera e elabora a física, que ele encontra diante de si, e que ele progride na sua investigação. O longínquo e talvez inatingível ideal é, portanto, para ele uma teoria com pouquíssimos axiomas, dos quais se podem derivar todos os fenómenos, tanto os conhecidos como os ainda não conhecidos.

Duhem tenta demonstrar as intenções não históricas do *bon sens* com o exemplo da história da teoria da gravitação de Newton ([11]). O desenvolvimento que, com a ajuda de tais intenções constantes, levava, na sua opinião, continuamente àquela teoria aparece-lhe deste modo: o aristotelismo considera um ponto no centro do universo como o *oikeios topos* dos corpos visados. Para Copérnico, pelo contrário, há um impulso universal de todas as partes de todos os corpos e, portanto, também dos celestes, para permanecerem uns ao lado dos outros e para se ordenarem segundo formas esféricas. Gilbert, no pressentimento de uma ainda maior unicidade, divisa para este impulso um modelo no magnete, Kepler e Mersenne vão ainda mais longe na generalização e presumem já não só o gravitar das partes de um corpo celeste umas em relação às outras, mas também de um corpo celeste em direcção a outro. Esta tese demonstra-se nas observações do fluxo e refluxo das marés. Roberval fala já de uma atracção recíproca mais universal, que abraça todas as coisas. Mas já antes Kepler, Bullialdus e Kircher compreenderam quase contemporaneamente que esta atracção deve ser, por razões simples, uma função da distância. Borelli, nisto um precursor de Huygens, regressa à antiga concepção segundo a qual uma força centrífuga impede que o universo se precipite *numa só* estrela. Hooke, continuando as ideias de Kepler, compreende que a força da gravitação deve estar numa relação inversa ao quadrado da distância. E Newton, por fim, superou apenas os problemas matemáticos não resolvidos, que ainda impediam a síntese de todas estas hipóteses numa teoria unitária.

Duhem vê assim em toda a parte unidades constantemente crescentes e, portanto, uma evolução, continuidade, generalização, classificação ordenadora — *bon sens*. E quanto a isto, existe um acordo entre ele e as concepções agora correntes.

2. *Crítica da teoria de Duhem*

Mas a sua exposição da história da teoria da gravitação funda-se em excessivas simplificações e oferece uma imagem distorcida. Pode utilizar-se justamente o exemplo por ele escolhido para mostrar que o *bon sens,* como ele o entende, se dissolve no nada e, assim, a tese de Duhem acerca da historicidade dos princípios epistemológicos das estipulações e das teorias físicas resulta verdadeira num sentido muito mais amplo do que ele supunha.

Quando Copérnico materializou o *oikeios topos* aristotélico, isto — contrariamente à descrição de Duhem — não exprime a intenção de chegar a um progresso gradual mediante uma maior generalização, mas é apenas a consequência da decisão previamente tomada de pôr de cabeça para baixo a física e a cosmologia até então dominantes. E justamente nisto consistiu a famosa viragem copernicana. Esta revolução radical não se pode apenas explicar mediante problemas puramente físicos ou astronómicos, e ela, por conseguinte, não é também sobretudo a obra de um simples *bon sens* físico; para ela, pelo contrário, como entretanto mostrou uma ampla investigação, contribuiu sobretudo a global revolução da Renascença (¹²). Poderia decerto ser--se tentando a pôr em relação a ideia que Copérnico derivou do espírito do humanismo, segundo a qual o universo se deve construir de acordo com os princípios da simplicidade, com o *bon sens* de Duhem; mas imediatamente se vê que tal não se pode conseguir. Em primeiro lugar, de facto, a unidade que Copérnico constrói não brotou justamente de um modo contínuo e gradual do sistema precedente; em segundo lugar, neste exemplo vê-se com toda a clareza que o ideal de unidade de Duhem não possui de modo algum, como ele supõe, um conteúdo privado de história. Com efeito, a falta de unidade que Copérnico tanto combateu no aristotelismo, com toda a sua cisão num em cima e num em baixo, no celeste e no terrestre, não foi sentida como fastidiosa, mas pelo contrário considerou-se como a expressão de uma ordem divina. Por este motivo, também Ptolomeu refutou como meramente formal a ideia de uma uniformidade maior. Se o aristotelismo se aceitou durante tanto tempo e não se embateu nas dificuldades que oferecia, isso pode apenas significar que a viragem que se estava a insinuar se deve considerar como um acontecimento histórico, mas não como o resultado de certas propriedades essenciais da razão humana (¹³). Em terceiro lugar, dificilmente se pode falar de uma ideia de unidade em Copérnico, como Duhem tinha em mente, pois ele paga sem hesitação uma maior uniformidade na astronomia com uma maior falta de uniformidade na física. Introduziu assim os seus argumentos físicos apenas *ad hoc* em apoio do seu novo sistema do universo. Eles representam a simples inversão dos correspondentes argumentos aristotélicos sem, porém, serem como estes metafisicamente fundados. Além disso, se se perscrutar com exactidão, não resta muito da tão propagada ideia de unidade de Copérnico. Com efeito, em vez de lhe bastarem trinta e quatro epiciclos, como ele afirma, necessita na realidade de quarenta e oito.

O que em Copérnico imediatamente se segue é, pois, quase o contrário do que se poderia chamar o *bon sens*, e decerto justamente onde se empreenderam os caminhos mais frutuosos. Se se seguir historicamente de perto e em pormenor a luta pelo sistema copernicano, deve dizer-se que a sua rápida difusão desdenhou o *bon sens* físico de Duhem, em vez de lhe obedecer; e ela tinha mesmo razões também inteiramente diversas, situadas fora da física. (Disto se falará com maior pormenor no capítulo 5.)

É, pois, muito revelador que a brecha aberta para uma concepção do espaço inteiramente nova, a primeira que poderia fornecer um fundamento adequado ao sistema copernicano, a saber, a brecha aberta para um espaço infinito, homogéneo, isotrópico, se produzisse sobretudo graças a Giordano Bruno, portanto, graças a um filósofo. E as razões em que ele se apoiava eram de natureza puramente filosófica. O mesmo se pode dizer acerca de Descartes, o primeiro a levar definitivamente à vitória a ideia de Bruno. Com efeito, a identificação do espaço euclideano com o da física e, até mesmo, com a matéria foi por ele entendida como um postulado da razão que tem em si imanente o critério da certeza — e sobre esta decisão, e mais nenhuma outra, edificou toda a sua física. Foi, pois, a decisão em favor do racionalismo e da sua aplicação que a nova viragem cartesiana trouxe à física — e não o simples aprofundamento de problemas puramente físicos. Se, finalmente, Newton chega a proporcionar uma conclusão provisória às numerosas tentativas, feitas continuamente com pressupostos e motivos inteiramente novos, para salvar o sistema copernicano, isso acontece apenas porque também ele partiu de uma ideia metafísica mediada por More e Barrow: a saber, a do espaço absoluto, separado da matéria, e do tempo absoluto, separado do movimento.

Se, por conseguinte, se associarem os passos que, na opinião de Duhem, levaram à elaboração da teoria gravitacional newtoniana com os contextos em que eles realmente se encontram, obtém-se uma imagem inteiramente diversa da sua. Nenhuma das duas novas tentativas, que aduzi nesta consideração retrospectiva, brotou da que a precede de um modo gradual e contínuo, mediante uma composição peça a peça em unidades cada vez maiores. Pelo contrário, creio que a expressão «revolução científica» é inteiramente adequada para tais tentativas. No que precede também se mostrou que as causas dessas novas tentativas, muitas vezes, não são sequer de natureza genuinamente física, mas que podem deduzir-se apenas da inteira situação espiritual em que surgiram. (Regressarei a este tema no capítulo 8.) Pode, todavia, falar-se de actos de produção espontânea na medida em que eles não derivam dessa situação com necessidade, ainda que representem uma resposta a ela. Nesses actos, porém, não se trata apenas da construção de novos axiomas e conceitos para uma teoria, mas também e precisamente porque se submete a comprovação todo o esquema de interpretação da experiência; portanto, não se trata unicamente da mudança dos sistemas de conceitos fundamentais utilizados, como massa, força, aceleração, etc., mas ainda do significado que, com base neles, se atribui aos instrumentos, e também ao peso que se atribui às corroborações ou aos desmentidos, à unidade e à integralidade ou à renúncia a ela. Não se cria, pois, assim apenas uma teoria no sentido mais estrito, mas também se elabora uma epistemologia com ela conexa. Aristóteles e Ptolomeu tinham uma concepção da ideia de unidade ou do papel da observação inteiramente diversa da de Kepler e Galileu, Descartes tinha uma opinião acerca da essência da corroboração completamente distinta da de Newton, etc. Tão englobantes e de tão vasto alcance são as revoluções e as reviravoltas. Perante esta multiplicidade vital da história, as metas constantes pressupostas por Duhem, tanto a do *bon sens* como a da fé ontológica a ela ligada, revelam-se como simples ficção.

3. Introdução das categorias e ulterior desenvolvimento da teoria de Duhem

O confronto crítico com Duhem levou-nos já além de Duhem. Gostaria agora, ao introduzir algumas categorias, de fornecer um fundamento mais sistemático ao que até agora se obteve na forma de considerações sumárias. Também assim se deve, pela primeira vez, delinear a ideia de uma epistemologia historicista que vá além do projecto de Duhem.

Ao fazer isto, como os capítulos precedentes mostraram, parto, juntamente com Duhem, do facto de que a construção e a validação das teorias pressupõem uma série de estipulações que não possuem nem uma necessidade lógica nem uma necessidade transcendental, mas, como se indicou, sustento, em oposição a Duhem, que elas podem fundar-se e compreender-se apenas historicamente, num sentido muito mais radical do que o que permite presumir a sua concepção do *bon sens*. Por conseguinte, visto que o elemento histórico de uma teoria consiste nestas estipulações, uma teoria historicista da ciência deve começar por encontrar um fio condutor para a sua descoberta sistemática.

É possível distinguir cinco grupos principais de tais estipulações.

Primeiro, estipulações que induzem à obtenção de resultados de medida (estipulações acerca da validade e do funcionamento dos instrumentos e dos meios utilizados, etc.). Chamo a este grupo estipulações instrumentais.

Em segundo lugar, estipulações que se empregam na proposta de funções ou de leis naturais com base em resultados de medida ou em observações (por exemplo, selecção dos dados de medida dentro de certos limites, teoria do cálculo dos erros etc.). Poderiam chamar-se estipulações funcionais.

Em terceiro lugar, estipulações que consistem na introdução de axiomas, a partir dos quais se podem deduzir leis da natureza e, com o auxílio de condições marginais, predições experimentais. Chamem-se estipulações axiomáticas.

Em quarto lugar, estipulações que, no curso dos experimentos, decidem acerca da aceitação ou recusa das teorias. (Pertencem a este grupo: a) estipulações que julgam se as predições teoricamente deduzidas correspondem aos resultados de medida ou às observações obtidas; b) estipulações que, no caso de não consonância, indicam se a teoria em questão se deve rejeitar ou, apesar de tudo, manter, ou se deve, pelo menos, modificar-se em parte — e se é assim, onde.) Pode aqui falar-se de estipulações judicativas.

Em quinto lugar, estipulações enquanto prescrições acerca das propriedades que uma teoria deve em geral possuir (por exemplo, simplicidade, alto grau de falsificabilidade, intuitividade, satisfação de certos princípios de causalidade ou de critérios empíricos de significado, e coisas semelhantes). Poderão denominar-se estipulações normativas.

Não se pretende que esta enumeração seja completa.

Estes cinco conceitos designam os tipos de estipulações que são indispensáveis para a proposta, o exame e a avaliação das teóricas físicas — enquanto elas se referem a mensurações, e seja qual for o conteúdo particular destes tipos. Com efeito, se se desejar uma teoria, *importa* decidir-se por uma determinada forma que ela deve ter e por determinados axiomas (portanto, propor estipulações normativas e axiomáticas), *importa* estabelecer o mecanismo de tradução entre a teoria e o resultado experimental (fazer estipulações instrumentais, funcionais e judicativas); mas para o *modo como* se procede em particular não existe nenhuma prescrição necessariamente válida.

Se, portanto, é condição da possibilidade de uma teoria física que, em relação a ela, haja estipulações particulares de tal tipo que uma delas se insere pelo menos num dos cinco conceitos mencionados e que nenhuns desses conceitos podem denominar-se *categorias epistemológicas*. Elas não podem confundir-se com as categorias kantianas, do mesmo modo que as estipulações, de que se falou nos capítulos 2 e 3, se não podem confundir com os juízos sintéticos *a priori* de Kant. Entre outras coisas, as categorias epistemológicas distinguem-se das transcendentais sobretudo porque não possuem nenhum valor necessário, pois referem-se apenas ao conhecimento científico, não ao conhecimento em geral e, além disso, em parte, porque se referem ainda a um conhecimento tal que só está presente quando se usam instrumentos de medida. Neste sentido, semelhantes categorias são históricas, embora possuam também uma constância relativa. Se com este tipo de consideração passarmos, por exemplo, à física aristotélica, semelhante perspectiva deve modificar-se. Poderia falar-se de órgãos sensoriais em vez de instrumentos e, portanto, de estipulações sensoriais; em vez de estipulações funcionais, falar-se-ia de estipulações indutivas (pois aqui falta ainda um explícito conceito de função). Com modificações mais ou menos fortes de significado, poderiam reformar-se correspondentemente as outras categorias.

A imagem que, na física, para nós fazemos da natureza, como se mostrou no capítulo 3, é certamente dependente das estipulações particulares, mas tal imagem é só por elas co-determinada, e, por conseguinte, conserva os seus traços empíricos. Apoiando-nos num exemplo, elucidemos este caso brevemente, para cada uma das cinco categorias:

Uma estipulação instrumental diz: o comportamento dos corpos rígidos segue as leis da geometria euclideana.

Uma estipulação funcional: de uma série de dados de medida pode, mediante a fórmula de interpolação de Newton, obter-se uma função.

Uma estipulação axiomática: todos os sistemas inerciais se devem considerar como equivalentes.

Uma estipulação judicativa: logo que um acontecimento previsto por uma teoria não acontece, esta deve abandonar-se (princípio de falsificação radical).

Uma estipulação normativa: as teorias devem harmonizar-se com um princípio de causalidade determinista e, portanto, ilimitado.

Em todos estes casos, trata-se de decisões sobre como se deve interpretar a natureza. Uma vez que assim se assumiram, as suas consequências são empíricas. Se se modificarem estas decisões — e isto aconteceu no decurso da história da física em todos os cinco casos —, produzem-se outras consequências; e também isto é um facto empírico. Com as nossas estipulações, projectamos um enquadramento — sem o qual não há física alguma; mas *o modo como* a natureza se representa no respectivo enquadramento, e como nele aparece, é um facto empírico.

4. *O significado para a história da física das categorias introduzidas*

As cinco categorias aqui referidas ou as suas correspondentes modificações históricas fornecem-nos o meio de verificar sistematicamente a história da física — história que, há pouco, se nos revelou extraordinariamente importante para a questão dos fundamentos da física —, segundo as múltiplas estipulações que nela actuam, e mais ainda para a escrever justamente com base no fio condutor destas categorias.

Se se proceder deste modo e se examinarmos as coisas a esta luz, já não se depara mais com as constantes destituídas de história, que Duhem ainda supunha. Pelo contrário, constatamos então que a maior parte do que se pôde subsumir nas categorias mudou do mesmo modo que essas mesmas categorias se transformaram, e que tanto esta mudança como as categorias e tudo o que nelas se subsume são funções de situações históricas; e precisamente não apenas da física.

A física revela assim a sua importância fundamental para a teoria da ciência, pois capacita-a para individualizar estas conexões e fornece-lhe exemplos clarificadores; e, por conseguinte, representa para ela uma espécie de propedêutica.

Já a rápida consideração da época que vai até Newton proporcionou indicações do facto de que os fundamentos de todos estas estipulações se podem encontrar em múltiplos âmbitos fora da física — na teologia, na metafísica, na situação espiritual global; mas eles podem igualmente encontrar-se na política, na economia, na técnica, etc.

Sem dúvida, estas estipulações são muitas vezes apenas consequências imediatas de outras estipulações. As estipulações pertencentes às diversas categorias, pelo contrário, não se tomam habitualmente de modo independente umas das outras, antes possuem uma ordem segundo a importância que, por seu turno, é de novo invertível. Em alguns períodos, sobretudo os de revolução científica, dominarão as estipulações axiomáticas, judicativas e normativas, enquanto as outras se harmonizarão na base. Em seguida, revelar-se-ão de novo fundamentais as estipulações instrumentais e funcionais, arrastando consigo as axiomáticas. É justamente a partir desta última relação de dependência que muitas vezes se produz a impressão de que há apenas em acção considerações de carácter físico. Parece que aqui apenas decide o experimento, cujos pressupostos são particularmente difíceis de compreender. Mas, porque é que uma vez são estas as estipulações primárias, e outra vez aquelas? E porque é que se escolhem como primárias justamente estas estipulações? Precisamente porque se trata de estipulações — como já se mostrou com base no precedente exemplo histórico — é-se levado continuamente para além delas, em âmbitos de que elas directamente promanam e que muitas vezes se encontram para além da física.

Um caso da prioridade das estipulações instrumentais, funcionais e justificativas, relativamente às outras estipulações, parece-me que se apresenta na dedução de Planck da sua lei da radiação na introdução do seu quanto de acção. As coisas passam-se de um modo inteiramente diverso, como se mostrou no segundo capítulo, no desenvolvimento posterior da mecânica quântica, em que os axiomas da mecânica quântica foram transformados por físicos da escola de De Broglie, com o fito de regressar a uma interpretação determinista da mecânica quântica.

Recordem-se, além disso, diversos motivos que se indicam para a regra normativa segundo a qual importa sempre escolher — seja qual for o modo como mais exactamente se deve entender — o que é mais simples. Aqui, dizia-se aproximadamente: a natureza deve expressar a sabedoria divina e, justamente por isso, deve ser simples; ou a simplicidade exige-se, porque permite aos homens chegar mais facilmente ao fim procurando mediante a física, a saber, o de dominar a natureza; ou, porque uma física simples é mais bela, etc. Também com base neste exemplo se vê que as posições gerais de objectivos, que por seu lado se devem novamente compreender de um modo histórico, têm uma importância decisiva na escolha das estipulações.

Hoje, encontra-se difundida a tendência para liquidar as condições da emergência de uma teoria como psicológicas e, portanto, como não pertencentes à epistemologia. Esta última teria a ver unicamente com as próprias teorias, seja qual for o modo como elas tenham surgido, e com as consequências que delas se podem derivar.

A isso se deve, em primeiro lugar, replicar que aqui se confunde o *acto* subjectivo da produção de uma teoria (como, por exemplo, as condições de uma iluminação súbita) com a dedução ou com a explicação dos seus fundamentos — e, portanto, que se confunde um fenómeno psicológico com um fenómeno histórico. Em segundo lugar, que o mesmo tipo de motivações, por vezes até as mesmas motivações, que são determinantes para a instituição de uma teoria, por exemplo, para a proposta dos seus axiomas, têm igualmente uma importância decisiva para os seus controlos.

O grupo das estipulações judicativas demonstra-o claramente. Se, por exemplo, com Popper, se elude a pesquisa sobre a instituição dos axiomas como epistemologicamente irrelevante, justamente porque são apenas de natureza psicológica, e em seu lugar se propõem expressamente critérios de falsificação ([14]), descura-se assim que de toda a falsificação fazem parte: a) a aceitação de certas proposições de base e b) a decisão, motivada com base nesta aceitação, de refutar ou de aceitar a teoria.

Esta aceitação e esta decisão — enquanto não são necessariamente determinadas — são, juntamente com os seus móbiles, análogas à aceitação e à decisão que levaram à proposta dos axiomas. Quem não se considere satisfeito com certos critérios e certas regras para a falsificação como de uma simples «decisão» — e quem o poderá? —, exigirá algo acerca dos seus fins; e assim, como há pouco vimos, já se está muito além do âmbito atribuível apenas à teoria da ciência. É impossível, para a emergência de uma teoria (e, portanto, para a proposta dos seus axiomas), admitir motivos históricos determinantes e, em seguida, excluí-los de novo para a sua conclusão (e portanto, para o seu controlo). Disto se ocuparão extensamente alguns capítulos ulteriores, em particular o capítulo 10.

5. *O significado propedêutico da história da ciência para a epistemologia*

Quer se trate agora das próprias estipulações quer das suas relações recíprocas ou da sua troca, vemos em cada caso que o historiador integra o trabalho do epistemólogo. O material que assim vem à luz pode servir como ponto de partida de reflexões epistemológicas e tem nos seus confrontos — já o disse — um significado propedêutico. Em que sentido mais preciso isso acontece e como, a partir daqui, se podem indicar novos domínios de competência no interior da teoria da ciência, intento agora expô-lo em quatro pontos. Assim se virá finalmente a esclarecer neles também a aplicação do pensamento histórico.

Primeiro: é necessário desenvolver uma tipologia, baseada em factos históricos, quer das estipulações mencionadas e das suas relações, quer das estipulações mencionadas e das suas relações, quer das razões que tenhamos para elas e para as suas modificações.

O que com isto se pretende dizer é ilustrado pelos exemplos que aqui se aduziram para determinadas estipulações e para alguns fins visados por meio delas. Entre outras coisas, mencionei a simplicidade, o alto grau de falsificabilidade, o carácter intuitivo, o facto de satisfazer certos princípios de causalidade enquanto representações normativas para uma teoria, e até teológicos, pragmáticos e estéticos, que podem estar na base. Mas uma tipologia que trabalhe sobre este material e outro semelhante não deve ser um inventário do que foi e do que é, deve antes considerar este inventário apenas como ponto de partida para investigar sistematicamente as possibilidades epistemológicas. Esta sistemática tem o objectivo de classificar os pressupostos epistemológicos de vez em quando empregues, de os preservar para o possível momento da sua utilização e, finalmente, de facilitar a invenção de novos pressupostos.

Segundo: importa explicar e ter presentes à mente, com o auxílio da história, os pontos de partida históricos das regras dos métodos dos princípios epistemológicos utilizados ou propostos.

A atenção ao que é historicamente condicionado impede que as posições tomadas se venham a tornar, num primeiro tempo, uma verdade óbvia que, por conseguinte, conservam uma pretensa evidência e que, por fim, libertas de todo o aspecto problemático, não mais se tomem em consideração. A consciência histórica possui, portanto, uma função crítica. Ela encontra sempre fontes que têm um significado apenas contingente e que, por conseguinte, não são necessárias. E justamente por isso também as poderá rejeitar. A epistemologia não pode, pois, de modo algum limitar-se a descobrir e a constatar condições históricas, deve antes, além disso, concebê-las como a única base suficiente de uma crítica adequada. Diversos fundamentos epistemológicos vêm à luz só na história, e só então está presente o pressuposto para uma crítica adequada. Assim, por um lado, faz-se justiça ao facto de que eles estão vinculados a uma situação e, por outro, justamente ao inserirem-se nela, poderá exercitar-se a crítica.

Terceiro: o material da história deve utilizar-se como um metro que permite medir a extensão, a validade e a aplicabilidade dos métodos, postulados, princípios, etc., elaborados pelos epistemólogos. É muito instrutivo ver quão pouco os clássicos da física se ativeram a mais de uma doutrina dos modernos epistemólogos, mais ainda, que os que se tivessem comportado de modo diferente dificilmente teriam defendido a sua teoria (cf. em particular os capítulos 5, 6, 9 e 10).

Quarto: onde os pressupostos categoriais derivam de âmbitos históricos que não são puramente físicos — e cedo ou tarde sempre se acaba por neles embater —, a discussão epistemológica deve estender-se a tais âmbitos.

Assim, por exemplo, não é suficiente registar extrinsecamente os fins teológicos, pragmáticos, estéticos, a que se podem reconduzir certas estipulações, mas importa que esses mesmos fins se tornem explicitamente objecto de reflexão e de crítica. Habitualmente, isto leva muito além da filosofia. Mas a dissolução dos confins mais restritos é inevitável, se for imperativo discutir as justificações das estipulações históricas.

Todas as indicações fornecidas nos pontos 1 — 4 têm o objectivo prático de elucidar, no domínio das ciências exactas, os pressupostos epistemológicos aqui usados em relação aos seus fundamentos e aos seus limites históricos, e de modo a tomar uma distância crítica perante eles, e até, se for necessário, ajudar a aplicar-lhes outros, já prontos, numa determinada situação, ou a conceber outros novos.

Expliquemos ainda este ponto.a tipologia a desenvolver com base no fio condutor das categorias deve ajudar o investigador a pôr em movimento e a levar ao nível do conceito a refflexão sobre as condições da sua actividade, mais ainda, ajudá-lo a reconhecer que estas condições da sua actividade, mais ainda, ajudá-lo a reconhecer que estas condições, na sua delimitação relativamente a outras, são apenas *uma* possibilidade entre muitas. Só deste modo ele se torna consciente daquilo que faz, e assim se liberta o olhar crítico. Num estádio ulterior, reconhecerá o que nas suas premissas epistemológicas é historicamente condicionado e relativo, e verá assim surgir diante de si a pergunta de se ele pretende considerar ainda estas condições e esta relatividade como necessárias. Na tentativa de uma mais profunda justificação das decisões provisórias, constatará — e podemos observar isto em todos os grandes investigadores, pois não se tinham ainda abandonado a uma ingénua especialização — que o seu próprio domínio remete para outros domínios, sobretudo nos tradicionais domínios da filosofia. E somente todas estas reflexões o porão na condição de levar a cabo com fundamento a própria escolha, de manter as decisões provisoriamente tomadas ou de lançar mão a outras imaginadas na tipologia, ou talvez de encontrar novas com a sua ajuda. Quando digo «com fundamento», não me refiro, como se depreende de tudo o que já se afirmou, a alguma base absoluta. Com isso refiro-me ao facto de que tenha, pelo menos, considerado e reflectido sobre todos os elementos que podem ter sido arrastados em semelhante fundamentação. A discussão de todo o âmbito que subjaz a uma teoria jamais pode ter um termo absoluto; mas *que coisa* em geral se deva pôr em discussão depreende-se dos pontos indicados.

As conhecidas e parcialmente irresolvidas questões que o pensamento histórico levanta e que, até agora, pareciam interessar apenas as ciências do espírito, surgem agora, por assim dizer, no seio das próprias ciências da natureza. As fronteiras entre as duas já não se podem traçar à maneira antiga e com o velho rigor. Deste problema se ocupará sobretudo o capítulo 13. Mas, em primeiro lugar, devem esclarecer-se e aprofundar-se, com base em alguns exemplos pertinentes, as ideias até agora expostas.

NOTAS

(^{1}) P. Duhem: *La théorie physique — son objet, sa structure*, Paris 1914. Visto que a edição francesa se encontra presentemente esgotada, as citações fazem-se pela tradução inglesa: *The aim and structure of physical theory*, Princeton 1954. [Há agora uma reedição anastática do original francês, Vrin, Paris 1981. (N. T.)]

(^{2}) *Op. cit.*, p. 268 s.
(^{3}) *Op. cit.*, p. 134.
(^{4}) *Op. cit.*, p. 148.
(^{5}) *Op. cit.*, p. 166.
(^{6}) *Op. cit.*, p. 183 s.
(^{7}) *Op. cit.*, p. 216 s.
(^{8}) *Op. cit.*, p. 261 s.
(^{9}) *Op. cit.*, p. 26.
(^{10}) *Op. cit.*, p. 335.
(^{11}) *Op. cit.*, p. 220 s.
(^{12}) Cf. entre outros H. M. Blumenberg, *Die Kopernikanische Wende*, Francoforte 1965.

(^{13}) Pode dizer-se que a filosofia aristotélica contradiz justamente, em princípio, a ideia de unidade no sentido indicado. Interessa-lhe fundamentalmente considerar as singulares e numerosas formas e qualidades como princípios últimos de explicação e não os derivar de leis universais (das quais, como se sabe, em Aristóteles se encontram apenas muito poucas). Aqui reside também a razão por que a crescente acumulação de qualidades sempre novas, a que o aristotelismo se viu cada vez mais forçado, não constituía absolutamente um escândalo.

(^{14}) K. R. Popper, *Logik der Forschung*, Tubinga 1966^2.

V
Crítica das epistemologias an-históricas de Popper e de Carnap a propósito do exemplo da «Astronomia Nova» de Kepler.

As teorias de Kepler expostas na *Astronomia Nova,* na medida em que aqui se devem tomar em consideração, tiveram como ponto de partida a tentativa de determinar a órbita de Marte. Embora a tivesse empreendido com o maior esforço durante dez anos, Kepler considerou tal tentativa como, no fim de contas, fracassada, depois de ter constatado que, entre os valores por ele calculados com base na sua hipótese e os observados por Tycho Brahe, subsistia uma diferença de 8 minutos. Escreve ele:

«Visto que a vontade divina nos legou na pessoa de Tycho Brahe um observador esmeradíssimo, mediante cujas observações o erro do cálculo de Ptolomeu se revelou com um valor de 8', é justo que, com um ânimo cheio de gratidão, aceitemos e reconheçamos este benefício de Deus. Procuramos, pois, esforçar-nos, apoiados pelos argumentos acerca da inexactidão das hipóteses feitas, por indagar finalmente a forma autêntica dos movimentos celestes. No que se vai seguir, irei eu próprio percorrer este caminho, segundo o meu método... Estes simples 8' revelaram, de facto, a via para a renovação de toda a astronomia; tornaram-se o material da construção de uma grande parte desta obra» ([1]).

Hoje, isto soa-nos como algo de inteiramente familiar, e justamente por isso apenas nos perturba o seu *pathos*. Aqui, afirma-se, começa a nova física, pois Kepler apela para os dados. Isto é, sem dúvida, verdadeiro; mas, a este propósito, esquece-se com demasiada frequência que não é preciso efectivamente atribuir a um baixo nível de desenvolvimento da ciência ou a uma incapacidade pessoal dos cientistas nem a omissão com que se toleravam desvios ainda maiores do que os que levaram Kepler ao abandono da sua hipótese acerca da órbita de Marte ([2]) — pelo que ele a chamou também *hypothesis vicaria*.

Tal atitude dependia antes estritamente da teoria que configurava a época de Ptolomeu. A fórmula que, de facto, estava na sua base — tal como se exprime no chamado axioma platónico —, segundo a qual os astros se movem em órbitas circulares com velocidade angular uniforme, fundava-se numa metafísica amplamente difundida acerca da diferença entre o celeste e o terrestre, entre o perfeito e o imperfeito, entre o superior e o inferior. Esta teoria devia salvar os fenómenos (σῴζειν τὰ φαινόμενα) e, portanto, instituir a ordem no seu caos com base nesta metafísica. Em todos os casos em que tal não se conseguia plenamente, a explicação estava já pronta nas premissas aceites: quem é que efectivamente se podia aventurar a conferir uma confiança cega à percepção? E com maior razão onde ela se referia a objectos tão afastados, tão sublimes, como os do céu? Poderia mais ou menos valer para o âmbito sublunar; para os movimentos dos astros não tinha nenhuma competência definitiva.

Seria ingénuo ver já, na radical recusa desta atitude por parte de Kepler, a conquista da razão e da ciência entendidas em sentido moderno. Ele mostra-se, em boa verdade, guiado por ideias metafísicas diferentes das dos seus adversários. Por trás da citação há pouco mencionada encontra-se, de facto, a hipótese fundamental humanístico-teológica de Copérnico, a que já aludimos no capítulo precedente, segundo a qual a criação tem uma estrutura adequada às capacidades cognoscitivas do homem; segundo ela, por conseguinte, espírito e percepção não podem enredar-se em contradição; a diferença entre superior e inferior devia abandonar-se, a terra devia considerar-se como uma estrela entre outras estrelas e tomar parte na sua dança circular; segundo ela ainda, o universo deveria ser construído segundo os princípios da simplicidade, etc. (^{3}).

Mas o sistema copernicano, com todos os seus pressupostos humanístico-teológicos derivados do espírito do Renascimento, estava naquele momento, em verdade, muito pior fundamentado do que o ptolomaico. Para o fundamentar, também isto já se disse, retorciam-se simplesmente os argumentos contra os aristotélicos, e aos argumentos teológicos contrapunham-se *ad doc* argumentos metafísicos; nem sequer um único motivo directamente constringente conseguia conferir validade ao novo sistema. Acima de tudo, o movimento circular da Terra devia permanecer por longo tempo um quebra-cabeças não resolvido até ao momento em que o princípio de inércia — formulado pela primeira vez de modo definitivo só por Newton — pôde explicar porque é que ele, de facto, se não percepcionava (^{4}).

A decisão de Kepler a favor de Copérnico — e assim também a favor da percepção e dos dados de observação enquanto instância científica vinculadora — compara-se, pois, em primeiro lugar, mais a um acto espontâneo do que a um resultado constringente ou a reflexões de tipo racional, seja qual for o modo como estas se entendam; e, todavia,

Kepler provinha de uma paisagem espiritual que, em relação à de Ptolomeu, já há muito se transformara.

1. Uma análise epistemológica da «Astronomia Nova» de Kepler

O primeiro fracasso de Kepler na tentativa de calcular a órbita de Marte levou-o a ocupar-se, em primeiro lugar, da órbita da Terra ([5]).

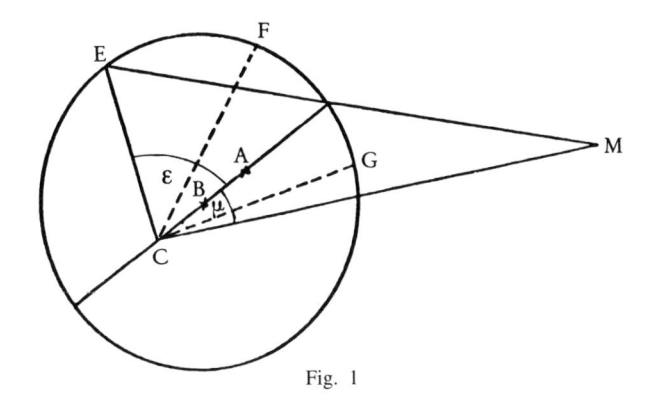

Fig. 1

Com este fim, determinou a posição heliocêntrica de Marte — M na figura 1 — e da Terra E num certo instante temporal t, com a ajuda de uma teoria concebida por Tycho Brahe. Para a simples concreção do modo como esta posição se pode medir, servem os ângulos entre o raio vector respectivamente determinado e o diâmetro, sobre que jaz AC. Deve, porém, atentar-se no facto de que a figura 1 não representa as relações entre as órbitas supostas por Tycho Brahe, mas as calculadas por Kepler com a ajuda dos dados de Tycho.

Heliocêntrico significa aqui: referido a um ponto C, que no entanto — como já Tycho sabia — nem coincidia com o Sol — A na figura 1 —, nem — como se podia presumir — designava o centro da órbita terrestre (B). Mas era preciso, em primeiro lugar, realçar este segundo facto. Ao acrescentar a correspondente posição do planeta referida à Terra (longitude geocêntrica), ele conseguiu calcular a paralaxe EMC e o ângulo CEM ([6]).

Obtinha assim a distância relativa da Terra desde C, mediante a equação (aplicando o teorema do seno):

$$CE = CM \frac{\operatorname{sen} EMC}{\operatorname{sen} CEM},$$

onde ele punha CM = 100000. Kepler escolhia agora um segundo instante temporal t', em que Marte, após uma inteira revolução, alcançava de novo a mesma posição, ao passo que a Terra ocupava uma outra posição — F na figura 1 — por causa do seu próprio movimento. Por meio da aplicação do mesmo método, Kepler calculava de novo a distância da Terra a partir de C (CF). E, finalmente, escolhia um correspondente terceiro instante temporal t" (assim como ainda um quarto, que podemos deixar de lado) e, portanto, uma terceira posição da terra G e determinava CG. O resultado era que as três distâncias assim obtidas divergiam uma da outra. Ele deduziu a partir daqui que C não podia ser — como se conjecturara — o centro daquele círculo, em cuja circunferência se encontravam as três posições da Terra. C devia antes representar o chamado «ponto de equilíbrio» (*punctum aequans*, ou seja, o ponto em torno do qual a Terra se move com igual velocidade angular. E, no entanto, era um facto que entre cada uma das três posições se encontrava respectivamente um ano de Marte e os ângulos incluídos entre as rectas CE e CF, por um lado, e CF e CG, por outro, eram sempre iguais.

Ora Kepler queria ainda calcular a distância do ponto de equilíbrio C e do Sol A desde o centro B da circunferência, bem como a posição da linha das absides (portanto, do diâmetro da circunferência, em que se encontram A, B e C). AB podia, porém, determinar-se somente se era conhecida a efectiva longitude heliocêntrica de Marte referida ao ponto A (e não a chamada há pouco «heliocêntrica», que em verdade se referia ao ponto C); Kepler não podia, pois, basear-se mais nas teorias de Tycho; recorreu ousadamente à sua *hypothesis vicaria* já refutada, cujo erro tentou compensar mediante grosseiras técnicas de aproximação. O resultado final foi que também a Terra — de modo semelhante a Marte — percorre uma órbita de excentricidade dividida; na sua linha das absides encontram-se na figura 1 à mesma distância do centro da circunferência e de lados opostos o ponto de equilíbrio C e o Sol A.

Mas, em última instância, onde se baseava esta descoberta? Assentava em duas teorias que pareciam problemáticas ao próprio Kepler — a saber, a de Tycho (posição heliocêntrica de Marte e da Terra) e a *hyphotesis vicaria* rejeitada com tanta ênfase por Kepler —, numa grosseira técnica de aproximação, na suposição proveniente da filosofia clássica do movimento circular dos astros e, por fim, nos dados de Tycho, considerados quase infalíveis.

Estes pressupostos, problemáticos e dogmáticos, não o impediram de ousar ao mesmo tempo um outro passo audaz, com o qual já se delineava claramente o seu afastamento de Ptolomeu e também até de Copérnico. Renunciou a construir, segundo a maneira tradicional, o círculo de equilíbrio com a ajuda do *punctum aequans* e procurou, em vez disso, descobrir uma lei na irregularidade da velocidade orbital da Terra, em torno do Sol. Descobriu assim — de novo aproximadamente — que as velocidades da Terra no periélio e no afélio estavam em proposição inversa às distâncias naquele lugar dos planetas relativamente ao Sol. E este mínimo de dados empíricos já lhe bastava para extrapolar para todos os pontos da órbita, mais ainda, para todos os planetas, de modo que propôs a seguinte lei:

    1) Todos os planetas se movem em órbitas com excentricidade dividida em que o Sol se encontra num dos pontos de excentricidade

    2) A velocidade de um planeta é inversamente proporcional à sua distância do Sol.

Esta segunda afirmação é chamada lei dos raios.

Aqui, é digno de nota não só o elemento especulativo desta lei, mas também o facto de que Kepler procurava em geral uma lei deste tipo, e de que rejeitou uma construção do círculo de equilíbrio. Assim tinha já abandonado uma parte do axioma platónico — a saber, que as estrelas se movem com velocidade angular uniforme. O que o induzia a isso era a sua relação mística com o Sol. Os pontos imaginários em torno dos quais os astros se devem mover eram para ele quimeras. Já o tinha perturbado o facto de que, no sistema copernicano, o Sol não se encontrava verdadeiramente no centro (pelo que não se pode chamar «heliocêntrico», em sentido estrito) ([7]) e, portanto, tinha aí apenas a função subordinada de dispensador de luz.

Para ele, o Sol era o centro sagrado do Universo e a expressão intramundana de Deus Pai. Por isso, só dele podia promanar aquela força que faz girar vertiginosamente à sua volta os planetas (ele punha esta força em relação com o Espírito Santo, e as estrelas fixas com o Filho). Era, pois, necessário descobrir semelhante força e os movimentos dos planetas deviam indagar-se relativamente ao Sol, e não relativamente a qualquer ponto imaginário do Cosmos.

Só a paixão pelo heliocentrismo possibilitou, pois, a Kepler buscar e encontrar algo como a lei dos raios, e apenas a sua inabalável convicção, fundada no humanismo da Renascença, da cognoscibilidade dos princípios constitutivos do Universo lhe deu a coragem de confiar nas suas ousadas extrapolações e de as considerar como provas. No espírito desta filosofia, que ele prosseguiu consequentemente, quando enveredou pelo empreendimento — monstruoso para os aristotélicos — de pôr em relação a lei dos raios, primeiro, com a lei da alavanca, e depois com a teoria do magnete de Gilbert — e assim de relacionar os movimentos celestes com os terrestres — empreendimento esse em que também se mostrou disposto a aceitar que, no futuro, o Universo já não se devia considerar como *instar divini animalis* — como um animal divino —, mas *instar horologii* — como um relógio ([8]). Mas, em última análise, na sua hipótese sobre as causas dos movimentos dos planetas — que se poderia considerar como uma forma primitiva da teoria gravitacional de Newton —, ele baseava-se em Aristóteles, ao separar de modo absoluto o repouso e o movimento (pensava que, se não fosse a força de rotação do Sol, os planetas, em virtude da sua inércia *[inertia]*, permaneciam parados). Obstruía assim a si mesmo o acesso ao princípio de inércia e, desta forma — como hoje sabemos —, ao argumento mais importante em favor da ideia copernicana.

Depois destas considerações sobre mecânica celeste, virou-se novamente para a teoria do movimento de Marte. Consideremos agora a Figura 2:

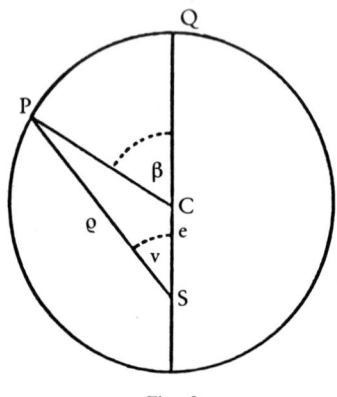

Fig. 2

Segundo a lei dos raios, a velocidade de um planeta num ponto P, situado na órbita circular com o centro C, é inversamente proporcional à sua distância $\rho = PS$ do Sol S e, por conseguinte, o tempo empregue por este elemento da órbita é proporcional a PS. Mas como é que se pode expressar exactamente esta proporcionalidade mediante uma fórmula? Estabelecer uma relação directa entre o tempo e o raio parecia impossível. Kepler lembrou-se então do chamado teorema de Arquimedes, o qual expressa uma relação para as circunferências entre áreas e raios. Ele diz, efectivamente, que a área de um sector circular QCP se pode considerar no limite como soma de triângulos infinitamente estreitos, cuja altura é o raio da circunferência. Isto levou Kepler à ideia de pôr em relação o tempo passado durante o percurso QP não imediatamente com os raios, mas com as áreas, entendidas como somas de raios. Por conseguinte, transferiu sem hesitação o teorema de Arquimedes para o sector QSP e obteve assim um meio duvidoso de expressar, mediante as áreas, o tempo decorrido no percurso de um arco QP e aprender deste modo, pelo menos indirectamente, a relação entre o tempo e os raios. Propôs assim a seguinte relação:

(1) $\quad \dfrac{t}{T} \approx \dfrac{\frac{1}{2}\beta + \frac{1}{2} \text{ e sen } \beta}{\pi}$

onde t representa o tempo necessário para percorrer um arco QP, T, pelo contrário, o tempo de uma revolução completa. Se se estabelecer r = 1, então a área QCP = 1/2β, a área CSP = 1/2 e sen β e π é a área do círculo.

De (1) segue-se:

(2) $\quad 2\pi \dfrac{t}{T} \approx \beta + e \text{ sen } \beta,$

β podia agora calcular-se, se t fosse conhecido (com os métodos à disposição de Kepler, no entanto, só de modo aproximativo).

Deste modo, na equação

(3) $\quad \rho = \sqrt{1 + e^2 + 2 e \cos \beta},$

que resulta da figura 2, com a ajuda do teorema do coseno, podia determinar-se a distância entre o planeta e o Sol. Por fim, a equação

(4) $\quad \rho \cos v = e + \cos \beta,$

que se obtém mediante o aproveitamento da simples relação do coseno, fornecia v e, assim, a posição da estrela num certo tempo t.

Por conseguinte, estas considerações utilizam, primeiro, a lei dos raios, pela qual se afirma uma relação entre o tempo e o raio, em segundo lugar, uma transferência do chamado teorema de Arquimedes, segundo o qual a área do sector circular é calculada no limite com a ajuda dos raios, para o ainda há pouco indicado sector QSP de carácter inteiramente diverso; em semelhante transferência, a relação entre o tempo e o raio transforma-se numa entre o tempo e uma área da circunferência. A lei dos raios, porém, só com dificuldade tinha um apoio empírico, a transferência indicada era matematicamente inadmissível — e Kepler estava muito consciente destas duas coisas. Acresce ainda que, de (1) a (4), intervém a excentricidade, e que ele obtivera apenas com a ajuda da *hypothesis vicaria*.

Também neste estádio do seu trabalho, Kepler se mostra, pois, pouco preocupado com exactas e suficientes justificações empíricas, matemáticas ou teóricas, embora elas fossem de esperar. Por conseguinte, já não causa espanto ver como ele abandona, por fim, o que restava do chamado axioma platónico, a suposição da forma circular das órbitas planetárias, com um mínimo de apoio empírico, depois de já ter abandonado uma metade sua, a hipótese da uniformidade das velocidades angulares dos planetas.

Chegou a este passo na nova tentativa de determinar a órbita de Marte. Serviu-se, em primeiro lugar, do método já descrito, que utilizara para o cálculo da órbita da Terra. Assim como ali partira de várias posições da Terra em relação a uma e mesma posição de Marte, assim aqui parte de três posições de Marte em relação a uma e mesma posição da Terra. Obteve deste modo três distâncias de Marte relativamente ao Sol, e ainda os ângulos que os seus segmentos inscrevem um com o outro. Graças ao cálculo dos triângulos, sem dúvida aborrecido, mas em si simples, averiguou assim três vezes a posição da linha das absides e a medida da excentricidade do Sol. Neste cálculo, ele devia constatar que chegava, de cada vez, a resultados diferentes; inferiu então que a órbita de Marte não podia ser uma circunferência.

Esta decisão revolucionária foi, por conseguinte, por ele tomada na base dos mesmos pressupostos arriscados que já utilizara no cálculo da órbita terrestre. Aqui como além, serviu-se do mesmo método; também aqui se baseou nos resultados já obtidos com tal método! A teoria de Tycho, a *hypothesis vicaria*, a fé nos dados de Tycho — tudo isto permanece, antes como depois, o fundamento oscilante em que ele se apoia.

Vemos, pois, este espírito especulativo permanecer fiel a si mesmo também neste último trecho do caminho, no qual chega à convicção de que as órbitas dos planetas são elipses. Consideremos a figura 3:

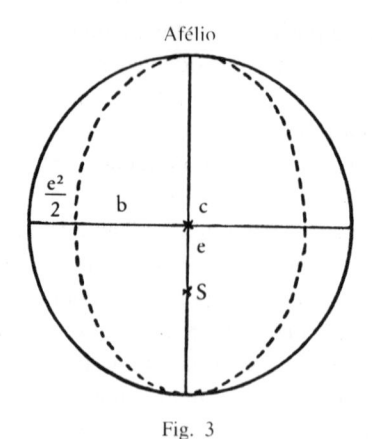

Fig. 3

Antes de mais, Kepler, segundo o princípio da simplicidade, conjecturou que o desvio da órbita de Marte relativamente à circunferência seria dado pela relação $b = 1 - e^2$, em que 1 é a medida do raio, e a excentricidade do Sol e b um eixo da órbita efectiva. Mais tarde, chegou à ideia de pôr $b = 1 - e^2/2$.

Um dia, porém, fez uma descoberta, que é ilustrada pela Figura 4 (a qual representa a órbita de Marte):

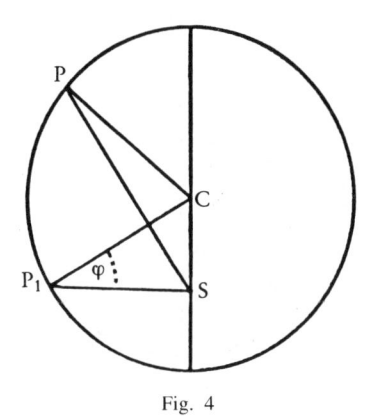

Fig. 4

Kepler observou que (cf. Fig. 4)

(5) $$\frac{P_1 C}{P_1 S} = \frac{1}{\cos \varphi} = 1,00429.$$

Aqui φ é o ângulo maior que os segmentos $P_1 S$ (planeta-Sol) e $P_1 C$ (planeta-centro da circunferência) compreendem. Se agora se toma em conta apenas o valor pressuposto para b, obtém-se:

$$\frac{r}{b} = \frac{1}{1 - \frac{e^2}{2}},$$

e, em seguida, $e \ll 1$:

$$\frac{1}{1 - \frac{e^2}{2}} \approx 1 + \frac{e^2}{2};$$

$1 + e^2/2$, porém, tem um valor de 1,00429 e corresponde, portanto, ao valor que se encontra à direita em (5).

«Quando tal vi», escreve Kepler, «foi como se tivesse despertado do sono e visse uma nova luz...» ([9]).

Esta relação só aproximativa e válida unicamente em virtude da pequenez de *e* instigou-o de súbito a uma nova especulação, que a Figura 5 intenta ilustrar:

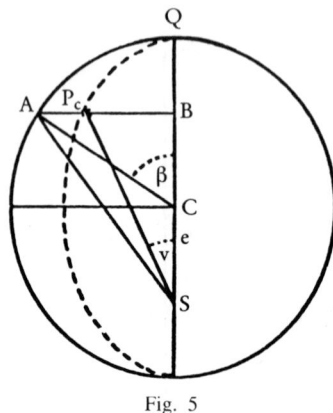

Fig. 5

Kepler conjecturou que, na Figura 5, analogamente à equação (5), poderia valer a relação:

$$\frac{S\,Pc}{S\,P} \approx \cos \varphi.$$

Ou noutros termos, que a relação da distância entre o Sol e o planeta na «verdadeira» órbita relativamente à distância entre o Sol e o planeta na órbita circular «fictícia» é análoga à de *r:b* na Figura 3.

Ora, de $r = 1$ da Figura 5 resulta:

$$SP \cos \varphi = PM$$

e

$$PM = 1 + e \cos \beta$$

Como consequência, a órbita do planeta é expressa pela fórmula:

(6) $\qquad SPc \approx 1 + e \cos \beta$

Após um trabalho cansativo — «paene usque ad insaniam» — Kepler estabeleceu então (é preciso recordar que o aparelho matemático à sua disposição era ainda muito primitivo) que a equação (6) é a expressão de uma elipse (o que, sem dúvida, só de um modo aproximado se podia dizer).

Embatemos de novo em conjecturas, especulações, métodos grosseiros de aproximação, o controlo da equação (6) resulta do confronto dos valores de SPc com os que já tinham sido obtidos com a ajuda dos métodos do cálculo das distâncias de Kepler, previamente elaborados e já analisados de um modo crítico.

Consideremos agora, por último, ainda um passo de Kepler, servindo-nos da Figura 6:

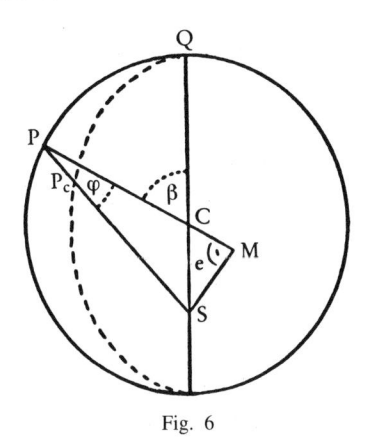

Fig. 6

Em correspondência com a fórmula (1), deve também agora valer a relação:

(7) $$\frac{t}{T} \approx \frac{SQPc}{\pi b}.$$

Ou seja, o tempo t necessário ao planeta para percorrer o arco da elipse QPc deve comportar-se relativamente ao tempo de uma rotação completa como a área de SQP em relação à área da elipse, onde b é o semi-eixo menor e o semi-eixo maior é posto igual a 1. Ora, Kepler conjectura que, analogamente ao que foi dito antes em relação com as figuras 4 e 5, também

(8) $$\frac{SQA}{SQPc} \approx \frac{1}{b}$$

Mas segundo (1) vale:

$$SQA = \frac{1}{2} \, (e \operatorname{sen} \beta + \beta),$$

Se isto se substituir em (8) e (7) obtém-se, por fim, mediante um simples cálculo:

$$\frac{t}{T} \approx \frac{e \operatorname{sen} \beta + \beta}{2\pi}$$

O passo decisivo desta dedução, a saber, (7) enquanto seu ponto de partida, nada mais representa, pois, do que uma nova transferência inadmissível do teorema de Arquimedes, desta vez para um sector da elipse, cujo vértice representa o Sol que se encontra num dos focos. As duas primeiras leis podem, portanto, resumir-se da seguinte maneira [ver a equação (6)]:

(9) $\quad 2\pi \dfrac{t}{T} \approx \beta \text{ e sen } \beta,$

(10) $\quad SPc \approx 1 + e \cos \beta$

(10) diz que um planeta se move numa elipse, da qual o Sol ocupa um dos focos; (9) refere que o raio de Sol-planeta percorre áreas iguais em tempos iguais.

Ora, no tocante a Marte, que era o centro e o ponto de partida de todas estas considerações, podiam determinar-se β e um (9) só com a *hipothesis vicaria* rejeitada (embora melhorada). Esta hipótese é, pois, utilizada para o cálculo de SPc e o resultado assim obtido é de novo controlado com métodos (três posições de Marte em relação à posição da Terra), em que entra igualmente tal hipótese.

Esta é, pois, a fundamentação das duas primeiras leis de Kepler, acerca das quais ainda hoje se afirma muitas vezes que foram obtidas exclusivamente a partir da experiência.

Se, além disso, se comparar a teoria de Kepler à de Ptolomeu, esta última não se saiu pior. Em primeiro lugar, com efeitos indica, com uma exactidão quase igual à de Kepler, os movimentos dos planetas, em virtude da menor excentricidade da sua órbita (no tocante a Mercúrio, ele representa certamente, aqui como além, um *enfant terrible*); em seguida, havia uma fundamentação filosófica óbvia em prol do axioma platónico, enquanto a forma elíptica da órbita dos planetas devia permanecer para Kepler um quebra-cabeças. A sua tentativa de a inferir dos movimentos próprios dos planetas permaneceu de todo insatisfatória. A mesma coisa se deve, em terceiro lugar, dizer dos seus esforços por enfraquecer os conhecidos argumentos aristotélicos contra a rotação da Terra. Tais esforços têm o carácter das típicas hipóteses *ad-hoc* ([10]). O silêncio embaraçado com que a sua *Astronomia Nova* foi acolhida não é, pois, de espantar.

Esta análise dos métodos e das demonstrações empregues na *Astronomia Nova* levam — como se mostrará — à seguinte constatação: se Kepler tivesse aderido às conhecidas doutrinas epistemológicas dos nossos dias, deveria ter abandonado as suas duas leis, dificilmente sobrestimáveis no seu significado. É possível elucidar isto em dois exemplos adequados: na metodologia de Popper e Lakatos, bem como na lógica indutiva de Carnap.

2. *«Astronomia Nova» de Kepler à luz das epistemologias de Popper e de Lakatos.*

O postulado metolodógico fundamental de Popper afirma que uma teoria científica deve ser falsificável. Se, porém, uma tal falsificação for bem sucedida, a teoria não pode ser salva do fracasso mediante hipóteses *ad-hoc* ou outras suposições. Escreve ele: «Se a decisão é positiva, se as conclusões singulares são aceites, verificadas, o sistema superou provisoriamente a comprovação; não temos razão alguma para a rejeitar. Se a decisão é negativa, se as consequências resultam falsificadas, então a sua falsificação diz também respeito ao sistema de que são deduzidas» ([11]).

Que significa aqui uma «decisão»? Significa que as chamadas proposições de base (termo com que Popper entende as asserções singulares existenciais, como, por exemplo: neste ou naquele ponto espacio-temporal, encontra-se isto e aquilo) ([12]) ou contradizem a teoria ou não a contradizem. Não basta, no entanto, para declarar a teoria falsificada que a contradigam proposições de base isoladas.

Para declarar a teoria falsificada, não basta, todavia, que a contradigam as proposições de base isoladas. «Pelo contrário, só a declaramos falsificada quando se descobre um efeito que contradiz a teoria; por outras palavras: quando se propõe e se garante uma hipótese empírica (que descreve este efeito) de baixo nível de universalidade, que contradiz a teoria. A semelhante hipótese damos o nome de hipótese falsificadora» ([13]). Como exemplo, Popper aduz a asserção: no jardim zoológico de N, vive uma família de corvos brancos ([14]); com ela, seria refutada a afirmação universal de que todos os corvos são pretos. Na maior parte dos casos, acrescenta ele, antes de uma hipótese ser falsificada, tem-se «uma outra à disposição», «pois só o experimento falsificador é, habitualmente, um *experimentum crucis* que deve decidir entre as duas hipóteses» ([15]). Por conseguinte, aqui, o efeito que tem a função falsificadora é deduzido de uma outra hipótese, já presente. Na verdade, decisões deste tipo, por se apoiarem em proposições básicas, podem em princípio pôr-se juntamente com estas mesmas de novo em discussão; praticamente, porém, alguma vez se acaba por aceitá-las. Popper introduz, por isso, a regra: «... já não queremos atribuir, de uma vez por todas, um valor positivo de corroboração a uma teoria falsificada por experimentos intersubjectivamente controláveis...» ([16]).

Mas Kepler fez justamente o contrário, quando utilizou os resultados de teorias já falsificadas para a elaboração das suas próprias teorias, e controlava ainda estas últimas com a ajuda de tais teorias falsificadas. Mas infringia ainda de outro modo claramente a metodologia de Popper. A ausência de fenómenos que poderiam revelar a rotação da Terra considerava-se então como uma falsificação de todo o tipo de heliocentrismo, portanto, também do seu. E para se subtrair a esta falsificação, ele tentou fazer o que Popper rejeita com decisão ([17]): a saber, salvar a sua teoria mediante uma hipótese *ad-hoc* e, claro está, por meio de uma hipótese sumamente dúbia, como era a sua dinâmica celeste. Por conseguinte, se Kepler tivesse agido como recomenda Popper, deveria ter rejeitado a sua teoria e, decerto, «de uma vez por todas». Popper crê que o êxito de Kepler se deve em parte atribuir à circunstância de «que a hipótese, de que partira (a hipótese da circunferência), era relativamente fácil de falsificar» ([18]). Nisto tem razão, na medida em que com a expressão «relativamente fácil» se refere ao facto de que a hipótese da circunferência é «tridimensional» («ela pode ser falsificada pela quarta posição singular do campo em questão, ou seja, mediante o quarto ponto na representação gráfica») ([19]), ao passo que a hipótese da elipse é «pentadimensional» («pois ela só pode ser falsificada por meio da sexta proposição singular, a saber, através do sexto ponto na representação gráfica» ([20]). E, todavia, com este tipo de consideração, oculta-se antes até que ponto se tornou problemática a falsificação da hipótese da circunferência, a qual, como se mostrou, se baseava em premissas dúbias.

Por conseguinte, o exemplo de Kepler não só revela quão difícil pode ser aceitar proposições básicas falsificadoras (uma dificuldade que, a meu ver, Popper não valorizou bastante) ([21]), mas também que não deve ser de modo algum vantajoso para a ciência fazer seguir a uma tal aceitação, no caso de ela ter tido lugar, a rejeição da teoria falsificada ([22]).

Até agora, a metodologia de Kepler só foi confrontada com a do popperianismo, hoje já mencionada de um modo um tanto clássico. Todavia, nada se modifica no resultado final, se se introduzirem os melhoramentos que Lakatos introduziu nesta última.

Segundo a sua opinião, há uma regra universal que se deve aplicar, ao decidir-se se uma série de teorias é progressiva ou não. (Tem inteira razão em falar de uma série, e não de teorias isoladas, porque toda a teoria se encontra, de facto, ligada a outras teorias diferentes.) Escreve ele: «Queremos designar *teoricamente progressiva* uma série de teorias..., quando toda a nova teoria excede a anterior no seu conteúdo empírico, quando, pois, prediz alguns factos novos, até então não descobertos. Queremos dar o nome de *empiricamente progressiva* a uma série de teorias..., quando parte do conteúdo empírico excedente foi também corroborado, quando, pois, toda a teoria induz à descoberta efectiva de alguns factos novos. Por fim, queremos chamar *progressivo* um deslocamento do problema, quando é teórica ou empiricamente progressivo, e *degenerativo,* quando o não é» ([23]).

Devemos, de novo, constatar que Kepler teria rejeitado as suas teorias, se houvesse de seguir as regras de Lakatos.

Segundo a sua opinião, Kepler poderia decerto prever alguns factos novos, até então desconhecidos; mas, por outro lado, como se disse, *não* teria podido explicar um número ainda maior de factos que estavam em plena consonância com a astronomia ptolomaica e com a física aristotélica. Entre eles se contam em particular todos aqueles fenómenos que falam contra a rotação da Terra, em virtude de não se ter ainda desenvolvido o princípio da inércia. Não podemos, portanto, dizer que a sua teoria, em relação às teorias precedentes, tivesse um conteúdo empírico excedente.

Mas isto ainda não é tudo. Até a confirmação dos factos previstos por Kepler era extremamente dúbia, como aqui se mostrou. Vimos assim, por exemplo, que Kepler, para o cálculo da órbita de Marte, teve necessidade da *hypothesis vicaria* e que controlou de novo os resultados deste modo obtidos com métodos que igualmente se baseavam e, por conseguinte, fez ainda outras hipóteses de tipo mais metafísico e teológico, às quais já iremos voltar. Poderá a regra de Lakatos fornecer a este respeito uma ajuda, quando pretendermos decidir se todos estes pressupostos são aceitáveis?

Evidentemente, a expressão «previsão de um facto» não é tão clara e simples como Lakatos pensa. Podemos considerar toda a previsão como um progresso teórico, mesmo quando as razões para estas previsões são muito arriscadas, dúbias ou até loucas? Não estava justamente em discussão se as previsões de Kepler seriam em geral aceitáveis, sobretudo na medida em que, em vista de tais previsões, incomodou também ainda a metafísica e a teologia? E não estava, por motivos de todo idênticos, justamente em discussão se os controlos empíricos e as confirmações de Kepler poderiam ser aceites? Não se trata, na verdade, de se as previsões são feitas e os factos comprovados, mas de se as *razões* de tais previsões, ou os *pressupostos* de tais comprovações, são plausíveis. Mas a este respeito a regra de Lakatos nada diz.

Imaginemos que, na época de Kepler, Lakatos fosse um grande inquisidor, que devia controlar o progresso científico de harmonia com a sua própria regra. Suponhamos que ele interrogou Kepler, e imaginemos o seguinte diálogo:

> LAKATOS: Poderás mostrar-nos um conteúdo empírico que ultrapasse o das teorias dos teus predecessores?

KEPLER: Posso, sem dúvida, mostrar um pouco desse conteúdo, mas Ptolomeu e Aristóteles ultrapassam-me a este respeito em muitos pontos.
LAKATOS: Podes prever alguns factos novos?
KEPLER: Certamente, se partilhares as minhas razões para estas previsões e se, além disso, aceitares os meus pressupostos, que se devem fazer para a confirmação de tais factos.
LAKATOS: De que pressupostos te serviste?
KEPLER: Pressupostos muito duvidosos, porquanto me refiro exclusivamente a pressupostos astronómicos.
LAKATOS: Anátema!
KEPLER: Por favor, concedei-me uma última palavra. Servi-me de dois pressupostos, que considero decisivos e nos quais creio com todo o coração: o primeiro é que Copérnico deve ter razão, porque a sua descrição do mundo é, no essencial, muito mais simples do que as outras e porque é mais adequada ao espírito humano e à justiça divina. A segunda é que se revela contraditório considerar a Terra como centro do Universo e, ao mesmo tempo, como lugar do pecado. Creio, pois, que o Sol é o astro em torno do qual todos os outros giram. E ao pressupor *isto*, tudo o mais, por duvidoso que em si possa ser, proporciona um sentido racional.
LAKATOS: Nada disto tem valor científico. Por isso, mais uma vez: anátema!

Assim, pois, se tivesse seguido a regra de Lakatos, o pobre Kepler deveria ter rejeitado a sua própria teoria ([24]).

3. *A «Astronomia Nova» de Kepler e a lógica indutiva de Carnap*

Consideremos agora a teoria de Kepler à luz da lógica indutiva de Carnap. Esta lógica tem como fito determinar o grau de confirmação de uma hipótese (h), com base nos dados disponíveis (e). As suas proposições elementares têm, pois, a forma:

$$c(h, e) = r,$$

em que c representa o grau de confirmação *(degree of confirmation)* e r um valor numérico entre 0 e 1.

Ora esta lógica indutiva foi elaborada só para linguagens que são primitivas em comparação com a da teoria de Kepler. Mas a pergunta de se Kepler poderia ter aplicado esta lógica — e se tal lhe teria sido útil — ainda não foi de modo algum despachada. Com efeito, Carnap considerou explicitamente as simplificações e as idealizações, de que ele se serviu, como um inconveniente inevitável apenas do ponto de partida. Mais tarde, poderiam construir-se progressivamente sistemas da lógica indutiva sempre mais complicados e encontrar então graus de confirmação para as teorias e hipóteses físicas. A construção primitiva deve considerar-se como uma «aproximação» mais ou menos grosseira à mais complexa ([25]). Portanto, o que se poderia revelar como praticamente difícil não é, por este motivo, de modo algum impossível no plano teórico.

Importa igualmente, neste contexto, entender a afirmação de Carnap, segundo a qual «todos os cientistas usam aproximativamente o mesmo método indutivo», e «este situa-se nas cercanias do método-estrela» (termo com que se intenta uma determinada escolha dos possíveis procedimentos de confirmação da lógica indutiva, que Carnap indica com «c») ([26]).

Se agora ainda não existe nenhum sistema formal que possibilite calcular exactamente os graus de confirmação das hipóteses e das leis de Kepler, pode, no entanto, reconhecer-se facilmente que o seu valor deveria ser muito baixo, se fosse calculado num caso análogo, transferido para as relações primitivas das linguagens da lógica indutiva. Encontrámos as hipóteses de Kepler empiricamente fundadas de um modo muito débil; encontrámos — falando com os conceitos da lógica indutiva — «inferências prognosticadoras» do tipo mais ousado (a partir de alguns planetas para todos, de dois elementos orbitais para toda a órbita, etc.) ([27]); descobrimos que os controlos — na lógica indutiva «e» — contêm hipóteses que, por seu lado, eram parte da hipótese «h», que deveria ser controlada mediante comprovação, etc. Se, pois, a lógica indutiva de Carnap, cunhada para linguagens e relações primitivas, se tomar como modelo — e para tal, como há pouco se mostrou, alguma razão se tem —, deve daí depreender-se que, se Kepler tivesse conhecido esta lógica e a admitisse como vinculatória para si, dificilmente teria ousado propor e defender as suas duas primeiras leis.

A isto parece contrapor-se o facto de Carnap se ter expressamente precavido da identificação das proposições metodológicas com as da lógica indutiva ([28]). A determinação do grau de confirmação nada diz ainda enquanto tal sobre a questão da aceitação ou da rejeição das hipóteses, pois este problema pertence à metodologia. Se, por exemplo, a probabilidade de ganhar alguma coisa no loto mediante um certo número é muitíssimo pequena, nem por isso é irracional apostar em tal número. Para a determinação do grau de confirmação devem, pois, acrescentar-se manifestamente outros motivos, se houver de se tomar uma decisão acerca de uma hipótese. Esses motivos são indicados por Carnap, pois não são objecto peculiar da sua lógica indutiva, só de um modo vago com palavras como «determinados fins» ([29]), «situações da vida..., em que se observa, se julga, se crê» ([30]), «factores não lógicos» ([31]), etc.

Mas embora a lógica indutiva e a metodologia não sejam a mesma coisa, devem todavia, por outro lado, segundo a concepção própria de Carnap, estar numa relação recíproca. Por isso, o próprio Carnap afirma que «a metodologia... desenvolve procedimentos para utilizar em vista de certos fins os resultados da lógica indutiva» ([32]). Por outro lado, a lógica indutiva não impede o cientista de se servir de factores extralógicos para as suas decisões, pelo contrário, facilita-lhe até semelhante tarefa ([33]). De facto, que outro sentido deveria então ter a lógica indutiva a não ser o de proporcionar ao cientista algumas linhas directrizes, quer para as suas decisões teóricas, quer para a sua acção prática? Esta «lógica» já não pode encontrar de modo auto-suficiente a sua justificação no facto de alguma vez estabelecer como que um nexo indutivo «verdadeiro», «puro», entre duas proposições, e e h, em que surgiria em seguida, para tal nexo, uma questão meramente externa, a saber, de que modo se poderia aplicar praticamente. Com efeito, face à lógica propriamente dita, isto é, à lógica dedutiva, as suas proposições não têm em si validade alguma; pelo contrário, os seus axiomas são escolhidos de modo que ela possa fornecer ao cientista linhas directrizes teóricas e práticas, na sua investigação, a fim de que esta seja adequada aos métodos gerais do cientista ([34]). Mesmo se — como Carnap — se admitir que a lógica indutiva e a metodologia não são a mesma coisa, importará todavia, por outro lado — igualmente com ele —, exigir que ambas não possam desemparelhar-se com excessiva força, e que a lógica indutiva deva ser um apoio para a metodologia. Se há casos — como o de Kepler — em que a metodologia já não se preocupa com a lógica indutiva (pois ignora os seus resultados), trata-se justamente de uma objecção contra semelhante «lógica». Por isso, também Carnap restringiu repetidas vezes a sua advertência, há pouco mencionada. Está convencido de que os cientistas se comportam como se atendessem aos valores numéricos dos graus de confirmação (embora tal não aconteça de modo explícito), por exemplo, quando estão prontos a investir uma certa soma em determinados projectos de investigação, em determinados experimentos, etc. ([35]). De igual modo, Stegmüller tem diante dos olhos objectivos metodológicos quando — evidentemente, com a aprovação de Carnap — afirma que uma asserção sobre probabilidade indutiva pode levar ao agir racional ([36]); que a lógica indutiva exerce uma influência sobre o cientista na escolha das hipóteses, embora não o determine de modo exclusivo ([37]); que o ajuda a tomar decisões com discernimento e não às cegas ([38]). A lógica indutiva diz-nos em que grau uma hipótese é apoiada pelos dados — a metodologia deve poder utilizar esta informação como parte de um mais amplo contexto de fundamentação.

Carnap afirmou, por fim, a estrita separação da lógica indutiva e da metodologia sobretudo em relação às decisões puramente práticas (como, por exemplo, nas apostas), ao passo que não levantou objecção geral alguma contra a sua estreita ligação relativamente ao domínio teórico ([39]). Uma hipótese confirmada de modo fraco ou mau no plano empírico não lhe pareceu apropriada para ser aceite no campo teórico.

Com a utilização de uma análise baseada na lógica indutiva, Kepler ter-se-ia visto obrigado a abandonar a sua teoria; pelo menos, teria sido obrigado a vê-la como extremamente dúbia.

Foi-me objectado que, em Kepler, se trata somente de uma primeira proposta, hipotética e a modo de ensaio, de uma teoria, de uma teoria no seu estádio inicial; mas a lógica indutiva poderia aplicar-se apenas a teorias completamente desenvolvidas como, por exemplo, a mecânica clássica, a óptica, etc. A lógica indutiva, porém, concerne a toda a relação ente e e h (que ela considera como uma relação lógica), e esta é sempre metodologicamente utilizável, se com e se utilizou toda a informação que era disponível. Por conseguinte, Kepler teria com razão conseguido basear-se nesta. Mas que é, além disso, uma teoria completamente desenvolvida? Quem é que sabe como prossegue o desenvolvimento e em que luz aparecerá, dentro de cem anos, uma teoria que é aceite em qualquer tempo presente? Em todo o caso, Kepler não entendia os seus resultados como uma primeira tentativa hipotética, mas como tão «completos» quanto o podiam ser, isto é, como apoiados no saber astronómico global elaborado na sua época. Trata-se sempre de um aqui e agora, em que o investigador se deve decidir, e sempre apenas em semelhante situação é que a lógica indutiva o deve poder ajudar — ou então, jamais o ajuda.

4. *A falta de sentido histórico em Popper e em Carnap*

Das precedentes indagações depreende-se que o valor geral da lógica indutiva de Carnap para as decisões científicas é dúbio, e que o método falsificacionista de Popper nem sempre é o mais adequado. Vemos Kepler agir contra toda a «razão epistemológica» que estes pensadores têm em mente. Pelo contrário, descobre-se, primeiro, que ele era guiado por uma mística do Sol — reconhecemos aqui uma estipulação axiomática, no sentido do capítulo precedente — e, em segundo lugar, pela ideia especulativa de que os princípios construtivos do Universo são cognoscíveis — ideia esta que era uma estipulação normativa. Kepler fora buscar estas duas coisas a Copérnico, e ambas derivavam do espírito do Renascimento. Esta mística do Sol e esta ideia suscitaram nele a fé inconcussa no sistema heliocêntrico e na possibilidade de poder descrever em pormenor os seus «verdadeiros movimentos». Se a tal respeito não tinha na altura à disposição melhores teorias do que as de Tycho e a *hypothesis vicaria*, devia justamente com elas contentar-se — a verdade devia, de um ou de outro modo, emergir para o homem. Os dados observacionais deveriam também pelas mesmas razões considerar-se como absolutamente fidedignos — e aqui vislumbramos uma estipulação judicativa. Se o Sol era o símbolo de Deus Pai, importava determinar, antes de tudo, a relação da nossa Terra, e semelhante relação deveria igualmente ser cognoscível na sua exacta estrutura — por isso, na tentativa da determinação desta estrutura podia, pela primeira vez, aceitar-se também o que se tinha. As extrapolações dos dois valores para todos os valores eram justificadas, no conhecimento do Universo, mediante a confiança na ajuda da graça divina; as analogias matematicamente inadmissíveis eram consentidas; as confirmações circulares e as obtidas com teorias falsificadas eram permitidas. Tudo o que Kepler pretende do seu leitor é, ao fim e ao cabo, aceitável só se se der o próprio assentimento às suas premissas místicas e especulativas, às suas diversas estipulações, se se partilhar a sua decisão apriorística em prol do sistema heliocêntrico.

O caminho de Kepler é semelhante ao de um sonâmbulo, guiado unicamente pela sua fé, o qual não se deixa confundir por nada, embora para tal tenha tido motivos de sobra. Mas depois de, por fim, ter chegado à meta e desenvolvido uma concepção inteiramente nova, encontrou-se perante dificuldades ainda maiores do que no início. No fim de contas, que é que efectivamente se tornara mais compreensível ao espírito humano — se se fizer uma comparação entre a *Astronomia nova* e o sistema de Ptolomeu — acerca da construção do Universo, que, segundo ele, é pretensamente inteligível? Já disse que a forma elíptica das órbitas dos planetas deixou os seus contemporâneos — e também o próprio Kepler — perplexos.

Mas, seja como for, vemos Kepler partir de novas estipulações, vemo-lo projectar um novo enquadramento em que tudo se deve situar e divisar, mas que é historicamente contingente e não se foi buscar à natureza. — A debilidade decisiva de uma epistemologia como as do tipo de Popper ou de Carnap parece-me, pois, consistir no facto de que ela, apesar de toda a disparidade das escolas e dos pensadores, procede em geral de um modo an-histórico. À maior parte das tentativas contemporâneas da epistemologia falta a compreensão dos fundamentos históricos do progresso da ciência, que superam o respectivo âmbito científico. Para suscitar semelhante compreensão requere-se o estudo da história da ciência. O exemplo de Kepler mostra claramente que este estudo, como já se explicara no capítulo precedente, proporciona um correctivo a postulados e generalizações metodológicas demasiado apressados.

Até agora, considerou-se Kepler e a transição dele para Newton como exemplo justamente clássico em favor de uma opinião oposta à que aqui foi apresentada. Com ele, pretendeu-se mostrar que determinados métodos, geralmente imutáveis e, além disso, suficiente e relevante material empírico põem a física em grau de progredir; por assim dizer, de modo auto-suficiente; que, por conseguinte, bastaria a observação da natureza com o auxílio destes métodos; pelo contrário, a história e, em particular, a história do espírito, não teria qualquer significado para este progresso. E afirmou-se assim que Kepler obteve as suas leis de um modo puramente empírico, e que a lei da gravitação de Newton foi por este derivada mediante uma generalização indutiva.

Como, porém, vimos em primeiro lugar, as leis de Kepler não podem considerar-se como facto empíricos, mas como hipóteses fundamentadas de modo bastante problemático. Em segundo lugar, estas leis são meramente cinemáticas, e nelas não aparecem a massa e a força; por conseguinte, delas não se pode inferir uma lei dinâmica universal, como a da gravitação, graças a uma generalização indutiva. Mas, em terceiro lugar e acima de tudo, as leis de Kepler, tomadas em sentido estrito, contradizem a mecânica de Newton. Com efeito, segundo esta última, as massas atraem-se reciprocamente e, por conseguinte, movem-se em torno do centro da gravitação do sistema complexivo, que não coincide com o Sol; segundo Kepler, porém, o Sol está imóvel no foco da órbita elíptica. O facto pretensamente empírico, que Newton tomou como seu ponto de partida, foi, pois, por ele modificado e, claro está, à luz de uma nova e dinâmica interpretação, cuja espontaneidade é sinal da transformação de uma orientação filosófica fundamental, e ainda de estipulações (no sentido do precedente capítulo) historicamente transformadas.

Kepler e a transição para Newton não podem, pois — contrariamente à habitual concepção — servir de argumento a favor de uma epistemologia desprovida de sensibilidade histórica, mas sim em prol de uma epistemologia de acento histórico ([40]).

Diga-se em conclusão o seguinte: a teoria da ciência sem a história da ciência é vazia; a história da ciência sem a epistemologia é cega. Isto deverá esclarecer o exemplo que se mencionou.

NOTAS

([10]) Kepler conjectura que a Terra atrai todos os corpos na sua direcção, por causa da sua força atractiva. Pensa esta força como exercida através de inumeráveis laços que enchem um cone. Este é tangente à Terra e, no seu vértice, encontra-se o objecto atraído. A resultante destas forças é dirigida verticalmente para baixo, pelo que Kepler procura explicar porque é que, quando um corpo é elevado, se deve observar uma resistência maior do que quando é deslocado lateralmente. Mas assim permanece, claro está, de novo incompreensível como será então possível o movimento de um corpo terrestre oposto à rotação da Terra, sem notáveis resistências.

([11]) K. R. Popper, *Logik der Forschung,* Tubinga 1966^2, p. 8.

(¹²) *Ib.*, p. 67 s. É, além disso, interessante considerar mais exactamente as proposições de base que, em Kepler, desempenham um papel falsificador. Trata-se aqui, antes de mais, de dados que, no entanto, são parcialmente calculados a partir de teorias e que não podem ser directamente observados (como, por exemplo, a longitude heliocêntrica). Com a ajuda destes dados, ele determina outros, a saber, a distância das estrelas, a posição dos pontos no espaço cósmico, etc. Tudo isto pode, é certo, expressar-se mediante proposições básicas que não dizem respeito a qualquer coisa de observável. Kepler contradiz certas hipóteses, ao demonstrar que são inconciliáveis com os dados assim obtidos. Ora Popper exigiu explicitamente que as proposições de base devem ser controláveis intersubjectivamente mediante a «observação» (*Op. cit.*, p. 68) mas, em seguida, declarou igualmente que «observável» é um conceito fundamental indefinível e que basta estabelecer que toda a proposição básica deve ser equivalente a uma proposição sobre relações de posição entre corpos físicos, ou a proposições básicas de tipo «mecanicista» (*Op. cit.* p. 68). Embora as proposições básicas de Kepler possam conciliar-se com o que Popper por tal entende, salientam, no entanto, com que cuidado se deve aqui empregar a palavra «observável».

(¹³) *Op. cit.*, p. 54.
(¹⁴) *Op. cit.*, p. 54, nota 1.
(¹⁵) *Op. cit.*, p. 54, nota 1. Importa aqui observar que um *experimentum crucis* entre a teoria de Ptolomeu e a própria não era, para Kepler, possível em virtude da menor excentricidade da órbita dos planetas.
(¹⁶) *Op. cit.*, p. 213. A apodicticidade desta regra, prescindindo do facto de que no exemplo de Kepler se mostrará até que ponto pode ser desvantajosa para o processo científico, encontra-se também em surpreendente contradição com a explícita declaração de Popper, segundo a qual as proposições básicas, ou mais exactamente, as hipóteses de baixo nível de generalidade, são, por seu lado, sempre ulteriormente controláveis e não podem exigir carácter definitivo algum. Não se inferirá assim que — com elas — também o juízo de falsificação sobre uma teoria poderá novamente ser ab-rogado?
(¹⁷) *Op. cit.*, p. 16, 48-51.
(¹⁸) *Op. cit.*, p. 93.
(¹⁹) *Op. cit.*, p. 92.
(²⁰) *Op. cit.*, p. 92.
(²¹) Popper vê que nada nos pode forçar a permanecer em determinadas proposições de base e que, por isso, toda a asserção de base pode novamente ser sujeita a controlo. Por conseguinte, visto que nada mais resta do que deter-se provisoriamente num lugar qualquer, isto acontece do melhor modo onde semelhante controlo é «fácil». Escreve ele: «Se um dia não se chegasse a acordo ente os observadores científicos a propósito das asserções de base, tal significaria que a linguagem falha enquanto meio de compreensão intersubjectiva. Graças a semelhante confusão linguística, a actividade do investigador seria levada *ad absurdum*; deveríamos então interromper o nosso trabalho na construção do edifício científico» (*Op. cit.*, p. 70). A questão é, porém, se existe em geral um critério objectivo para a expressão «fácil controlo». As proposições básicas, justamente por causa da sua dependência da teoria, não expressam quaisquer factos absolutos que possam constranger a veredictos absolutos. Habitualmente, a aceitação de uma proposição de base falsificadora será um processo muito complexo, intrincado e de nenhum modo aproblemático. A ciência não interromperá, por este motivo, a sua actividade — e com razão. Com efeito, a exigência de uma unanimidade entre os cientistas é dogmática.
(²²) Teria Kepler podido decidir entre a sua teoria e as outras existentes na sua época, mediante o grau de controlabilidade de Popper? Em tal caso, deveria ter preferido a hipótese da circunferência, em virtude das suas baixas dimensões (termo com que Popper, como já se indicou, entende o número dos parâmetros pelos quais uma teoria não é ainda falsificável). Mas este critério de relação de nada lhe teria servido (o outro, a saber, a relação de subclasses, não é aqui aplicável), pois já há muito todas as teorias em questão estavam falsificadas (inclusive a sua). E assim acontece sempre. As teorias não são elaboradas como os automóveis antes da competição de modo a avaliar primeiro o seu valor e,

em seguida, fazer tentativas com uma delas; encontram-se já sempre em competição e mostram todas, desde o início, as suas maiores ou menores deficiências.

([23]) I. Lakatos, «Falsification and the Methodology of Scientific Research Programs», in I. Lakatos, S. Musgrave (Org.), *Criticism and the Growth of Knowledge,* Cambridge 1970, p. 118.

([24]) Cf. I. Lakatos, «History of Science and its Rational Reconstructions», in R. C. Buck, R. S. Cohen (org.) *Boston Studies in the Philosophy of Science* 1971, p. 22. Lakatos diz aqui o que se deverá fazer com as teorias que, segundo as suas regras, são inaceitáveis.

([25]) R. Carnap, *Induktive Logik und Wahrscheinlichkeit,* revista por W. Stegmüller, Viena 1959, p. 84 S. (ulteriormente, esta obra será indicada com I. L.).

([26]) P. A. Schilpp (Org.), *The Philosophy of Rudolph Carnap,* The Library of Living Philosophers, vol. XI, Londres 1963, p. 980 (ulteriormente indicada como Phil. of C.). Trata-se, em rigor, não de uma afirmação de Carnap, mas de Burk, com a qual Carnap expressamente concorda.

([27]) Antes de mais, poderia afirmar-se que, na inferência subjacente à lei dos raios, se trata de uma inferência universal no sentido da lógica indutiva (a saber, de dois casos em que a velocidade dos planetas é função da sua distância do Sol para uma função universal válida para todos os casos, por conseguinte, para uma lei universal). A dificuldade consiste no facto de que, neste caso, segundo a lógica indutiva de Carnap, seria $c^* (h,e) = O$ (cf. a propósito I. L., p. 226). Carnap tentou enfraquecer as objecções que contra esta tese se levantaram (não significaria porventura isto que, então, nenhuma lei da natureza poderia alguma vez ser confirmada?), ao dizer que interpretava de modo diverso o sentido prático destas leis. Quando alguém propõe uma lei, não intenta, segundo Carnap, que ela será válida para infinitos casos possíveis (no nosso caso, para todos os pontos da órbita que nos são suficientes). Quanto a mim, isto significa que, então, inferências universais do tipo indicado se devem interpretar como inferências prognosticadoras, por conseguinte, como inferências de um caso observado para outro caso (não observado). (As outras possibilidades indutivas, a inferência directa, a inferência por analogia e a inferência inversa, não se tomam aqui em consideração.) Mas, para as inferências preditivas, vale, segundo Carnap, a fórmula:

$$c^* (h,e) = c^* (h,e') = \frac{\prod_{i=1}^{r} \left(\frac{S_i + S_i' + W_i - 1}{S_i'} \right)}{\left(\frac{S + S' + \mu - 1}{S'} \right)}$$

([28]) *Phil. of C.,* p. 972 s., 986.
([29]) *Phil. of C.,* p. 972 s., 986
([30]) *Op. cit.,* p. 86.
([31]) *Op. cit.,* p. 87.
([32]) *Op. cit.,* p. 80.
([33]) *Op. cit.,* p. 97.
([34]) *Phil. of C.,* p. 978.
([35]) *Op. cit.,* p. 990.
([36]) *I. L.,* p. 8.
([37]) *Op. cit.,* p. 10.
([38]) *Op. cit.,* p. 10.
([39]) *Phil. of C.,* p. 973. Apesar da separação entre lógica indutiva e metodologia, Carnap discutiu em pormenor cinco regras, em reflexões da lógica indutiva. Refutou quatro regras por causa da sua validade limitada; mas indicou como aceitável uma quinta. Esta reza assim: «Entre os possíveis modos de acção, escolham-se aqueles para os quais a

apreciação da utilidade resultante constitui um máximo» (cf. o parágrafo da *I.L.*, pp. 108-
-124).

([40]) Lembre-se ainda, neste lugar, a estranha concepção de Lakatos, segundo o qual se pode ao menos, numa retrospectiva *(by hindsight)*, estabelecer se uma teoria, neste caso a de Kepler, foi progressiva. Mas, quando muito, podemos dizer que Kepler, para Newton, realizara um progresso, pois este último interpretara de modo diverso os seus resultados. Além disso, de que nos servem as regras que unicamente podemos usar em retrospectiva?

VI

Um exemplo ulterior: os fundamentos histórico--culturais da mecânica quântica

No ano de 1935, Einstein, juntamente com Podolsky e Rosen, publicou um ensaio que, entretanto, adquiriu um significado quase clássico, em que tentava demonstrar que a mecânica quântica não é completa ([1]). Segundo a sua opinião, uma teoria é completa quando «todo o elemento da realidade física tem uma contraparte na teoria física» ([2]). Mas que significa «realidade física»? Einstein escreve: «Quando podemos prever com segurança o valor de uma grandeza física, sem de algum modo perturbar um sistema, então existe um elemento da realidade física que corresponde a esta grandeza física» ([3]).

Tomava em consideração dois sistemas, S e S', que antes estavam em interacção recíproca, mas que agora estão separados. A mecânica quântica descreve este estado mediante uma função ψ, que se põe em condições de prever com segurança o valor α' da grandeza a em S', quando medimos em S o valor α da grandeza a. Visto que tal predição é possível sem que S' seja perturbado pela medição em S (S e S' estão justamente separados), segundo a definição de Einstein, α' representa algo da realidade física e existe independentemente desta medição e antes dela. A este respeito, não mudaria nada se tivéssemos medido o valor β de uma grandeza b em S, pois também β' teria existido antes desta medida e, além disso, contemporaneamente a α'. Se supusermos que os operadores correspondentes às grandezas a e b não se substituem entre si ([4]), então a função de onda num dado tempo só pode determinar o valor próprio de um dos operadores ([5]). Mas, segundo os pressupostos apresentados por Einstein, Poldolsky e Rosen, α' e β' existem simultaneamente, por conseguinte, a descrição da realidade através da mecânica quântica não pode ser completa.

Na sua resposta, Bohr concede que Einstein e os seus amigos teriam razão se cada perturbação houvesse de ser necessariamente de natureza mecânica — mas o problema é justamente este. Segundo Bohr, existem ainda outros tipos de perturbações e, por conseguinte, ele tira outras conclusões diversas do exemplo aduzido por Einstein, Podolsky e Rosen. Escreve assim: «Do nosso ponto de vista, parece que a formulação do critério para a realidade física, que Einstein, Podolsky e Rosen propõem, é ambíguo no sistema. Naturalmente, no caso em questão, não se trata de uma perturbação mecânica do sistema considerado na fase crítica do processo de medição. Mas é mesmo neste estádio que surge fundamentalmente a questão acerca da influência sobre as condições que definem os possíveis modos de previsão do comportamento futuro do sistema. Uma vez que estas condições representam um elemento essencial da descrição de cada fenómeno, a que é peculiar o predicado realidade física, vemos assim que a argumentação dos autores mencionados não justifica a sua conclusão, segundo a qual a descrição da mecânica quântica é essencialmente incompleta. Pelo contrário, esta descrição pode designar-se, em relação à discussão precedente, como uma utilização racional de todas as possibilidades de interpretações unívocas das medidas que, no âmbito da mecânica quântica, são compatíveis com a interacção entre objectos e instrumentos de medida. Efectivamente, só a recíproca exclusão respectiva dos dois processos experimentais, que admitem a definição unívoca da complementaridade das grandezas físicas, é que cria espaço para ulteriores leis físicas cuja coexistência parece, à primeira vista, incompatível com os princípios da ciência» ([6]).

Bohr contesta, pois, a justeza do critério de Einstein para a realidade física, ao remeter para as condições de uma medição como elementos constitutivos dos fenómenos físicos. Na sua opinião, estas condições são absolutamente indispensáveis para a definição unívoca das grandezas físicas. Ora a medida da posição de uma partícula não é definível durante a medição do seu impulso, e vice-versa. Por conseguinte, os valores das grandezas físicas S', que podemos prever no exemplo de Einstein, não dependem, claro está, das medições em S por razões mecânicas, mas sim por razões da produção de certas condições que tornam possíveis estabelecer semelhantes valores. Bohr recorda a teoria da relatividade, que lhe parece estar constituída sobre considerações semelhantes. Escreve ele:

«Desejaria... de bom grado sublinhar o alcance da grande doutrina que se deve derivar da teoria geral da relatividade para a questão da realidade física, no âmbito da mecânica quântica... em particular, a singular função dos instrumentos de medida na inclusão dos fenómenos quânticos, função que justamente discutimos, parece de todo análoga à bem conhecida necessidade, na teoria da relatividade, de fornecer uma descrição geral de todos os processos de medição... a dependência de todos os critérios e relógios na teoria da relatividade quanto ao sistema de referência pode até comparar-se à permuta essencialmente incontrolável de impulso e energia entre os objectos da medição e todos os instrumentos que definem o sistema de referência espácio-temporal... Com efeito, esta nova direcção da filosofia da natureza significa uma mudança radical da nossa atitude perante a realidade física, a qual pode comparar-se à revisão fundamental de todas as ideias acerca do carácter absoluto dos fenómenos físicos, tal como esta foi produzida pela teoria geral da relatividade» ([7]).

Segundo Bohr, os instrumentos de medição desempenham, portanto, na mecânica quântica o papel de sistemas de referência que se podem comparar mais ou menos à função dos sistemas de coordenadas na teoria da relatividade. Por isso, a mecânica quântica não é incompleta, se não se admitirem asserções sobre grandezas que não são definíveis, porque os sistemas de referência indispensáveis a estas grandezas não podem ser fornecidos.

Destas considerações fundamentais podemos derivar todas as outras bem conhecidas categorias de Bohr, isto é, os conceitos de «fenómeno», «totalidade», «individualidade» e «complementaridade». Por «fenómeno» entende ele a «totalidade» indissolúvel que é constituída mediante o instrumento de medida, o objecto medido e a sua interacção. Atribui a esta «totalidade» o nome de «individualidade», pois ela é determinada pelas condições particulares dos aparelhos de medida, os quais são uma parte constitutiva de um fenómeno. E por «complementaridade» entende uma relação entre fenómenos, definidos mediante aparelhos de medição que se excluem reciprocamente entre si ([8]).

1. *A polémica entre Einstein e Bohr como polémica em torno de axiomas filosóficos*

Parece-me agora que, na base do debate até aqui exposto, se encontram dois axiomas filosóficos diversos e entre si opostos. Talvez fosse mais exacto chamar-lhes «princípios», porque se trata de asserções que não são componentes imediatas da teoria, como, por exemplo, as equações de Schrödinger. Fala-se igualmente do *princípio* de causalidade, e admite-se uma distinção entre este e as leis individuais que a física elabora. Um princípio expressa, pois, uma regra de significado generalíssimo que é aplicada a um âmbito determinado e que serve assim para a fundamentação de leis particulares. Todavia, em conexão com a terceira das categorias introduzidas no capítulo quarto, parece-me mais adequado dar, a seguir, o nome de «axiomas» também aos princípios. Uma subdivisão demasiado pedante não proporcionaria contributo algum às questões aqui tratadas mas, quando muito, dificultaria a compreensão. Onde, sem dúvida, a expressão «princípio» se tornou de uso corrente, como acontece, por exemplo, no *princípio* de causalidade, ou no *princípio* cosmológico (cf. capítulo décimo), manter-se-á, para não exigir ao leitor uma mudança terminológica demasiado grande.

Tentarei, pois, formular os axiomas filosóficos que se encontram subjacentes ao debate acima exposto de um modo mais generalizado e prescindindo do caso particular considerado. Segundo um destes axiomas — o de Einstein —, a realidade consiste em substâncias que possuem propriedades, independentemente das relações em que se encontram com outras substâncias. De acordo com o outro axioma — o de Bohr —, a realidade é essencialmente uma relação entre substâncias, e a mensuração é um caso particular de tal relação. Para Einstein, uma medição descobre um estado em si mesmo; para Bohr, ela constitui uma realidade. Segundo Einstein, as relações são definidas pelas substâncias; para Bohr, as substâncias são definidas por relações. Estes pontos de vista filosóficos gerais constituem o fundamento da discussão. Indico o primeiro axioma com a letra «S» (já que se refere a substâncias); o segundo, com a letra «R» (pois concerne às relações).

Nem Einstein nem Bohr estavam, pois, em condições de confirmar, com os exemplos por eles estudados, o próprio axioma ou de refutar o do outro. Lembremo-nos de que Einstein deu ao seu critério de realidade a forma de uma proposição «se então»: «Se pudermos prever com segurança o valor de uma grandeza física, sem perturbar de qualquer modo o sistema, então existe um elemento da realidade...» etc. Se A, então B. Ora, segundo Einstein, A é verdadeiro no caso dos dois sistemas separados S e S', pois S' não é perturbado. Por isso, também B é verdadeiro, e em S' existem de facto grandezas, e justamente de um modo independente das mensurações em S. Se, porém, Einstein sustenta que A é verdadeiro, então já pressupôs o axioma S, já está até convencido do facto de que um sistema, que não foi mecanicamente perturbado, não foi em geral perturbado. Ao pressupor este princípio, conclui, ademais, que semelhante sistema possui propriedades em si.

O exemplo que Einstein, Podolsky e Rosen escolheram não prova, pois, o axioma S, mas é por eles apenas interpretado graças a tal axioma e, por conseguinte, não estão sequer em condições de refutar Bohr. Por outro lado, porém, Bohr encontra-se na mesma situação: para ele, A não é verdadeiro, pois ele acredita no axioma R. Por conseguinte, também não refutou Einstein e os seus amigos, pelo contrário, mostrou apenas como é possível responder-lhes, como é possível interpretar o caso por eles considerado, de modo a poder defender-se a completude da mecânica quântica ([9]).

2. *Será a filosofia de Bohr um idealismo?*

Por conseguinte, um axioma defrontava outro, e era necessário buscar novos argumentos para continuar a discussão. Numa outra fase do debate, chocamos, como a seguir se verá, com considerações puramente filosóficas. Cito de novo Einstein: «O que não me agrada neste modo de argumentar (refere-se a Bohr e aos seus amigos) é a atitude básica positivista, insustentável a meu ver, que parece ruir juntamente com o *esse est percipi* de Berkeley» ([10]). De modo semelhante se expressa também Blochinzev: «Vemos — explica ele — que, segundo N. Bohr, todos os problemas da mecânica quântica se consideram como problemas da interacção entre instrumento e micro-objecto, como problemas — e assim ele abandona o sólido terreno da física — da interacção entre sujeito e objecto. Nisto consiste também o fundamental erro metodológico da complementaridade: à luz desta concepção, as regularidades conformes à lei da mecânica quântica perdem o seu carácter objectivo, tornam-se regularidades que resultam das formas e dos modos em que o homem percepciona o fenómeno do microcosmo. E isto é idealismo» ([11]).

Este tipo de crítica a Bohr falha o alvo, porque o axioma R é diferente do idealístico *«esse est percipi»* de Berkeley, embora se deva admitir que Bohr nem sempre reconheceu este facto com inteira clareza. A relação entre um instrumento e um objecto nunca é a mesma que existe entre um sujeito e um objecto, no sentido do idealismo. A primeira relação é uma relação meramente física, é relação entre objectos, embora seja a condição para ter percepções. Se carregarmos no acelerador de um automóvel, não consideraremos tal como algo de subjectivo, embora seja a expressão de uma vontade determinada, a saber, da vontade de viajar. Decisivo aqui é que possamos em princípio substituir o sujeito por um objecto (por exemplo, por um autómato). Não devemos, sobretudo, esquecer que o axioma R fala em geral de relações entre objectos, entre os quais o processo de mensuração constitui apenas um caso particular. Por conseguinte, nem sequer é exacto expressar este axioma, como muitas vezes acontece, com as palavras «ser significa ser medido». Já para tal se apontou no capítulo segundo.

Esta formulação, tomada à letra, é até enganadora, pois sugere que o sujeito, na medida em que aceitamos o axioma R, não pode ser excluído na constituição do objecto. Mas se, por exemplo, não existem as condições que definem a posição de uma partícula, então ela não tem de facto qualquer posição, tal como a lendária Atlântida também não ocupa lugar algum. E se as condições que definem o impulso de uma partícula existem, então ela tem um impulso, do mesmo modo que Berlim ocupa um lugar na Terra. É indiferente que um observador tenha produzido tais condições ou já as tenha encontrado.

Não há, portanto, quaisquer relações necessárias entre a filosofia de Bohr e o positivismo (ou o idealismo), como tantas vezes se afirmou ([12]). Isto não significa, como já afirmei, que Bohr tenha sido sempre claro a este respeito. O axioma R, a meu ver, o núcleo da sua filosofia, é em si neutro quanto a pontos de vista gnoseológicos, pois não inclui referência directa alguma ao sujeito, e nenhuma asserção acerca do eu daí se pode directamente deduzir. Mas embora a tentativa de Einstein, Blochinzev e outros de reprovar o positivismo e o idealismo de Bohr tenha fracassado, parece, contudo, segundo o decurso da discussão tal como até agora a delineei, que o axioma de Bohr se encontra estabelecido, mas não bem fundamentado. Nesta segunda fase do debate, empregam-se efectivamente, como já afirmei, argumentos puramente filosóficos.

3. O exemplo do gato

No mesmo ano em que Einstein, Podolsky e Rosen publicaram o seu ensaio, Schrödinger escrevia o seu conhecido ensaio sobre «A situação actual na mecânica quântica», em que também tomava em consideração um exemplo de particular interesse para o problema aqui tratado ([13]).

Imaginou uma câmara blindada em que se encontravam um gato e uma substância radioactiva. Supôs, além disso, que a probabilidade da desintegração de um átomo desta substância no decurso de uma hora é tão grande como a probabilidade de que ele, no mesmo tempo, não se desintegre. Na câmara, há um dispositivo que, se tal desintegração tiver lugar, emite ácido prússico de modo que o gato venha a morrer. Ora, segundo a mecânica quântica, o estado do átomo na substância radioactiva não está de todo definido e, por conseguinte, tão pouco está o do gato. Isto significa, de acordo com o axioma R, que o gato não está nem realmente morto nem efectivamente vivo.

Para Schrödinger e também para Einstein, que ideou um exemplo muito semelhante ([14]), isto é completamente absurdo. O gato é um objecto macroscópico e encontra-se num estado bem definido, o de estar morto ou de estar vivo; portanto, o estado dos átomos, que neste caso determina directamente o estado do gato deve considerar-se como igualmente bem definido.

A mecânica quântica aparece novamente incompleta. Mas também esta argumentação não é conclusiva. O estado do gato pode considerar-se como não definido na medida em que não depende do estado dos átomos na substância radioactiva. Seja A o estado dos átomos quando o gato está vivo, e A' quando está morto. Ora, segundo o axioma R, não existe nem A nem A' e, por conseguinte, também o gato não tem qualquer estado real, na medida em que semelhante estado se encontra em relação com o estado dos átomos. Em contrapartida, o gato está realmente morto ou vivo em relação a certos dispositivos médicos graças aos quais medimos as suas pulsações e coisas semelhantes. De modo análogo, podemos dizer que Berlim não tem posição alguma quanto à utopia, mas possui uma posição inteiramente definida relativamente a Washington. Segundo o axioma R, não existe estado algum em si, mas apenas estados em relação a algo. Por conseguinte, a argumentação de Schrödinger e de Einstein baseia-se num equívoco. Argumentam assim:

a) O estado Z é completamente definido.
b) Na mecânica quântica, ele não é completamente definido.
c) Portanto, a mecânica quântica não é completa.

Eles não vêem que, no exemplo de Schrödinger, Z significa em *a*) o estado do gato, em relação a particulares dispositivos médicos, em *b*) Z significa, pelo contrário, o seu estado em relação à substância radioactiva.

Na linguagem de Bohr, em *a*) entendemos a totalidade «gato e dispositivos médicos», em *b*) a totalidade «gato e substância radioactiva». Z em *a*) e Z em *b*) não são, pois, a mesma coisa, uma vez bem definida e, outra, não. Por conseguinte, a conclusão de Schrödinger e de Einstein não é correcta. Mas não se pode esquecer que tal só acontece quando já se pressupôs o axioma R. Para quem acredita no axioma S, o gato ou está morto ou vivo, e a sua relação com os outros objectos (instrumentos, substâncias) não tem, em geral, significado algum. Assim, também o exemplo do gato não levanta dificuldades aos adeptos da mecânica quântica nem aos seus críticos, mas pode até interpretar-se mediante os dois axiomas em questão.

4. *Operadores para grandezas não mensuráveis na mecânica quântica*

Até agora, discuti algumas das mais importantes tentativas de demonstrar que a interpretação da mecânica quântica por Bohr e seus seguidores leva a consequências inaceitáveis. Mas poderá, em geral, o axioma R pôr-se em total consonância com o formalismo da mecânica quântica?

Em 1952, no seu ensaio «A mensuração dos operadores da mecânica quântica», Wigner demonstrou que a maior parte dos operadores possíveis na mecânica quântica não representa quaisquer grandezas mensuráveis ([15]). Significa isto que, para estas grandezas, não há sistemas possíveis de referência (aparelhos de medida) e que, por conseguinte, em conformidade com o axioma R, não têm realidade alguma, embora sejam definidas exactamente mediante o formalismo da mecânica quântica.

Se se afirmar, com o axioma S, que as propriedades das entidades físicas não dependem de mensurações, pois a tais entidades cabem propriedades independentemente das suas relações com outras entidades, então semelhantes mensurações, do ponto de vista do axioma S, têm somente uma importância secundária e, em rigor, não se exigem. Por conseguinte, o formalismo da mecânica quântica não parece excluir completamente o axioma S. Pelo contrário, sob vários aspectos, este formalismo parece até corresponder melhor ao axioma S do que ao axioma R, pois admite, segundo Wigner, a introdução de grandezas que se devem considerar em si existentes. Mas o preço por esta vantagem do axioma S é alto, porque é pago com a contradição quanto a outro axioma, geralmente suposto, a saber, o axioma de jamais admitir grandezas que não possamos medir. Não creio que Einstein tenha considerado possível uma contradição entre o axioma S e uma das suas fundamentais ideias na teoria da relatividade, a saber, que toda a definição de uma grandeza física se deve conceber de modo operacional, por conseguinte, em referência aos instrumentos de medida. Seja como for, nesta fase da discussão, podemos encontrar vantagens e desvantagens de ambos os lados. Também aqui devemos de novo constatar que há axiomas pelos quais se combate.

5. *Lógica quântica, interfenómenos, a demonstração de von Neumann e o indeterminismo*

Houve quem por um momento tivesse pensado estar em condições de encerrar definitivamente o debate com a ajuda de uma particular lógica polivalente, chamada muitas vezes lógica quântica. Assim, por exemplo, Reichenbach tentou uma análise formal do paradoxo de Einstein - Podolsky - Rosen mediante esta lógica. Condensou o ponto de vista de Bohr na seguinte proposição: «O valor de uma grandeza antes de uma mensuração é diferente do que tem lugar após ela ([16]). Indiquemos esta proposição com a letra «A». Ora, segundo o ponto de vista de Reichenbach, A não pode ser efectivamente verdadeira, no exemplo de Einstein por nós mencionado no início, pelo menos no tocante ao sistema S', pois está separado do sistema S, no qual tem lugar a mensuração. Nisto Einstein tem razão. Mas, por outro lado, está errado ao inferir daqui que A deve ser falso, pois, segundo a lógica quântica, A poderia também ser indeterminada. Por consequência, se também A não fosse verdadeira, não se poderia daí deduzir que é verdadeira a proposição — que reflecte a opinião de Einstein — «O valor da grandeza depois de uma medição é o mesmo que antes». Vai assim por água abaixo, segundo Reichenbach, a argumentação de Einstein, Podolsky e Rosen, mas ele também não apoia Bohr, já que igualmente para Reichenbach não é verdadeira a proposição A.

Não podemos, todavia, confundir a lógica quântica com a formal. A lógica quântica, como tentarei ainda mostrar de modo pormenorizado no capítulo seguinte, nada mais é do que um cálculo particular adaptado a uma particular interpretação da mecânica quântica e a uma particular formulação das suas leis. Por isso, não é de grande préstimo demonstrar algo com este cálculo; também ele está em discussão, tal como esta interpretação e esta formulação. A lógica quântica não pode ter o mesmo peso da lógica formal, a qual, segundo Leibniz, vale em todos os mundos possíveis.

Mas discutamos ainda um pouco a filosofia da mecânica quântica, proposta por Reichenbach. Também ele, como Einstein, Bohr e Schrödinger, toma em consideração um exemplo particular, a saber, a famosa experiência de Young, que não se irá aqui descrever. Reichenbach mostrou que devemos estar dispostos a aceitar certas anomalias causais ou suposições redundantes que jamais se podem verificar, falsificar ou utilizar para a previsão, se interpretarmos esta experiência com a ajuda da existência de entidades integralmente definidas, as quais não tem nenhuma relação com os processos de medida e, por isso, se chamam interfenómenos. Tais entidades podem ser corpúsculos com posição e impulso ou ondas que se propagam no espaço ([17]). Por anomalias causais entende ele a violação do princípio de acção por contacto, e por estipulações redundantes, os valores da posição e do impulso entre as mensurações, de modo tal que elas jamais podem ser determinadas mediante mensurações.

Reichenbach vê de um modo perfeitamente claro que se trata aqui de axiomas, e que nem o princípio da acção por contacto nem a proibição de estipulações redundantes são algo de sagrado, mas ele não tenta discuti-los de um modo mais aprofundado. As suas argumentações permanecem, pois, insatisfatórias. Além disso, ele estuda apenas tipos particulares de variáveis ocultas, a saber, ou partículas ou ondas, mas sabe-se que, entretanto, se desenvolveram mais teorias que procuram evitar as dificuldades derivadas destes casos particulares. Como exemplo, menciono as teorias de Bohr e Bub.

Se agora nem com uma particular lógica quântica se pode demonstrar a verdade de qualquer teoria deste tipo, será ela porventura fornecida pela famosa demonstração de von Neumann?

Em termos concisos, desenvolve-se ela assim ([18]). Por «caso puro» entendemos uma totalidade de N sistemas que têm todos a mesma função de estado ou, por outra palavras, têm todos a mesma distribuição de probabilidade (valor de expectação) para grandezas físicas. Ora, se existem parâmetros ocultos — grandezas em si —, deveria ser possível reduzir as distribuições de probabilidade de um caso puro às distribuições de estados reais. De facto, teríamos então uma mescla, por conseguinte, uma totalidade que é composta por subtotalidades, cada uma das quais representa, por sua vez, um caso puro. Mas von Neumann demonstra que esta redução é impossível, pois as previsões referidas a um caso puro são diferentes das que se fundam numa mescla ([19]).

Ele observa também que semelhante redução incluiria a possibilidade de se representar a totalidade dos sistemas de um caso puro como subdividida em totalidades subordinadas isentas de dispersão, a saber, de modo tal que cada elemento desta subtotalidade tem o mesmo valor u_k da grandeza U. Mas não podem existir totalidades privadas de dispersão, pois de outro modo o vestígio da matriz densidade de um caso puro não seria igual a 1, e isto contradiria a sua definição no espaço hilbertiano ([20]).

Ora, a demonstração de von Neumann pode, já por isso, ter uma importância limitada, porque pressupõe a mecânica quântica, a qual pode evidentemente não ser verdadeira de modo necessário. No melhor dos casos, esta demonstração poderia mostrar que todo o género de teoria que contém parâmetros ocultos deveria ser incompatível com a mecânica quântica. Mas nem sequer isto ela pode fazer. Com efeito, que é que foi realmente demonstrado por von Neumann? Este provou que o formalismo da mecânica quântica não admite quaisquer parâmetros ocultos que sejam definidos no âmbito deste formalismo e que, em parte, se sobreponham às grandezas clássicas. Por conseguinte, o conceito de «parâmetro oculto» é de tal modo restringido por von Neumann que a demonstração não pode ter significado universal algum, isto é, concernente a todos os parâmetros ocultos. Bohm e Bub, por exemplo, introduziram parâmetros ocultos particulares, como grandezas ou potenciais não clássicos, que são determinados por intervalos de tempo bastante breves após a mensuração mas que, em seguida, de novo se dispersam ([21]).

Neste caso, o axioma de von Neumann «Av(R) + Av(S) = Av(R+S)» — R e S são observáveis — já não é universalmente válido. Por conseguinte, a mecânica quântica é apenas um caso-limite, a saber, uma teoria estatística que é deduzível de uma teoria determinística e cujas grandezas se distinguem qualitativamente das que existem na mecânica quântica. Teorias como as de Bohm e Bub têm, certamente, as suas dificuldades particulares, mas o que neste contexto importa é que não é através da demonstração de von Neumann que elas e os parâmetros que lhes estão conexos podem ser refutados.

Vale a pena observar que particularmente a teoria dos parâmetros ocultos, tal como foi ideada por Bub, está construída de modo explícito sobre a base do axioma R. Escreve Bub: «O propósito profundo que se esconde por detrás das teorias sobre parâmetros ocultos é a realização de uma «filosofia da natureza», que inclui um conceito da «totalidade» como nova «tese ontológica» ([22]). Por tal «totalidade», parece-me, Bub entende o axioma R de Bohr. Na sua opinião, este princípio constitui de modo claro o elemento essencialmente revolucionário e progressista da nova física, só que Bohr não o aplicou com suficiente consequência. Podemos, pois, constatar agora que não só o axioma S, mas evidentemente também o axioma R é compatível com o determinismo. E isto é de grande importância.

Não creio que Einstein ou Bohr tenham reconhecido realmente este facto. Disputavam na base do axioma S e do axioma R, mas parece-me que, no fundo, se encontravam profundamente impelidos pela questão: Determinismo ou indeterminismo? É para aqui que aponta manifestamente a célebre observação de Einstein, segundo a qual «Deus não joga aos dados». O conflito espiritual aqui descrito é, pelo menos, tanto um conflito em torno das categorias filosóficas de «realidade e substância» como acerca da categoria de «causalidade».

6. *Como é possível justificar os axiomas* a priori *subjacentes à mecânica quântica?*

Numa retrospectiva, pode constatar-se que, por um lado, o fundamento do debate sobre o que significa realidade na mecânica quântica é constituído por axiomas mais ou menos filosóficos e, por outro, que estes axiomas não foram suficientemente discutidos, mas se consideraram antes como óbvios, para não falar do facto de que foram realmente justificados ou refutados. Volto-me, pois, agora para a questão de que modo estas justificações são em geral possíveis. Foram sobretudo tentadas de três modos:

1) Mediante reflexões puramente filosóficas;
2) Graças à experiência;
3) Por meio de razões puramente metodológicas.

Pretendo discutir estas três possibilidades, uma após a outra.

Na breve vista de conjunto e na síntese que aqui se intentou, só pouquíssimas considerações puramente filosóficas, feitas pelos físicos, puderam ser mencionadas. Mas sabe-se que quase todos os físicos importantes, que se ocuparam das questões dos fundamentos da mecânica quântica, filosofaram em conexão mais ou menos estreita com os axiomas aqui mencionados. As suas reflexões baseavam-se (como mostrou também a mais recente investigação historiográfica, por exemplo, a de Jammer e Meyer-Abich) em estudos filosóficos até certo ponto extensos.

Assim, por exemplo, para com ele começar, Einstein estava profundamente radicado na tradição cartesiana e era igualmente influenciado por certas ideias acerca da construção divina do cosmos («Deus não joga aos dados»), que podem fazer-se remontar subretudo a Galileu e a Kepler. Da tradição cartesiana deriva a doutrina segundo a qual a realidade física consta de substâncias completamente definidas que se encontram em relação recíproca (interacção). Estão perfeitamente definidas no sentido de que possuem massa inercial e um grau de velocidade; entram em relação recíproca pelo facto de que modificam estas velocidades «primárias» mediante forças que elas exercem «secundariamente» entre si. O que concerne às substâncias e o que nelas se altera por efeito de acção externa pode em princípio separar-se de um modo claro. Por «tradição cartesiana» deve aqui entender-se uma concepção ontológica fundamental da realidade, que não pode pôr-se no mesmo plano da filosofia cartesiana enquanto tal (cf. capítulo IX); esta concepção ontológica fundamental foi, todavia, cunhada pela primeira vez por Descartes num modo que, mais tarde, sofreu apenas afinamentos, mas não uma alteração essencial. É certo que Newton se pode também designar como o verdadeiro pai da física clássica; deste ponto de vista, porém, apesar de modificações relevantes, ele edificou sobre os fundamentos de Descartes.

De resto, se Bohr censurou Einstein por ter defendido, com a sua teoria da relatividade, uma concepção que — para tal indicar com a expressão aqui utilizada — deriva do axioma R, isto, não obstante certas semelhanças com o ponto de partida de Bohr, não é correcto.

A teoria de Einstein afirma, sem dúvida, a relatividade de todos os fenómenos a sistemas de referência. Mas esta relatividade subsiste propriamente só a um nível ontologicamente de certo modo mais baixo, a saber, onde os sistemas de referência (a terra, o sol, etc.) são considerados como o que é propriamente real. A teoria da relatividade, no entanto, liberta-se deste último «resíduo terrestre» (Cassirer) na medida em que obtém a unidade de uma descrição da natureza «neutra», relativamente a todos os sistemas de referência, num nível, por assim dizer, ontologicamente mais alto. Seja de que lado for que se considerem as coisas: nas equações de campo gerais, desvanece-se novamente a relatividade e a «subjectividade», os estados tornam-se covariantes relativamente a todos os sistemas de referência, por conseguinte, independentes das condições da sua possível experiência e descritos, prescindindo delas. Mas assim era de novo fundamentalmente restabelecido o acordo da física com a ontologia proveniente da tradição cartesiana, embora já não se entenda agora por substâncias completamente definidas a mesma coisa que antes (pois os functores «massa» e «impulso» se devem doravante determinar de modo diverso).

No tocante à fé profunda de Einstein na determinação da natureza, ela está, sem dúvida, impregnada do género de religiosidade que surgiu, no decurso do Renascimento, e penetrou profundamente, até à época presente, na consciência ocidental. Trata-se da fé, já mencionada nos capítulos 4 e 5, segundo a qual Deus, do ponto de vista da racionalidade, construiu teleologicamente o mundo e, justamente por este motivo, o «livro da natureza» se encontra escrito na linguagem da matemática. Não o ditaram, pois, o arbítrio divino ou o acaso irracional, mas a necessidade lógica e a justiça harmoniosa. Por conseguinte, a equivalência dos sistemas de referência aparecia a Einstein como a expressão da harmonia do mundo. (A este respeito dir-se-ão ainda mais coisas no capítulo décimo).

Quanto a Bohr, ocupou-se durante toda a vida da filosofia de Kierkegaard e de James e sentia-se inspirado pelas poesias do dinamarquês Møller. Existe manifestamente uma certa analogia entre a dialéctica de Kierkegaard e o princípio da complementaridade de Bohr; de qualquer modo, Bohr percepcionava expressamente assim as coisas. Refere-se sobretudo à definição que Kierkegaard propõe da relação entre sujeito e objecto, que provém sobretudo da análise do próprio sujeito. Com efeito, este, enquanto essência que se reflecte a si mesmo, é em tal reflexão objecto para si; mas este é, por assim dizer, apenas um dos lados da medalha: ele não é, certamente, apenas objecto, mas justamente também sujeito-objecto. Em rigor, nunca pode ser a mesma coisa e jamais é exclusivamente uma delas. Se se transformar em objecto, desvanece-se a sua subjectividade; mas, precisamente por isso, apreende-se só de modo unilateral nesta objectivação de si mesmo e deve, por isso, negar de novo a sua mera objectalidade. É deste modo novamente repelido para a sua subjectividade, a qual se subtrai à objectalidade para, mais uma vez, se tornar objectal, etc. Bohr encontrou justamente esta descrição da existência também no conto de Møller «Aventura de um estudante dinamarquês», o qual tenta em vão pensar-se a si próprio. Pensa-se como pensante, mas então torna-se consciente do facto de que é um ser pensante que a si mesmo se pensa como pensante, etc. Esta passagem da subjectividade à objectividade e vice-versa não é, para Kierkegaard, apreensível temporalmente; de outro modo isto seria novamente um acontecimento objectivo; a passagem acontece num «instante», que ele designa como salto, e tal instante é para ele um acto de escolha. Semelhante dialéctica, porém, não permanece circunscrita apenas ao eu como ser que reflecte, mas transfere-se, por assim dizer, para a relação universal de sujeito e objecto e, deste modo, para o conceito de verdade em geral.

Estes conceitos, fornecidos a Bohr pelo kierkegaardiano e amigo do pai de Bohr, Høffding, poderiam decerto encontrar-se também noutros filósofos, tanto mais que aqui se abstrai da dialéctica específica entre temporalidade e eternidade, a qual é característica de Kierkegaard. Mas importa apenas indicar de que modo Bohr foi influenciado por Kierkegaard, e não que coisa Kierkegaard efectivamente lhe ensinou. Vistas assim as coisas, também não espanta que Bohr pudesse sentir-se igualmente atraído por James, separado de Kierkegaard por outras galáxias. Bohr parece estar fascinado em James pela mesma coisa que o fascinara em Kierkegaard: a saber, a análise da consciência. James elaborou esta análise sobretudo nos seus *Principles of Psychology*. Também aqui embatemos de novo na questão de como se poderá tornar objectivo o próprio pensar; em tal questão, James remete para a dialéctica, decisiva para semelhante tentativa, das «substantive parts» e «transitive parts». As *substantive parts* referem-se ao que é imediatamente apreensível: as frases, as palavras; mas este elemento apreensível é, por assim dizer, permanentemente refeito pelas *transitive parts*, que concernem ao fluxo peculiar do pensamento, às transições. Se alguém as pretende apreender, transformam-se em *substantive parts* e deste modo se destroem; e, inversamente, se alguém se virar para as *substantive parts*, então de novo se esquivam as transições. Também aqui, pois, parece dominar uma espécie de complementaridade. Mencione-se, por fim, ainda também a doutrina de James, segundo a qual a consciência não conhece, em sentido forte, nada de semelhante a si mesma. Tudo é conhecido apenas sob certas condições, e as condições alteram-se; em nenhum lado se oferece um objecto do conhecimento que possa soltar-se de tais relações ([23]).

Porque é que então, perguntar-se-á depois de tudo isto, as reflexões filosóficas não desempenham um papel mais decisivo na discussão da mecânica quântica, em vez de terem sido mais ou menos relegadas para a margem? Porque é que os axiomas mencionados não são primeiro discutidos de um modo puramente filosófico, com separação de determinados problemas físicos?

A resposta é simples: a maior parte dos físicos considera hoje a filosofia como um estímulo útil e um complemento interessante, mas não a considera seriamente capaz de fornecer demonstações rigorosas. Como filhos de um espírito do tempo mais ou menos positivista, têm, se assim se pode dizer, alguns complexos filosóficos e, por isso, acreditam sobretudo na experiência. Sob este aspecto, distinguem-se fundamentalmente dos físicos do grande período clássico de Galileu, Kepler, Newton e seus seguidores. Não posso aqui adentrar-me nos pormenores do desenvolvimento espiritual cujo resultado foi a atitude antimetafísica ou simplesmente antifilosófica. Mas talvez se possa dizer que tal atitude se funda de modo essencial na convicção de que não existe uma absoluta evidência ou uma razão pura. Todas as tentativas de resolver de modo definitivo as questões sobre a realidade, sobre a causalidade, sobre a substância, etc., haveriam de fracassar, porque se encontram separadas de determinadas concepções físicas. A dúvida perante a filosofia é, pois, aqui a dúvida face a concepções absolutas e a conhecimentos eternamente válidos. E, de facto, se os axiomas filosóficos tivessem apenas de ser justificados mediante o abstracto pensar filosófico, como se poderia então evitar deduzir estes axiomas de outros que consideramos como definitiva e conclusivamente auto-evidentes, como absolutamente válidos, como de qualquer modo necessários? E como poderemos então seriamente afirmar que eles possuem tais propriedades? Olhemos à nossa volta: quer seja a fé de Descartes na geometria euclideana ou na sua particular formulação da causalidade, quer seja a fé de Kant na apercepção transcendental ou a de Hegel na necessidade do começo da sua lógica, etc. — em toda a parte encontramos axiomas últimos que são considerados válidos e, portanto, tidos como verdades eternas, mediante o puro discernimento, a razão pura, o pensar puro. Mas a história ensina-nos continuamente que todos os axiomas considerados válidos foram, por seu turno, abandonados. Mais ainda, o que quase foi considerado trivial pode, numa consideração ulterior, ser apontado como o resultado de longos debates e investigações, nos quais nos tínhamos familiarizado e habituado a ideias muito complicadas. A história da ciência desde Aristóteles até hoje é essencialmente uma história de axiomas e dos seus derrubes revolucionários. Parece ser um traço característico insuprimível do homem o facto de toda a nova revolução ser considerada como a descoberta de uma verdade definitiva, ou pelo menos aproximada, que deveria apenas ser ainda melhorada. Mas embora possamos compreender, pelo menos em certa medida, a dúvida bastante difundida entre os físicos acerca da tentativa de justificar filosoficamente os axiomas, que eles devem utilizar , não tem, contudo, fundamento, como mostraram os capítulos precedentes, partilhar a sua fé de que, por outro lado, a experiência poderá fornecer os fundamentos que eles visam.

Como se depreendeu especialmente do capítulo terceiro, os controlos experimentais e as teorias bem sucedidas não são de modo algum instâncias últimas, contra as quais já não é possível suscitar objecção alguma. Nem Einstein nem de Broglie, nem Bohm, nem Bub, etc., capitularam face ao grande êxito da mecânica quântica. A sua atitude geral era teoricamente justificada em virtude de, do ponto de vista científico, não haver quaisquer factos absolutos, mas somente relativos, a saber, relativos a determinados pressupostos e estipulações *a priori*. Mas que signfica então não capitular em semelhante situação? Significa ater-se a determinados axiomas e não aceitar outros. E isto não deixa de causar perplexidade. Os físicos tentam mais ou menos evitar a filosofia, enquanto vão à busca de fundamentos experimentais e empíricos; mas agora agem de novo, pelo menos implicitamente e talvez não com plena consciência, como se também tivessem dúvidas face à experiência e, de um modo decidido, atêm-se a axiomas *a priori*. Se, no entanto, semelhante ater-se não houver de se chamar dogmatismo, eles têm de buscar explicações. Mas onde é que as vão encontrar a não ser na filosofia? E se tal for o caso, não poderá então comparar-se a sua situação à de Ulisses entre Cila e Caribdes? Não podem nem acreditar na razão pura nem na pura experiência, pois efectivamente não existe nem uma nem outra.

Alguns pensaram que haveria uma saída deste dilema, se tentássemos justificar os nossos axiomas com motivações puramente metodológicas. Bub fornece a este respeito um bom exemplo com a sua teoria dos parâmetros ocultos. Em consonância com outros pensadores, por exemplo, com Feyerabend, considera inadequado impugnar uma teoria só quando se vê que ela já não tem êxito, ou quando somos compelidos a abandoná-la, depois de novas descobertas ([24]). Segundo Bub, devemos, pelo contrário, desenvolver alternativas quando uma teoria ainda é bem sucedida, pois só assim podemos buscar algo que não é interpretável no âmbito antigo e que só no quadro da nova teoria é compreensível, por conseguinte, algo de efectivamente novo. A história ensina-nos também que uma tese antiga nunca foi rejeitada, se as suas dificuldades não se tornaram manifestas mediante uma teoria rival. A espera de novas descobertas e o fracasso de uma teoria estabelecida levou, com o tempo, apenas à esterilidade e ao dogmatismo, por isso, Bub defende o que ele chama o seu «princípio ontológico» com a explícita referência ao facto de que nele se funda uma contrateoria em competição com os princípios e as teorias em grande parte aceites. Evidentemente, também ele vai à busca de controlos experimentais e do êxito empírico, mas os seus «princípios», que aqui preferimos antes chamar «axiomas» pelas razões aduzidas, são já num certo sentido justificados mediante os argumentos metodológicos, que há pouco se mencionaram. Observamos assim que Bub, por exemplo, propõe algo como um axioma R e outros axiomas justamente pelo facto de que tal lhe parece ser uma boa estratégia para novas investigações e para ampliar as possibilidades do progresso científico. Ora este tipo de argumentação e de justificação só se pode discutir se se tomarem em consideração as seguintes questões:

1) A estratégia utilizada é realmente boa?
2) Devemos dividir os objectivos científicos que com ela se pretendem alcançar?

Não intento abordar aqui estas questões, mas apenas observar que a sua discussão não pode ter lugar unicamente no quadro da física. Pelo contrário, semelhante discussão implica novamente considerações filosóficas, sobre quais devem ser os objectivos da ciência, porque é que em certos casos a insistência em determinadas teorias significa dogmatismo e esterilidade, e noutros casos não; porque é que, por vezes, a resoluta defesa de posições fundamentais se deve abandonar; porque é que semelhante defesa se não pode apoiar na afirmação de que estas posições são necessariamente verdadeiras; que devemos entender por progresso, etc., etc. Se, pois, quisermos subtrair-nos à filosofia, virando-nos para a experiência ou servindo-nos exclusivamente de instrumentos metodológicos, isto vai sempre de novo desembocar no sítio de que antes fugimos: na filosofia.

Mas estará, porventura, o *horror philosophiae,* que os físicos modernos tantas vezes sentem, radicado apenas numa interpretação não necessariamente válida do que a filosofia deve ser? Estarão talvez os nossos físicos, de mente tão revolucionária na física, demasiado ligados à tradição e a uma atitude conservadora, enquanto filósofos? Será, pois, necessário procurar soluções definitivas dos problemas, quando se filosofa? Devemos, porventura, não ligar a filosofia à ideia de conhecimento absoluto, de intelecções eternamente válidas, de razão absoluta, de axiomas necessariamente válidos e auto-evidentes, de descobertas definitivas?

Façamos mais uma vez ainda uma retrospectiva. Vimos que não podemos evitar a utilização *a priori* de determinados axiomas, quando discutimos os fundamentos da mecânica quântica, e que tais apriorismos, para falar com Kant, são condição de possibilidade da experiência. Mas se, em oposição a Kant, não podemos aceitar que exista exclusivamente um só modo de estabelecer estes axiomas, se não podemos aceitar conhecimentos necessários de qualquer espécie de razão pura talvez, apesar de tudo, consigamos justificar asserções aprióricas, referindo-nos à particular situação histórica em que se apresentam. Como já disse, quase todo o axioma *a priori* foi abandonado ou modificado no decurso da história. Isto mostra, por um lado, que era discutível considerar tais axiomas como absolutamente válidos; por outro lado, as modificações, desenvolvimentos e até revoluções não caem do céu, mas podem tornar-se compreensíveis cientificamente mediante a história da ciência. Existe uma espécie de razão histórica e de histórica contingência que não significam nem pura necessidade, nem puro arbítrio. Se, pois, existem justificações científicas dos axiomas, serão então de carácter histórico.

Devemos assim, por exemplo, ao discutir os fundamentos da mecânica quântica, discutir também os axiomas R e S — um em relação a uma determinada situação experimental presente na física, o outro relativamente a uma determinada situação espiritual, conexa com uma tradição de pensamento ainda viva e que, pelo que parece, não se pode harmonizar com a situação física. Mas enquanto os físicos discutem estes axiomas, têm de em ampla medida filosofar e não podem atender a tal só ocasionalmente, como se fora uma espécie de *hobby* pessoal. Filosofar sobre os axiomas R e S significa quer tomar em consideração a tradição histórica que vai de Aristóteles, Galileu, Kepler, Descartes até aos nossos dias, quer debater o contexto histórico que serve de pano de fundo como, por exemplo, o de James, Kierkegaard, etc., quer discutir ainda a história da mecânica quântica. Só assim podemos impedir que as diferentes posições surjam dogmaticamente como evidentes e os problemas como já resolvidos. Somente as considerações históricas nos podem fazer compreender semelhantes posições e o significado dos axiomas. Além disso, semelhantes considerações têm uma função crítica particularmente importante. Mostram-nos que nada é necessariamente verdadeiro, mas que depende das particulares condições da sua génese.

Para elucidação do pano de fundo histórico dos axiomas S e R, os quais ultrapassam as fontes imediatas há pouco já mencionadas, a que Einstein e Bohr foram beber, desenvolvamos aqui ainda algumas observações breves e, há que confessá-lo, um tanto simplificadoras: um tipo de axioma R e um tipo de axioma S encontram-se já nos antigos. Os cépticos da Antiguidade referem-se à geral relacionalidade das coisas ao homem cognoscente e ao seu nexo recíproco de umas com as outras, para mostrar que é impossível conhecê-las no seu ser verdadeiro, a saber, no seu «em si». Em contrapartida, vemos outros, por exemplo, Aristóteles, a circunscrever esta relacionalidade a determinadas categorias ($\pi\rho\delta\varsigma$ $\tau\iota$) as quais, a respeito do que as coisas são na sua essência, enquanto substâncias, têm tão pouca importância como a observação feita relativamente ao homem X, de que ele é, na sua estatura corpórea, mais pequeno que Y, mas maior em relação a Z; com efeito, nada assim se expressaria acerca das propriedades que ele possui. Logicamente, isto reflecte-se no facto de que o juízo categórico com um predicado monádico é considerado como forma fundamental de todo o julgar, ao passo que os predicados poliádicos se referem a fenómenos ontologicamente impróprios. A emergência da física moderna com a sua representação, sobretudo por Descartes, radicalmente matematizada da natureza, e a importância central que assim cabe ao conceito de função, produziu decerto mudanças diversas. As substâncias são agora definidas mediante uma rede de relações (movimentos e forças); todavia, de um modo tal que de novo se explica assim apenas a mudança e a modificação das substâncias com propriedades essenciais habitualmente constantes. (Todo o corpo tem, pois, massa, posição e velocidade.) Mas estas propriedades, que descrevem o «estado essencial» de um corpo, não são, enquanto tais, dadas de modo exclusivamente relacional.

O axioma S, embora já fortemente pressionado pelo axioma R, pode pois, agora, afirmar-se nesta fase. Aqui também nada se altera por acção da filosofia transcendental de Kant e da sua metafísica dinâmica da natureza, dela deduzida. Com efeito, embora o objecto possa aqui ser também um fenómeno, encontra-se, contudo, enquanto tal completamente sujeito às condições há pouco descritas: tem massa, posição e velocidade. A teoria da relatividade, no interior deste contexto histórico, surge como um fecho de abóbada e um momento culminante; um momento culminante, sobretudo porque se atribui aqui ao axioma R por assim dizer o mais amplo domínio possível, permanecendo, no entanto, em posição subordinada. Como antes se observou, as coisas só mudam sob o influxo da filosofia dialéctica, por um lado, e dos novos dados da microfísica, por outro.

NOTAS

[1] A. Einstein, B. Podolsky, N. Rosen: «Can Quantum Mechanical Description Be Considered Complete?» in: *Physical Review,* vol. 47 (1935) p. 777.

[2] *Phys. Rev.* 47 (1935) p. 777.

[3] *Phys. Rev.* 47 (1935) p. 777.

[4] As duas grandezas não são simultaneamente mensuráveis, no sentido da relação de indeterminação.

[5] Pode determinar-se apenas uma das duas grandezas que se excluem reciprocamente em virtude do princípio de indeterminação.

[6] N. Bohr: «Can quantum mechanical description of physical reality be considered complete?» in: *Physical Review,* 48 (1935) p. 700.

[7] *Phys. Rev.* 48 (1935) p. 701 s.

[8] Cf. a propósito, entre outros, K. M. Meyer-Abich, *Korrespondenz, Individualität und Konplementarität: Eine Studie zur Geistesgeschichte der Quantentheorie in den Beiträgen Niels Bohrs,* Wiesbaden 1965. Nesta obra, encontra-se uma descrição dos conceitos filosóficos fundamentais de Bohr no seu desenvolvimento, e também amplas indicações bibliográficas.

[9] Cf., a propósito, também o trabalho particularmente excelente de P. Feyerabend, «Niels Bohr's interpretation of quantum theory», in H. Feigl, G. Maxwell (org.), *Current issues in the philosophy of science,* Nova York 1961. Ali se afirma: «Gostaria de repetir,... que o argumento de Bohr não intenta *demonstrar* que os estados da mecânica quântica são indeterminados; pretende apenas mostrar sob que condições a indeterminação destes estados quânticos se pode tornar compatível com EPR» (p. 384). No tocante à diferença entre as concepções de Bohr e Einstein, citemos do mesmo trabalho ainda as seguintes passagens: «Agora, uma análise mais aprofundada do argumento (a saber, de EPR) mostrará... que ele é conclusivo só na suposição de que os estados dinâ-

micos são *propriedades* dos sistemas, e não *relações* entre sistemas e instrumentos de medida em acção...» (p. 381). Mais à frente (p. 383), diz-se que Bohr conseguiu defender--se face a Einstein, mediante a suposição de que «os estados são *relações* entre sistemas e aparelhos de medida em acção, mais do que propriedades de tais sistemas. «Feyerabend aponta ainda para o facto de que Einstein não conseguiu determinar as grandezas que considera como existentes em si, e conjectura assim que o princípio de conservação da energia seria violado se apenas se *pusessem* certos valores em semelhantes casos. Ambas as coisas não são, no entanto, o problema imediato de Einstein. Interessa--lhe, antes de mais, mostrar a possibilidade de uma interpretação da mecânica quântica inteiramente diversa da que então era corrente e proporcionar assim um impulso a novas reflexões teóricas, embora de momento as consequências não fossem previsíveis.

([10]) P. A. Schilpp (org.), *Albert Einstein als Philosoph und Naturforscher*, Estugarda 1971, p. 496.

([11]) D. I. Blochinzev, «Kritik der philosophischen Anschauungen der sog. «Kopenhagener Schule» in der Physik,» in: *Sowjetwissenschaft, Naturwissenschaftliche Abteilung* 6 (1953), vol. 4.

([12]) Cf. a este respeito também K. Hübner,«Beiträge zur Philosophie der Physik», *Philosophische Rundschau*, vol. 4 (1963), pp. 74-78.

([13]) In: *Die Naturwissenschaften*, 23 (1935), p. 808-812, 823-828, 844-849.

([14]) P. A. Schilpp, *Albert Einstein als Philosoph und Naturforscher*, p. 497.

([15]) *Zeitschrift für Physik*, 133 (1952) p. 101-108.

([16]) H. Reichenbach, *Philosophische Grundlagen der Quantenmechanik*, Basileia 1948, p. 36.

([17]) H. Reichenbach, *Philosophische Grundlagen der Quantenmechanik*, § 7, § 8 e §§ 25-27.

([18]) J. von Neumann, *Mathematische Grundlagen der Quantenmechanik*, Berlim 1932.

([19]) Seja

$$\Psi = \sum_k c_k \phi_k$$

em que ϕ_k representa as autofunções de uma grandeza A, e α_k os autovalores de A. Se N sistemas estão no estado Ψ (caso puro), pode prever-se que, em sucessivas mensurações da grandeza A, se medirá uma vez o valor α_1 N $|c_1|^2$, uma vez o valor α_2 N $|c_2|^2$, etc. — Sejam agora χ_l as autofunções da grandeza B, β_l os seus autovalores e seja $[AB - BA] \neq 0$.

Resulta então

$$\Psi = \sum_k c_k \phi_k = \sum_{kl} c_k d_{kl} \chi_l \qquad \text{se}$$

$$\phi_k = \sum_l d_{kl} \chi_l$$

Por conseguinte, em mensurações futuras, obteremos N $|\sum_k c_k d_{kl}|^2$ para o valor β_l.

Mas se agora tivéssemos de lidar com uma mescla, por conseguinte, com uma totalidade que é composta de subtotalidades, cada uma das quais é um outro caso, tal significaria que N $|c_1|^2$ sistemas desta totalidade têm o valor de α_1 e o estado ϕ, N $|c_2|^2$ o valor α_2 e o estado ϕ_2, etc. Podemos então prever que, numa mensuração futura, mediremos N $|c_1|^2 |d_{11}|^2 +$ N $|c_2|^2 |d_{2l}|^2 +$... em suma,

$$N \sum_k |c_k|^2 |d_{kl}|^2$$

para o valor β_l. (A probabilidade de que tenha lugar ϕ é justamente N $|c_1|^2$; a probabilidade de que ocorra tanto β_l como ϕ_1 é N $|c_1|^2 d_1 |1|^2$, e assim para todos os outros estados ϕ_k.

Segue-se assim que, de uma mescla, podem resultar previsões acerca das distribuições da probabilidade, diferentes das que resultam de um caso puro; de facto, $N \mid \sum_k c_k d_{kl} \mid^2$ e $N \sum_k \mid c_k \mid^2 \mid d_{kl} \mid^2$ não fornecem geralmente o mesmo resultado.

[20] Seja $\overline{U} = \sum_i p_i\, u_i$,

onde p_i expressa a probabilidade de obter o valor u_i. Mas vale igualmente

$$\overline{U} = \mathrm{Tr}\,(PU),$$

onde P representa a matriz densidade, U a matriz do operador U em qualquer sistema básico $\{\phi_n\}$. (Neste caso, os ϕ_n não devem considerar-se como autofunções de U.) Numa totalidade privada de dispersão, todo o elemento teria o mesmo valor u_k. Por conseguinte, valeria $\overline{U} = u_k$ e, por conseguinte $(\overline{U})^2 = u_k^2 = \overline{U}^2$, bem como $\mathrm{Tr}\,(PU^2) = \mid \mathrm{Tr}\,(PU) \mid^2$.

Se, além disso, pressupusermos que U é um operador que projecta sobre o subespaço gerado pelo vector ϕ_m, então, por causa da idempotência de U, vale também

$$\mathrm{Tr}\,(PU) = \mid \mathrm{Tr}\,(PU) \mid^2,$$

e visto que neste caso $\mathrm{Tr}\,(PU) = P_{mm}$ (P_{ik} são os elementos da matriz de densidade P), assim, por causa de $\mathrm{Tr}\,P = 1$ e $\mathrm{Tr}\,(PU) = 1$,

vale $P_{ii} = P_{ii}^2 = 0$ ou 1 para todos os 1.

Mas este resultado é incompatível com o facto de que, para todas as possíveis decomposições ortogonais de uma função de estado Ψ em $\Psi = \sum_i c_i\, \phi_i$, no espaço hilbertiano, vale $\int \mid \Psi \mid^2 d\tau = \sum_i \mid c_i \mid^2 = 1$ e, portanto, $\sum_i P_{ii} = \sum_i c_i c_i = 1$ e, se representações de P, para as quais valha $P_{11} + P_{22} \neq 1$ e $P_{11} + P_{22} \neq 0$.

[21] D. Bohm, «A suggested interpretation of the quantum theory in terms of ‚hidden variables'», in: *Phys. Rev.* 85 (1952), p. 166 s., 180 s.; «Proof that probability density approaches $(\Psi)^2$ in causal interpretation of the quantum theory», in: *Phys. Rev.* 89 (1953), p. 458 s.; «Comments on an article of Tabakayashi concerning the formulation of quantum mechanics with classical pictures», in: *Progr. Theor. Phys.* IX (1953), p. 273 s.; — com J. P. Vigier: «Model of the causal interpretation of quantum theory in terms of a fluid with irregular fluctuations», in: *Phys. Rev.* 96 (1954), p. 208 s. — J. Bub, «Hidden variables and the Copenhagen Interpretation — a reconciliation», in: *Brit. J. Phil Sc.* 19 (1968), p. 185-210; «What is a hidden variable theory of quantum phenomena?» in: *Int. J. Theoret. Phys.* 2 (1969), p. 101-123.

[22] J. Bub, «Hidden variables and the Copenhagen Interpretation — A Reconciliation», in: *Brit. J. Phil. Sc.* 19 (1968), p. 186.

[23] Cf. também a respeito destes bastidores da história do espírito na física de Bohr, M. Jammer, *The conceptual Development of Quantum Mechanics*, Nova Iorque 1966; K. M. Meyer-Abich, *Korrespondenz, Individualität und Komplementarität* (cf. nota 8, p. 138).

[24] J. Bub, «Hidden Variables and the Copenhagen Interpretation,» *Brit. J. Phil. Sc.* 19 (1968), p. 206; P. Feyerabend, «Problems of Empirism,» in R. G. Colodny (ed.), *Beyond the Edge of Certainty. Essays in Contemporary Science and Philosophy,* Nova Jérsia 1965.

VII

Crítica das tentativas de relacionar a mecânica quântica com uma nova lógica

Os resultados do capítulo precedente precisam de um importante complemento. Chamámos lá a atenção para o equívoco de, com a lógica quantística de Reichenbach, se chegar a uma decisão definitiva acerca da polémica entre Einstein e Bohr, que prescinda do contexto histórico. Importa elucidar isto de um modo preciso.

Ainda hoje é uma opinião largamente difundida de que a mecânica quântica levou a uma nova lógica e, ao mesmo tempo, arrojou luz sobre as estruturas da linguagem até então não suficientemente tomadas em consideração. A velha lógica possuiria, relativamente à nova, apenas um valor circunscrito; mais ainda, em alguns casos da mecânica quântica, revelar-se-ia mesmo como falsa. Daqui se tiram algumas consequências filosóficas. Há, por exemplo, quem julgue ter demonstrado que os fundamentos formais de todo o pensar — e a lógica teria algo a ver com eles — teriam sido transformados mediante as experiências da física moderna; não seriam de modo algum tão imutáveis e universalmente válidos como se supunha. Também se desfraldariam assim novas perspectivas sobre a essência do pensar, mais ainda, da linguagem em geral; na mecânica quântica, teria, pois, acontecido algo de importância geral, que vai muito além da física.

1. *A tentativa de von Weizsäcker*

Representativos destas concepções são, em particular, os trabalhos de C. F. von Weizsäcker. A lógica clássica aparece neles concebida apenas como um *a priori* metodológico que se deve utilizar na formulação da lógica quântica. Mas no estado actual das coisas, a lógica quântica deveria designar-se como a *verdadeira* lógica, que conteria a lógica clássica apenas como caso-limite. Deveria criar-se uma «lógica adequada» à física hodierna, e por isso também a lógica seria verdadeira no sentido em que é verdadeira uma teoria física, a saber, não absolutamente verdadeira, mas sempre susceptível de ulteriores melhoramentos. «Seria concebível — escreve ele textualmente — que, segundo o exemplo da física actual, se tivessem clarificado estruturas do ente, que seriam incompatíveis com a hipótese ontológica subjacente à lógica clássica» ([1]).

Deixemos agora de lado se, na base da lógica clássica, há hipóteses, por exemplo, ontológicas. Aqui, importa sobretudo apontar que, de acordo com a concepção de von Weizsäcker, um determinado desenvolvimento empírico no interior da física moderna tem como consequência uma modificação da lógica. A lógica encontra-se, pois, implicada no fluxo da mudança, que é necessário para as ciências da natureza. Perde-se assim, como é bem de ver, aquela intangível aprioridade que, desde há muito, se considerava como a sua característica distintiva; e visto que agora se lhe atribui apenas um *a priori* metodológico, útil para compelir a novas formas, ela cai finalmente sob a luz incerta da capacidade de melhoramentos empíricos.

Pergunto agora: Desenvolveu realmente a mecânica quântica uma nova lógica e fez vacilar a antiga? Para discutir este ponto, tomemos como ponto de partida a experiência de interferência de Young do écran com dois buracos.

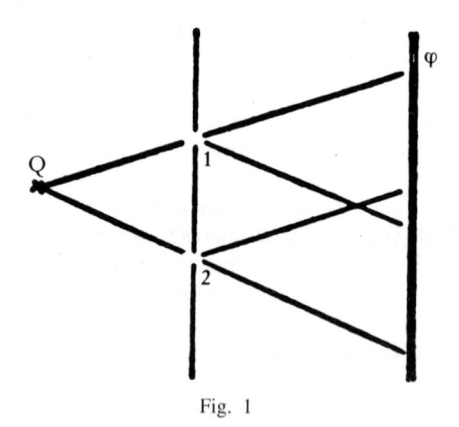

Fig. 1

De uma fonte Q, através de um écran com dois buracos, deixem-se passar electrões de modo a incidirem numa chapa fotográfica P. O ponto de impacto de uma partícula na chapa não pode, segundo a experiência, ser exactamente previsto, mas pode decerto prever-se uma distribuição da probabilidade W. Se se abrir apenas o buraco 1, a probabilidade será W_1; se for somente aberto o buraco 2, será W_2; mas se ambos se abrirem, então teremos W_{12}. Pode agora presumir-se que vale:

(1) $W_{12} = W_1 + W_2$.

A experiência, no entanto, mostra que esta equação é falsa. Seja $\psi(x)$ a amplitude de probabilidade introduzida na mecânica quântica; o estado de coisas expressa-se então correctamente deste modo:

(2) $W_1 = |\psi_1|^2$, $W_2 = |\psi|^2$, $W_{12} = |\psi_{12}|^2$, $\psi_{12} = \psi_1 + \psi_2$

Perguntar-se-á, pois, segundo que pressupostos se obteve a falsa equação (1). Estes pressupostos são:
1. Os electrões são fisicamente corpúsculos.
2. Cada corpúsculo passou ou através do buraco 1 ou através do buraco 2. *Tertium non datur* (TND).

Os defensores da chamada lógica quântica não contestam que o primeiro destes dois pressupostos se possa deixar cair. E, efectivamente, Young deduziu até do experimento aqui citado a natureza ondulatória da luz. Mas eles preferem — por motivos que aqui não podemos discutir — abandonar o pressuposto 2 e, por conseguinte, o princípio da lógica clássica, e crêem ter de deduzir daqui uma revisão da lógica.

Ora queremos, antes de mais, lançar ainda uma vez um olhar à muito clara e facilmente acessível «lógica trivalente» que Reichenbach desenvolveu ([2]).

Este dá-lhe o nome de «lógica trivalente» porque ela, além dos dois valores «verdadeiro» ou «falso», atribuíveis às proposições, acrescenta ainda um terceiro, a saber, «indeterminado». Por isso, Reichenbach apresenta o seguinte esquema:

Esquema 1

1	2	3
A	$\overline{A}$	~A
V	I	I
I	V	F
F	V	V

A coluna 1 mostra que uma asserção A pode ser verdadeira, indeterminada ou falsa. A negação A ($\overline{A}$), que é definida na coluna 2 mediante esses três valores em relação a A, não pode, pois, ser — como na lógica bivalente — o oposto puramente contraditório de A. Mas que ela assim deva ser determinada, como vem indicada na coluna 2, devemos aceitar tal como uma definição arbitrária. Ela — como se verá — é exclusivamente guiada pelo intento particular que Reichenbach persegue com este esquema; a saber, o de projectar um cálculo adequado à mecânica quântica. O mesmo vale para a coluna 3. Se Reichenbach dá o nome de «negação completa» (Ā) à expressão na coluna 2, dá o de «negação cíclica» (~A) à que se encontra na coluna 3.

Com a ajuda deste esquema, definem-se agora os conectores, ligados à disjunção e à implicação, como estas nos são conhecidas a partir dos manuais da lógica proposicional. É o que por seu turno mostra o esquema seguinte:

Esquema 2

A	B	Disjunção $A \vee B$	Implicação alternativa $A \rightarrow B$
1 V	V	V	V
2 V	I	V	F
3 V	F	V	F
4 J	V	V	V
5 J	I	I	V
6 J	F	I	V
7 F	V	V	V
8 F	I	I	V
9 F	F	F	V

Como se vê, a disjunção nas linhas 1, 3, 7 e 9 corresponde à definição corrente. A mesma coisa vale para a implicação nas mesmas linhas. Aqui, A e B têm apenas os valores de verdadeiro ou falso.

Se agora a este último esquema se juntar ainda uma definição de equivalência tal que duas proposições sejam equivalentes, se são ou ambas verdadeiras, ou ambas falsas ou ambas indeterminadas, podem então estabelecer-se doravante as seguintes equivalências sempre verdadeiras, portanto, tautológicas:

(3) $\quad A \equiv \sim \sim \sim A$
(4) $\quad \overline{A} \equiv \sim A \vee \sim \sim A$
(5) $\quad \overline{A} \to B \equiv \overline{B} \to A$

Se, na primeira equivalência (3) para A, se põe o valor «verdadeiro», resulta do esquema há pouco exposto que também $\sim \sim \sim A$ deve ser verdadeira. Se se estabelecer A como falsa segue-se que também $\sim \sim \sim A$ é falsa, e se por fim se admitir A como indeterminada, $\sim \sim \sim A$ é igualmente indeterminada. A equivalência é assim em cada caso possível verdadeira, portanto, é sempre verdadeira. A mesma coisa se pode demonstrar de modo idêntico para as duas restantes equivalência (4) e (5).

Enuncie-se agora a expressão:

(6) $\quad A \vee \sim A \to \sim \sim B$.

Com base em (3), (4) e (5), segue-se a partir de (6):

(7) $\quad B \vee \sim B \to \sim \sim A$.

E daqui segue-se novamente (6). Por conseguinte, (6) e (7) implicam-se reciprocamente:

(8) $\quad A \vee \sim A \to \sim \sim B \rightleftarrows B \vee \sim B \to \sim \sim A$.

Com a ajuda do primeiro e do segundo esquema definitório, pode agora ler-se a asserção (6) do modo seguinte:

Se A é verdadeira ou falsa, então B é indeterminada; e a asserção (7) lê-se: se B é verdadeira ou falsa, então A é indeterminada.

Mas uma tal relação entre A e B é justamente o que se entende por complementaridade na mecânica quântica. Se, por exemplo, teve lugar uma mediação da posição de uma partícula, a asserção A, segundo a qual a partícula se encontra nesta e naquela posição, é verdadeira ou falsa; mas então a asserção B, segundo a qual esta partícula tem este e aquele impulso, torna-se em princípio indecidível e, portanto, indeterminada. Poderia, pois, de modo abreviado ler-se (6) assim: A é complementar em relação a B. E por conseguinte (8): se A é complementar em relação a B, então também B o é relativamente a A; a complementaridade é, por conseguinte, simétrica. E esta simetria (por exemplo, de posição e impulso) é uma lei empírica da mecânica quântica.

Em que consiste então, mais precisamente, a chamada lógica trivalente, a chamada lógica quântica, em que não ocorre o TND?

Ela consiste numa série de definições arbitrárias que podem considerar-se também como pontos de partida axiomáticos, em que estes axiomas não possuem de per si validade universal alguma de qualquer modo imediata e intuitivamente discernível. Pelo contrário, estão de tal modo construídos que podem assim, no fim, formular-se, numa interpretação correspondente, certos factos empíricos da mecânica quântica e das sua leis. Temos, pois, aqui a ver com um cálculo proporcional expressamente adaptado à mecânica quântica. Mas será adequado à noção de lógica dar a este cálculo proposicional o nome de uma *lógica* das proposições?

A lógica tem a propriedade de se poder pôr numa forma axiomática. Introduzem-se axiomas e, com a ajuda de regras, deduzem-se deles teoremas. A concepção ligada à tradição ensina que estes axiomas deveriam expressar conclusões universalmente válidas. Como exemplo para a silogística, pode indicar-se o modo de Barbara, como exemplo para a lógica proposicional a inferência «se A, então A». A validade universal dos axiomas lógicos significa, segundo uma definição que remonta a Leibniz, que eles valem em todos os mundos possíveis. O mesmo se intenta quando, hoje, se diz que a lógica tem por objecto tautologias, por conseguinte, proposições que nada asserem acerca do mundo. Com efeito, o que vale para todos os mundos possíveis nada pode revelar sobre o mundo particular que realmente existe. Acrescento ainda uma definição da lógica que deriva de Lorenzen: ela é, na sua opinião, a doutrina das regras aceitáveis em qualquer cálculo. Também esta definição, como facilmente se vê, reata com o conceito tradicional de lógica.

Ora a complementaridade recíproca de certas asserções na física moderna é uma propriedade contingente deste mundo, algo que pertence ao seu ser-assim, e não a cada mundo possível. Do mesmo modo, as regras dos sistemas de proposições em que isto se pode expressar não são regras aceitáveis para quaisquer cálculos em geral ou tautologias. Por conseguinte, não se pode dar o nome de *lógica* das proposições a semelhante sistema proposicional desenvolvido axiomaticamente, se se aceitar em geral o critério da adequabilidade de uma definição. Com efeito, um tal critério indica que se põe um limite ao arbítrio da definição dos conceitos, por meio do uso geral de um conceito. Se, por outro lado, não se aceitasse por qualquer razão o critério da adequação, então ainda menos se poderia aqui afirmar que a mecânica quântica levou à elaboração de uma nova lógica; de facto, neste caso poderia apenas declarar-se que se deve dar *arbitrariamente* o nome de lógica proposicional a um determinado cálculo de proposições. Semelhante declaração arbitrária, naturalmente, não poderia conter qualquer significado filosófico — ainda que exigido — ou qualquer conhecimento novo e geral sobre as formas e os modelos do pensamento enquanto tal.

Mas, se de todo de tal se abstrair, o abandono do TND, como parecia sugerir a experiência de interferência de Young e como se reflecte no cálculo proposicional trivalente da lógica quântica, de nenhum modo força a uma revisão da lógica definida segundo o conceito tradicional. Com efeito, demonstrou-se que o TND não pode valer para quaisquer cálculos ou em todos os mundos possíveis e, por conseguinte, não constitui em rigor princípio lógico algum.

2. A tentativa de Mittelstaedt

Uma outra tentativa de conceber o cálculo proposicional da mecânica quântica como *lógica* quântica provém de Peter Mittelstaedt, que a publicou no seu livro *Problemas Filosóficos da Física* ([3]). Nesta tentativa, ele baseia-se na chamada lógica dialógica fundada por Lorenzen, cujo conceito fundamental pode aqui esboçar-se do modo seguinte ([4]).

Pressupõe-se, antes de mais, que já é conhecido o modo como se podem demonstrar proposições elementares, por conseguinte, asserções não compostas (por exemplo, «a lua é redonda», «o tempo está bom», etc.). Ora alguém afirma — chamar-se-lhe-á proponente (P) — se A, então B (A $\rightarrow$ B). Um outro — o seu opositor (O) — contesta tal asserção. Mas isto, porém, só pode acontecer de um modo tal que o próprio opositor demonstre A e, em seguida, exija do proponente que, por seu turno, lhe demonstre B. Com efeito, A $\rightarrow$ B consiste evidentemente na asserção de que, se A é dado, então também B o é. O diálogo que assim se desenrola pode, pois — quando prevalece o proponente — representar-se do modo seguinte:

P	O
Afirmação: A $\rightarrow$ B	Afirm.: A
Porquê A?	Demonstração de A
Afirm.: B	Porquê B?
Demonstração de B	

Se o opositor pretende ganhar, deve então, em primeiro lugar, demonstrar A, com a esperança de que o proponente fique hipotecado com a demonstração de B. O opositor perdeu quando ele ou não pode demonstrar A, ou quando o proponente consegue aduzir a demonstração de B. E o proponente perdeu, se o opositor consegue demonstrar A, mas ele próprio não pode fornecer a demonstração de B.

Suponhamos agora que o proponente afirma A → (B → A). O opositor contesta tal afirmação. Como deve agora desenvolver-se o diálogo? É o que de novo mostra um esquema:

P	O
1. A → (B → A)	1. A
2. Porquê A?	2. Demonstração de A
3. B → A.	3. B
4. Porquê B?	4. Demonstração de B.
5. A	5. Porquê A?
6. Ver O 2.	

P teria prevalecido já na linha 2, se O não tivesse conseguido aduzir a demonstração de A. Mas visto que O se encontra na condição de o fazer, P é que deve agora afirmar a conclusão da implicação afirmada na linha 1. O deve agora demonstrar B, de outro modo, perdeu. Como consegue tal, P deve afirmar novamente uma conclusão, a saber, a que deriva da implicação B → A; e consegue tal coisa, ao referir que O já obteve propriamente a demonstração de A na segunda linha.

Não só, pois, o proponente ganhou, mas levará sempre a melhor neste diálogo, seja qual for o conteúdo particular de A ou B, e independentemente do facto de que A ou B se possam demonstrar. A afirmação A → (B → A) pode, pois, dizer-se válida de modo universal, porque pode ser defendida e pode fazer-se prevalecer em qualquer diálogo; e é, justamente por isso, uma afirmação da lógica, mais exactamente, na terminologia de Lorenzen, da chamada lógica proposicional efectiva, para a qual é determinada a ideia de uma validade universal. Justamente por este motivo não ocorre nela o TND.

Ora Mittelstaedt é do parecer que, à luz da mecânica quântica, a lógica proposicional efectiva é, em parte, ou falsa ou não aplicável. Agora, não é só o TND que aparece atacado; agora, deve até criticar--se a própria lógica que renunciou ao TND e cuja validade parecia, justamente por isso, estar demonstrada.

Mittelstaedt escreve textualmente:

«Ou se pressupõe o conhecimento da mecânica quântica no sentido de que a propósito de duas asserções se sabe respectivamente se elas são ou não comensuráveis — e então a lógica permanece válida em toda a sua extensão, mas algumas das suas leis perdem a sua aplicabilidade... ou se deixa explicitamente de lado o conhecimento da mecânica quântica... — e então algumas leis da lógica clássica tornam-se falsas, e as leis da lógica, que ainda são válidas nestas circunstâncias, formam, na sua totalidade, a lógica quântica» ([5]).

Mas como — perguntar-se-á de imediato — pode uma parte da lógica tornar-se falsa em virtude de não se estar na posse de um certo saber empírico — a saber, o conhecimento da mecânica quântica? E, por outro lado, como pode depender a sua não aplicabilidade do facto de não se estar na posse de tal conhecimento?

Mas consideremos mais de perto o raciocínio de Mittelstaedt. Ele usa para este propósito o exemplo, há pouco aduzido, de uma proposição que é sempre válida, pois pode sempre fazer-se prevalecer num diálogo, a saber: $A \to (B \to A)$. Se supusermos que A e B são asserções complementares da lógica quântica, então O 2. significa que A foi demonstrada mediante uma mensuração, e O 4. que também B foi demonstrada por meio de uma medição. Agora, porém, o proponente, na linha 6, já não pode remeter para O 2., pois aqui a medição, pela qual B foi demonstrada, elimina aquela graças à qual A foi demonstrada — trata-se de asserções complementares — pelo que A, na linha 6, já não está disponível. À pergunta do opositor «Porquê A?» (O 5.), o proponente não pode, portanto, já responder; por conseguinte, diz Mittelstaedt, perdeu.

Se, pois, a proposição $A \to (B \to A)$ for afirmada, ignorando a mecânica quântica, como absoluta e universalmente válida — como acontece na lógica efectiva —, então isso é falso.

O caso é diferente quando já se conhece a mecânica quântica. Então, o proponente pode defender o diálogo sobre a proposição $A \to (B \to A)$, já que o opositor, mediante a demonstração de B, na quarta linha, eliminaria de novo o seu próprio pressuposto, a saber, a demonstração de A. Neste caso, a implicação indicada seria demonstrável de um modo universal, justamente porque não seria aplicável.

Mas esta concepção é insustentável: se se ler a proposição $A \to (B \to A)$, como exigem as definições correctas da lógica, então torna-se logo evidente que a sua validade universal está garantida e que de nenhum modo pode depender de quaisquer conhecimentos da mecânica quântica. Ela reza, de facto, assim: *Se* A está demonstrada, *então* também A está demonstrada, se B demonstrada estiver». No caso em que A não está demonstrada, ela permanece válida, pois afirma algo só para *o* caso em que A está demonstrada. E se a demonstração de A é eliminada pela demonstração de B, nem assim está, de novo, dada a premissa segundo a qual A se encontra demonstrada. Por isso, também então a proposição permanece válida. Carece de todo o interesse se uma proposição da lógica é ou não aplicável num caso determinado, pois tal não prejudica a sua verdade.

3. *A tentativa de Stegmüller*

Que em relação à física quântica se deva falar de uma lógica não clássica foi também, há pouco, afirmado por Stegmüller ([6]). Apoiando-se em alguns trabalhos de Suppes ([7]), ele parte da seguinte tese: «A mecânica quântica contém um paradoxo relativo à teoria da probabilidade e que deriva da utilização da teoria clássica da probabilidade. Segundo a teoria clássica da probabilidade, a todo o elemento de um corpo de eventos deve estar associada uma probabilidade. No caso da mecânica quântica, pelo contrário, ocorrem eventos para os quais está decerto definida uma probabilidade, mas a cuja conjunção não se atribui probabilidade alguma» ([8]).

Reproduzamos agora a fundamentação desta tese numa brevíssima exposição, que será, porém, suficiente para a seguinte consideração crítica a tal respeito.

Em primeiro lugar, é definido o conceito de «corpo clássico de eventos». Por ele entende-se em particular um conjunto não vazio A composto de subconjuntos de um conjunto total Ω tal que, para todo a, b $\in$ A, vale:

(1) $\bar{a} \in A$ ($\bar{a} \equiv$ complemento de a em relação a Ω).
(2) $a \cup b \in A$

Em relação a um corpo de eventos, define-se, em seguida, um «espaço de probabilidade aditivo» (de novo, em particular, mediante a introdução de uma função W): para todo o a, b $\in$ A, deve valer:

(3) $W(a) > 0$, se a não é o conjunto vazio $\emptyset$,
(4) $W(\Omega) = 1$,
(5) se $a \cap b = \emptyset$, então $W(a \cup b) = W(a) + W(b)$.

Por fim, é definida ainda uma «função aleatória» ζ. Indiquemos, por exemplo, o lado de uma moeda onde se encontra a cara com 0, e o lado do cunho com 1, e lancemo-la três vezes. Podemos então formar a função aleatória «número dos lances com cara» e obtemos: $\zeta(0, 0, 0) = 3$, $\zeta(0, 1, 0) = 2$, etc. Trata-se, pois, de uma função que é definida para os elementos de um conjunto Ω e cujos valores são números reais. De ζ pode obter-se uma *distribuição* F_ζ, ao aplicar-se a função de probabilidade W a conjuntos determinados, os quais são formados como segue mediante a função aleatória ζ:

$$F_\zeta(x) = W(\{\xi \mid \xi \in \Omega \wedge \zeta(\xi) \leq x \})$$

Com estes meios, as grandezas da mecânica quântica podem interpretar-se como funções aleatórias. Para o valor de expectação E de uma distribuição F vale deste modo

$$E(\zeta) = \sum_{i=1}^{n} \longmapsto x_i\, F'_\zeta(x_i),\ F'(x) \equiv \frac{dF(x)}{dx},$$

e para o desvio-padrão S vale, de modo correspondente

$$S = \sqrt{\sum_{i=1}^{n} (x_i - E(\zeta))^2 \, F'(x_i)}$$

Desta exposição brevíssima resulta o paradoxo afirmado por Stegmüller do modo seguinte:

A mecânica quântica pode interpretar-se como uma teoria acerca das distribuições de probabilidade de funções aleatórias. As grandezas físicas são representadas mediante as funções aleatórias. Se agora ζ e y são funções aleatórias, a que se encontram associadas as distribuições F_ζ e F_y, deveria haver uma distribuição comum $F_{\zeta y}$ definida mediante a seguinte regra de formação:

$$F_{\zeta y}(x,y) = W(\{\,\xi\, |\, \xi \in \Omega \wedge \zeta(\xi) \leq x \wedge y(\xi) \leq y\,\}),$$

pois as operações que se devem levar a cabo entre parênteses são definidas segundo as regras da lógica clássica e da teoria clássica da probabilidade. *Em contradição com isto,* há, decerto, na mecânica quântica, uma distribuição a respeito de certas grandezas, mas não qualquer distribuição comum ([9]).

Deste paradoxo, segundo Stegmüller, faz-nos sair apenas uma solução racional, a saber, a de definir de modo novo o conceito de corpo de eventos. E precisamente de maneira que a conjunção de dois eventos a e b não exista universalmente. Mas tal, segundo Stegmüller, significaria que o corpo de eventos, cujos elementos se devem conceber como estados de coisas ou proposições, já não teria a estrutura de um retículo booleano, e que, por conseguinte, (1) e (2) já não se deveriam entender no sentido da lógica clássica das proposições. Por conseguinte, semelhante modificação desemboca «efectivamente em nada menos do que na suposição de uma lógica não clássica dos eventos» ([10]).

Contra esta concepção pode, em princípio, argumentar-se da mesma maneira que contra a de Mittelstaedt. Quando a lógica clássica exige que exista universalmente a conjunção de duas proposições A e B, pressupõe-se então aí, claro está, que tanto A como B sejam *definidos quanto ao seu valor de verdade independentemente um do outro.* Assim, por exemplo, a fórmula «A, B → A ∧ B» significa: se tanto A como B são de per si demonstrados, então também A ∧ B é demonstrado. E, por seu turno, a validade desta fórmula permanece intacta também para o caso em que tal pressuposto não resulte verdadeiro.

Importa agora, em primeiro lugar, chamar a atenção para o facto de que Stegmüller, na sua discussão da lógica quântica, parte, juntamente com Suppes, de uma relação de indeterminação entendida em sentido mais acentuado, segundo a qual numa medição do impulso a distribuição da posição não deve ser definida quanto à sua verdade, e vice-versa. Mas assim, segundo os próprios pressupostos de Stegmüller, o paradoxo de que ele deduz a necessidade de ter de afirmar uma lógica não clássica dos eventos, não existe de facto. Com efeito, se de duas possíveis distribuições A e B sempre apenas *uma* pode ser definida quanto à sua verdade, isto não contradiz sequer a lógica clássica, contanto que não exista uma distribuição comum.

Portanto, parece-me que a expressão «lógica quântica» é enganadora, e apenas suscita confusão. A mecânica quântica não levou — como hoje muitas vezes se ouve dizer — a uma nova lógica, não proporcionou ao pensar novas formas, não introduziu a lógica no fluxo e no progresso incessante das ciências empíricas. Pelo contrário, também ela pressupõe as proposições universalmente válidas da lógica efectiva.

Para o ponto de vista aqui defendido, é muito instrutivo recordar os motivos pelos quais Reichenbach, por exemplo, desenvolveu o seu cálculo proposicional adaptado à mecânica quântica, por ele chamado lógica trivalente. Parte, a este respeito, do facto de que a chamada Escola de Copenhaga, fundada por Bohr e por Heisenberg, chegou a uma interpretação dos processos da mecânica quântica, que implica o teorema seguinte: «Quando duas asserções são complementares, então uma só é, quando muito, significativa; a outra é privada de significado.»

Ora, este teorema é uma lei física, é apenas uma outra versão da relação de indeterminação de Heisenberg, que exclui justamente uma medição simultânea de grandezas não permutáveis entre si. Mas esta lei recebeu assim uma forma semântica, mais ainda, diz algo sobre o sentido das asserções e, por isso, pertence à metalinguagem da física quântica. Há aqui, porém, algo de insatisfatório, mais ainda, de artificioso. Habitualmente, as leis são formuladas na linguagem-objecto. O teorema mencionado refere-se ainda à inteira classe quer das proposições significativas, quer das privadas de significado; mas porque ele expressaria apenas uma lei, ver-se-iam também assim acolhidas, em certo sentido, na física expressões sem significado.

Reichenbach projectou, portanto, a sua chamada lógica trivalente *unicamente com o fito* de formular a relação de indeterminação no âmbito de uma linguagem-objecto. Se considerarmos de novo a asserção

$$A \vee \sim A \rightarrow \sim \sim B,$$

ela, interpretada metalinguisticamente, significa decerto: se A é verdadeira ou falsa, então B é indeterminada; mas esta é uma expressão de linguagem-objecto e poderia ler-se: A ou ciclicamente não A implica ciclicamente *não não* B ([11]).

Mostra-se assim o seguinte: o que, em rigor, se intenta com a chamada lógica trivalente, com a chamada lógica quântica, nada mais é do que um tipo de formulação das leis da mecânica quântica de um modo que é, em geral, habitual na física ([12]).

NOTAS

([1]) C. von Weizsäcker, *Zum Weltbild der Physik*, Estugarda 1958[7], p. 301.

([2]) H. Reichenbach, *Philosophische Grundlagen der Quantenmechanik*, Basileia 1949.

([3]) P. Mittelstaedt, *Philosophische Probleme der Modernen Physik*, Mannheim 1963.

([4]) P. Lorenzen, *Meta-Mathematik*, Mannheim 1962.

([5]) Mittelstaedt, *op. cit.* p. 128

([6]) W. Stegmüller, *Theorie und Erfahrung*, Berlim 1970.

([7]) P. Suppes, «The probabilistic argument for a non-classical logic of quantum mechanics,» in: *Philosophy of Science* 33 (1966), p. 14-21.

([8]) W. Stegmüller, *op. cit.*, p. 440.

([9]) *Op. cit.* p. 452.

([10]) *Op. cit.* p. 455.

([11]) No modo de expressão de Reichenbach: A ou post A implica post post B.

([12]) Não é aqui necessário recorrer aos trabalhos aparecidos sobre o tema da lógica quântica de E. Scheibe (*Die Kontingenten Aussagen der Physik. Axiomatische Untersuchungen zur Ontologie der klassischen Physik und der Quantentheorie*, Francoforte-Bona 1964), de H. Lenk (*Kritik der logischen Konstanten*, Berlim 1968), e de J. D. Sneed («Quantum mechanics and probability theory», in *Synthese*, n. 1, vol. 21 (1970). Limitei-me, pois, apenas aos autores que defendem a *incompatibilidade* da teoria quântica e da lógica clássica.

Parte II

Teoria da história da ciência
e das ciências da história

VIII

Fundamentos de uma teoria historicista geral das ciências empíricas

Chama-se à nossa época a época da ciência e da técnica. Pretende-se assim dizer que a ciência desempenha hoje um papel dominante e que quase tudo é por ela influenciado. A sua posição, por estranho que tal nos possa parecer num primeiro momento, pode comparar-se à da teologia, em épocas passadas. Assim como esta imbuía, outrora, a vida inteira e, no fim, tudo por ela devia ser interpretado, pensado e dominado, assim também se admite hoje que a ciência seja competente em toda a parte e se lhe conceda tomar parte na discussão sobre qualquer assunto. Se antigamente se consultavam os sacerdotes antes de empreendimentos importantes, assim agora se consultam os cientistas. Tanto nos assuntos públicos como nos privados se pede o seu conselho e, claro está, mesmo quando, mais ainda, por vezes justamente quando eles defendem âmbitos ainda muito controversos, como a sociologia e a futurologia. Gastam-se somas fantásticas para as ciências e para os projectos científicos, comparáveis à construção das catedrais em épocas passadas, e assim como antes se pensava que ninguém se tornaria bem-aventurado sem instrução teológica, assim hoje se acredita que ninguém se pode tornar feliz, se não tiver estudado numa universidade.

A quem deve a ciência este papel de primeira importância? Deve-o à opinião originada na época iluminística, segundo a qual a ciência, e só ela abre o justo acesso à verdade, e que ela já se apoderou da verdade aqui e acolá ou, pelo menos, dela se aproximou cada vez mais. No primeiro capítulo, recordou-se já a tal respeito um exemplo, a saber, Kant. A imagem que a ciência projecta sobre a realidade torna-se sempre mais precisa, sempre mais ampla; as suas asserções e as suas teorias seriam justificadas ou mediante factos objectivos ou por meio de princípios necessariamente válidos, e seriam por eles sempre de novo comprovadas.

Não tem aqui qualquer importância que alguns, apoiados no empirismo, realcem mais os factos, e que outros, recorrendo ao racionalismo, sublinhem mais os princípios; em última análise, tanto o empirismo como o racionalismo contribuíram em igual medida para o optimismo científico, que nunca deixou de ser uma das mais poderosas forças propulsivas das gigantescas mudanças a que o mundo foi sujeito, desde a época do Iluminismo. No entanto, semelhante optimismo, como mostram os capítulos precedentes, funda-se numa ilusão.

Se, de facto, como porventura não pode acontecer de outro modo num exame mais aprofundado, entendermos por princípios, por um lado, as estipulações que pertencem às categorias desenvolvidas no capítulo quarto e derivadas da teoria das ciências naturais, mas, por outro, também aquelas que desempenham um papel análogo noutras ciências empíricas (de tal tratará, entre outras coisas, o capítulo 13), isto compele-nos à constatação generalizada seguinte: não há nem factos científicos absolutos, nem princípios absolutamente válidos em que se possam apoiar em sentido estrito asserções ou teorias científicas, ou com os quais se possam justificar de um modo necessário. Afirmações factuais e princípios são, pelo contrário, apenas partes de teorias, em cujo âmbito eles são dados, seleccionados e válidos e, por conseguinte, delas também dependentes. E isto vale para todas as ciências empíricas, tanto para as da natureza como para as da história ([1]).

Mas a questão é ainda mais grave. Se os factos científicos são enquanto tais inevitavelmente dependentes das teorias, devemos agora tirar também a consequência de que eles se modificam quando se alteram as teorias. É, pois, um erro crer que a ciência, no decurso do seu desenvolvimento, melhore necessariamente e de modo contínuo o seu saber acerca dos mesmos objectos. Não nos devemos deixar enganar em virtude de muitas vezes, na substituição de uma teoria por outra, a qual se considera melhor, se empregarem os mesmos termos. Encontramos, por exemplo, em todo o lado na física hodierna, e também na antiga, expressões como massa, impulso, velocidade, tempo, espaço e, no entanto, elas significam muitas vezes coisas completamente diferentes, segundo o contexto teórico em que as usamos, se, por exemplo, no quadro teórico da física cartesiana, da newtoniana ou da einsteiniana, e assim por diante.

Por conseguinte, os factos novos jamais se impõem por si mesmos, mas devem sempre descobrir-se só à luz de uma nova teoria (a qual, pois, deve antes deles existir). Em vão se tentaria acrescentar simplesmente factos novos ao nível das ciências até então conseguido, pois eles devem acrescentar-se ao contexto alterado, o único que os possibilita. Com as novas teorias, no entanto, os factos velhos são em parte reinterpretados, em parte excluídos e em parte explicados em geral como mera aparência. Pense-se, por exemplo, na emergência da mecânica no século XVII. Depois que a sua ideia fundamental foi estabelecida, conseguiu descobrir-se uma quantidade de novas leis do movimento. Os fenómenos, interpretados precedentemente com Aristóteles de um modo mais biológico, foram doravante concebidos diversamente, e tudo foi considerado de pontos de vista mecânicos. O vivo, outrora no centro de tudo, dificilmente encontrou aqui espaço. «*Animalia sunt automata*», declarava categoricamente Descartes, e sem mais os punha formalmente de lado.

Este exemplo, creio, mostra claramente que, nas ciências, o novo não pode simplesmente divisar-se como alargamento, melhoria, enriquecimento do antigo. Muitas vezes, a sua ocorrência deve antes comparar-se à emergência de um mundo interpretado de modo inteiramente diverso, com conteúdos modificados, em parte ampliados, em parte restringidos.

Baseando-me nos resultados já adquiridos nos capítulos precedentes, resumo mais uma vez o que se conseguiu: o optimismo empirístico-racionalista relativo à ciência funda-se, pelas razões seguintes, numa ilusão:

1) não há nem factos científicos absolutos nem princípios absolutos em que se possam apoiar as ciências;
2) a ciência não proporciona necessariamente uma imagem continuamente melhorada e ampliada dos mesmos objectos e do mesmo conteúdo, e
3) não existe o mínimo motivo para supor que ela se aproxime, no decurso da história, de qualquer verdade absoluta, isto é, isenta de teorias. (Da verdade absoluta falar-se-á ainda, com maior pormenor, no capítulo 11.)

1. *Uma situação histórica decide sobre factos e princípios, e não vice-versa. Sistemas históricos e conjuntos históricos de sistemas*

Nos capítulos precedentes, mostrou-se, sobretudo com base em exemplos, que as asserções das ciências naturais podem encontrar uma justificação histórica. O capítulo presente deve agora, *em primeiro lugar*, servir para generalizar estes resultados e estendê-los às teorias empíricas em geral, sejam estas ciências da natureza ou não; *em segundo lugar*, analisar de um modo sistemático e mais preciso a *estrutura lógica destas justificações* e aprontar as categorias para tal fim necessárias; *em terceiro lugar*, por fim, para rejeitar como injustificados os temores de que semelhante interpretação *historicista* da ciência abra a porta ao cepticismo e ao relativismo, e que destrua toda a esperança no progresso científico.

Começo pela tese seguinte: uma situação histórica decide sobre os factos e princípios científicos, e não inversamente.

Para tal elucidar definirei, antes de mais, o conceito de «situação histórica» com a ajuda de duas categorias *da ciência da história*, às quais dou o nome de «*sistema histórico*» ([2]) e de «*conjunto histórico de sistemas*».

A categoria «sistema histórico» refere-se à estrutura dos processos históricos em geral, e não apenas dos científicos. Estes processos desenrolam-se algumas vezes de acordo com leis da natureza, leis biológicas, psicológicas, físicas, etc., mas também em consonância com regras que foram produzidas por homens; e aqui quero apenas ter as últimas em conta. Regras deste tipo há tantas quantos são os âmbitos da vida. Pense-se nas regras do trato quotidiano entre os homens, nas múltiplas relações em que os homens podem encontrar-se entre si; nas regras do mundo comercial, da economia, da vida do Estado, nas regras da arte, da música, da religião e, não em último lugar, da linguagem. Visto que, por um lado, tais regras tiveram uma origem histórica e, por isso, se encontram também sujeitas à mudança histórica, e porque, por outro, proporcionam ao mesmo tempo à nossa vida algo como uma condição sistemática, falo de *sistemas históricos de regras* e, em seguida, para abreviar, de sistemas. Sem dúvida, eles não correspondem, na maior parte dos casos, a determinados ideais de exactidão e de integralidade, mas são em geral tão precisos quanto é necessário para serem aplicáveis nas situações para que foram pensados. Em oposição a uma opinião muito difundida pode, pois, afirmar-se que também a nossa vida extracientífica possui em largo grau uma certa racionalidade e um certa lógica, na medida justamente em que se desenrola no interior de tais sistemas.

Um sistema histórico pode conceber-se como um sistema axiomático ou como algo que se pode descrever mediante um tal sistema. Quando se trata de um sistema exacto de axiomas e, deste modo, do *caso ideal*, então há um número muito restrito de axiomas exactamente formulados e um mecanismo inferencial com o qual se podem obter deles outras asserções ou símbolos. Um exemplo a propósito é uma teoria física, construída de modo rigoroso, como objecto da história da ciência; um exemplo de sistema que não *é* em si mesmo um sistema de axiomas exacto, mas que pode descrever-se por meio de um sistema assim, é uma máquina real, para a qual existe um modelo matemático; ela poderia dar trabalho à historiografia da técnica. Se o sistema não é ideal — e, como se afirmou, tal é o que acontece na maior parte dos casos —, também não se pode descrever mediante um sistema ideal. Também neste caso axiomas e deduções podem, sem dúvida, ser dados ou ser susceptíveis de descrição e, como se disse, ser adequadamente utilizáveis numa determinada situação, mas são mais ou menos vagos ou, pelo menos, não rigorosamente formalizáveis.

Entre eles se inscrevem os sistemas há pouco mencionados, tanto da vida prática como da vida cultural; além disso, os sistemas de valores, os sistemas juridícos, os cálculos políticos etc. Embora não sejam por si mesmo sistemas vagos de axiomas, são, no entanto, como tais susceptíveis de descrição.

Por um conjunto histórico de sistemas — a segunda das categorias da ciência histórica há pouco mencionada — entendo um conjunto estruturado de sistemas, em parte actuais e em parte transmitidos pela tradição que se encontram entre si em múltiplas relações e em cujo âmbito se move um a comunidade de homens, em qualquer momento temporal. Os sistemas científicos, a saber, as teorias e as jerarquias de teorias, como também as regras do trabalho científico, são, pois, uma parte desse conjunto complexivo, o qual representa o universo das regras em que respectivamente vivemos e actuamos.

As relações em que se encontram reciprocamente os elementos deste conjunto podem ser, por exemplo, as da motivação prática, como quando um sistema, a partir de outro sistema, é moralmente avaliado, apoiado ou refutado. Recordo as correcções, outrora usuais, das asserções teórico-científicas mediante axiomas teológico-éticos; a tendência, hoje em via de difusão, de avaliar os projectos científicos segundo as normas da chamada «relevância social», etc. Uma outra forma de relação entre sistemas é a da crítica teórica de um com a ajuda do outro. Pense-se na crítica de Leibniz a Newton, por meio da sua filosofia relativista do espaço e, vice-versa, na crítica de Euler de tais filosofias relativistas com base no princípio, por ele considerado evidente, de inércia; ou na recusa frequente de axiomas éticos mediante o apelo à afirmação teórica do carácter completamente determinado de todos os eventos, logo, também do agir humano. Devo aqui contentar-me com estas escassas insinuações sobre as relações possíveis dos sistemas entre si. No entanto, deve sublinhar-se que, num conjunto de sistemas, pode também haver sistemas que são entre si incompatíveis, e outros que são mesmo reciprocamente incomensuráveis.

Com a ajuda das categorias da ciência histórica justamente elucidadas, posso agora definir com maior exactidão o conceito de «situação histórica»: entendo por tal um período histórico que é dominado por um determinado conjunto de sistemas, e afirmo agora que cada período histórico é assim constituído.

Se quiséssemos expressar de forma explícita que nesta e naquela época houve este e aquele conjunto de sistemas, deveríamos proporcionar uma conjunção lógica de teorias axiomáticas, cada uma das quais está associada a um sistema deste conjunto de sistemas como sua descrição. Evidentemente, trata-se aqui de uma *ideia regulativa*, mas a que eu, para a distinguir da de Kant, gostaria de chamar uma ideia regulativa só *do ponto de vista prático*. É apenas uma ideia, na medida em que ninguém pode descrever exaustivamente, no modo indicado, um período histórico; tal ideia é regulativa, porque com ela nos vemos intimados a progredir para lá de toda a relação estabelecida no conjunto dos sistemas, para uma ulterior ou mais ampla relação; e é uma ideia regulativa só do ponto de vista prático, porque nem sequer do ponto de vista prático se pode levar a efeito, mas na verdade com ela intenta-se, apesar de tudo, um conjunto *finito*.

Se o conjunto dos sistemas possui uma estrutura por causa das relações em que os elementos se encontram uns com os outros, poderia chegar-se a pensar que talvez todos estes elementos sejam deduzíveis de um elemento fundamental do conjunto. Isto, no entanto, é certamente falso. Podemos, sem dúvida, progredir regularmente de cada ponto do seu entrosamento nesta ou naquela direcção, embora não em todas, na maior parte dos casos, e estabelecer assim várias conexões. Mas muitos elementos do conjunto são entre si, como se disse, não homogéneos, reciprocamente incomensuráveis, ou até se contradizem.

Façamos, mais uma vez ainda, um resumo. O conjunto de sistemas pode descrever-se mediante uma conjugação de teorias axiomáticas, segundo uma ideia regulativa em sentido prático; entre os elementos desta conjunção, podem estabelecer-se relações no modo por nós indicado.

Quando, há pouco, afirmei que uma situação histórica determina factos e princípios, mas não inversamente, quis dizer, mais exactamente, que o conjunto dos sistemas característico de um determinado período histórico exerce este poder determinante. Consideremos, antes de mais, em vista da clarificação, alguns exemplos. São intencionalmente tirados dos capítulos precedentes para mostrar de que maneira eles se inserem no esquema interpretativo e, com ele, se podem considerar.

Factos e princípios em que se baseava o sistema ptolomaico eram fornecidos, como antes se indicou, pela doutrina aristotélica, então dominante, da diferença entre a esfera translunar e a esfera sublunar. Segundo esta doutrina, a percepção humana é uma fonte fidedigna de conhecimento só no seio do âmbito terrestre. Assim entendidos, os factos celestes não contradiziam a astronomia ptolomaica, mas podiam olhar-se em consonância com ela. Esta astronomia, entre outras coisas, fundava-se também nos princípios da física, da metafísica e da teologia coevas ([3]). Observamos, além disso, que para Einstein a realidade consiste em substâncias que possuem em si determinadas propriedades, independentemente do facto de elas se encontrarem em quaisquer relações com outras substâncias ([4]). Esta opinião provém de uma antiga tradição filosófica, que foi cunhada sobretudo por Aristóteles e por Descartes. Segundo Bohr, pelo contrário, assim se mostrou em seguida, a realidade consiste essencialmente em relações entre substâncias, e este ponto de vista foi, por seu turno, sobretudo fornecido pela filosofia dialéctica de Kierkegaard e pela de James. O confronto entre Einstein e Bohr tornou inteiramente claro que os factos não significam para ambos a mesma coisa e não podem ser dados do mesmo modo. Por conseguinte, Einstein recusa a mecânica quântica como incompleta, pois não apreende muitas coisas que, aos seus olhos, constituem um facto, ao passo que Bohr nega que em geral se trate de factos. — Apresentemos agora também um exemplo tirado das ciências históricas (ocupar-nos-emos delas, com maior pormenor ainda, no capítulo 13), a saber, a teoria dos factos que foi difundida pela escola histórica positivista. A ela pertenceram sobretudo os estudiosos americanos Andrew D. White, John Fiske, H. B. Adams, Walter P. Webb e outros num radical desenvolvimento ulterior das ideias, aliás mal entendidas, dos historiadores alemães (cito aqui sobretudo os nomes de von Savigny, Niebuhr, Lachmann e Ranke); estavam convencidos de que, na história, há factos absolutos, e que a tarefa do historiador consiste em investigá-los. Mas, na sua opinião, tal objectivo só pode alcançar-se baseando-se exclusivamente em documentos, escavações, ruínas, conhecimento das armas, tratados, cartas, diários, crónicas, obras históricas, etc. Somente o seu estudo escrupuloso poderia mostrar o que é que em verdade aconteceu e de que modo. Também esta doutrina acerca dos factos, aqui, pois, históricos, tem as suas diferentes raízes: a crítica bíblica, os métodos da filologia clássica, a filosofia do Iluminismo e, não em último lugar, o comportamento das ciências da natureza, de que dá testemunho o notável mote de Webb, segundo o qual Ranke transformou a sala das lições académicas num laboratório, onde no lugar das retortas se usavam os documentos ([5]). Esta concepção foi, mais tarde, refutada de modo particular pela escola histórica alemã. Os factos, sustenta ela, devem ser interpretados pelo historiador em conexão com os seus projectos conceptuais, por conseguinte, nada são de absoluto ([6]). Também aqui podemos reconhecer claramente que aquilo que se considerou como um facto histórico e o que não é tal depende de múltiplas teorias, as quais dimanam de uma situação histórica.

2. *O desenvolvimento das ciências é essencialmente suscitado por discordâncias internas a conjuntos de sistemas. Sete leis dos processos históricos*

Seja Ptolomeu, seja Einstein, Bohr, Webb ou qualquer outro, todos eles se podem interpretar como vivendo e agindo no quadro de um conjunto de sistemas, que está ligado a um determinado período histórico. Este é o solo em que nos apoiamos, o ar que respiramos e a luz em que tudo nos surge.

Com este pressuposto, depara-se-nos forçosamente a questão sobre o que significará então o progresso científico e de que modo se poderá evitar o relativismo.

Do ponto de vista aqui sustentado, vê-se logo que o desenvolvimento das ciências é essencialmente suscitado por discordâncias interiores aos conjuntos de sistemas, e que consiste numa mudança interna de tais sistemas. Pretendo, de novo, investigar este ponto mediante um exemplo. Vou, mais uma vez, buscar um dos capítulos precedentes, para que assim o que já foi elaborado seja aqui ilustrado no contexto presente e mais aprofundado.

Consideremos o conjunto de sistemas do Renascimento. Como vimos, pertencem-lhe, entre outras coisas, um certo humanismo emancipatório, certas doutrinas da teologia, a astronomia ptolomaica e a física aristotélica. Este humanismo, que quer aproximar o homem de Deus, contradiz a astronomia ptolomaica, para a qual a Terra é o lugar do *status corruptionis*, e esta astronomia estava então estreitamente ligada à teologia. A contradição foi resolvida por Copérnico graças a uma alteração da astronomia e, claro está, em prol do humanismo. Mas, deste modo, surgiu uma nova contradição, a saber, a oposição entre a nova astronomia e a física aristotélica, que permanecera inalterada. Tentou-se então eliminar também esta. Quando, por fim, tal se conseguiu mais tarde, com Newton, abandonara-se não só Aristóteles, mas também Copérnico ([7]). O cenário da ciência natural, que fora modificado, retroagia agora de novo sobre o humanismo e a teologia. Ao fim e ao cabo, tudo se transformara, a astronomia, a física, o humanismo, a teologia, e assim — eis o que importa sublinhar de modo particular — tinham-se transformado os princípios e as afirmações factuais que a tudo isto estavam ligados. O resultado foi um conjunto de sistemas inteiramente novo e uma situação histórica de todo alterada.

Os exemplos mencionados, por conseguinte, não mostram apenas que o conceito de conjunto de sistemas é particularmente adequado para apreender, articular e ordenar clara e distintamente processos do tipo esboçado, mas confirmam também efectivamente a afirmação, antes pressuposta, de que tais acontecimentos têm a sua origem em discordâncias do conjunto de sistemas. Sobre o conjunto de sistemas do Renascimento, como sobre qualquer outro, pesava, desde o ínicio, este defeito, e tratava-se de o eliminar. Mas o exemplo mostra ainda outra coisa, não menos digna de relevo: mostra, de facto, que esta «catarse» teve êxito apenas com os meios disponíveis, por conseguinte, com os meios que o próprio conjunto de sistemas punha à disposição. As soluções eram procuradas no interior da situação dada, a qual se transformava única e exclusivamente a partir de si própria, e é justamente isto que pretendo dizer quando falo de uma mudança interna do conjunto dos sistemas. Que é que se fez então? Fez-se uma decisão a favor de uma parte sua e tentou-se adaptar-lhe os outros seus elementos. A crítica e a mudança criativa fundam-se, pois, ambas no que já historicamente existe. E, por fim, podemos aqui constatar ainda uma última coisa, de altíssimo significado: no caso presente, venceram as componentes do conjunto de sistemas que contradiziam mais as afirmações factuais que lhes estavam associadas do que acontecia nas partes derrotadas do sistema. A rotação da Terra permanecia, no entanto, um quebra-cabeças não resolvido durante todo o tempo em que ainda se não descobrira a lei da inércia, e a física excogitada *ad hoc* para a teoria copernicana era ainda muito inferior relativamente à aristotélica. Por conseguinte, a origem da mudança não é, aqui, a descoberta de novos factos, mas sim a discordância interna do conjunto de sistemas. Vou expressar isto numa comparação plástica: *O movimento das ciências é essencialmente automovimento de conjuntos de sistemas.*

Isto nada tem a ver com a filosofia hegeliana, embora assim possa parecer à primeira vista. Visto que levaria demasiado longe mostrar isto em pormenor, devo aqui contentar-me com algumas indicações. As discordâncias que tenho em mente, e os processos que as produzem não são de natureza dialéctica. O humanismo emancipatório da Renascença e a astronomia ptolomaica, por exemplo, não se comportam reciprocamente como tese e antítese, no sentido de Hegel, já que de nenhum modo se pode falar que um teria extraído de si o outro com necessidade. Mais ainda, nem sequer a defeituosa consonância dos sistemas enquanto tais ou a sua dissolução são apreensíveis à razão com rigorosa necessidade, porque o que aqui se contradiz, ou o que se deve estabelecer em recíproco acordo, não se apresenta, na maior parte das vezes, de per si com um rigor inequívoco. Sob este ponto de vista, as próprias teorias científicas só raramente constituem uma excepção face aos contextos extracientíficos conformes a uma regra e, no tocante à sua exactidão, diferem destes, quando muito, por grau. A razão para tal, porém, não é simples descuido, mas renuncia-se forçosamente ao perfeccionismo formal, porque ele seria demasiado infrutífero e por de mais estático em relação às situações continuamente mutáveis. Os sistemas, mesmo os científicos, não possuem em geral nenhuma completude rigorosa, mas são talhados apenas para o uso que deles respectivamente se faz. No decurso da adaptação às mudanças, não será, pois, sempre possível determinar em rigor quais as conclusões que daí resultam para o respectivo sistema. Permanecem assim abertas margens para a construção e a interpretação, que tornam impossível conceber as discordâncias entre os sistemas e a sua dissolução como racionalmente necessárias. A dialéctica hegeliana, se existisse, deveria ser um processo do pensamento que a si mesmo se pensa, cuja necessidade, cujo rigor e precisão em nada seriam inferiores aos das concepções lógico-formais, tanto mais que ele teria a consagração do espírito universal. Nada disso consigo descortinar nos processos históricos.

Perante Hegel, sublinho, pois, a *contingência* na história. Esta diz respeito, por um lado, aos actos espontâneos que levam as obscuridades já mencionadas no uso prático dos sistemas quer a contradições mais ou menos claras, quer às suas soluções. Chamo espontâneos a estes actos porque nenhuma razão nos constrange a fazer isto apenas de um *único* modo possível. O empírico de nenhum modo é eliminado dos factos em virtude da dependência da teoria (cf. capítulo terceiro). Pelo contrário, todo o conjunto de sistemas é um complexo das possibilidades de trazer a realidade enquanto tal à linguagem e oferece, por assim dizer, para falar com Kant, «as condições da possibilidade» de fazer experiências. Estas condições mudam historicamente (cf. capítulo quarto) — e nisto reside a diferença em relação a Kant; mas não se pode prever com necessidade de que modo a realidade se mostra no seu conjunto de sistemas; trata-se de algo de contingente, como também o é a reacção a tal determinada pelo mesmo conjunto de sistemas ([8]).

Gostaria ainda, neste lugar, de expressar a minha opinião sobre a concepção segundo a qual os processos históricos são determinados pela natureza, por conseguinte, por leis psicológicas, biológicas, físicas, etc. Remete-se, por exemplo, para sentimentos que sempre moveram os homens, como o amor, o ódio, a vingança, a vaidade, etc., mas, em conexão com tudo isto, também se aponta para as condições do clima, da geografia, e coisas semelhantes. Ora do que há pouco se observou a propósito do papel da experiência depreende-se que a minha comparação acerca do automovimento dos conjuntos de sistemas não se pode entender como se eu negasse a influência de tais dados naturais, que permanecem constantes e são, por isso, isentos de carácter histórico, e como se, por conseguinte, não restasse espaço algum para a sua eficácia. Parece-me, sem dúvida, que também eles só podem em geral tornar-se eficazes no interior de um conjunto de sistemas, e que as condições e os conteúdos necessários para tal só ali estão presentes.

Assim, por exemplo, o desejo sensual de Salomé de se entregar a Jocanaan está completamente imbuído da metafísica judaica pré-cristã. A pederastia, tal como era usual na Antiguidade, mostra igualmente que a própria pulsão sexual pode ser guiada em trilhos culturalmente determinados. O amor de Wagner está inseparavelmente unido à sentimentalidade do *Sturm und Drang*, o de Tristão à medieval ou, na versão de Wagner, à mística de Schopenhauer. O tiro de pistola de um assassino é, sem dúvida, um processo físico, mas nenhum Bruto o teria podido deixar partir; de modo semelhante, nenhum romano se teria cansado psiquicamente por ter guiado tempo de mais na auto-estrada.

Após estas considerações preliminares, proponho agora algumas leis estruturais históricas gerais, para as quais os acontecimentos do Renascimento, há pouco esboçados, têm um carácter exemplar.
1) Todo o período histórico é determinado por um conjunto de sistemas.
2) Todo o conjunto de sistemas é em si discordante e instável.
3) Todos os conjuntos de sistemas mudam como resultado da tentativa de eliminar semelhantes discordâncias.
4) Isto acontece graças à adaptação de uma parte delas a uma outra parte.
5) Este processo não é rigorosamente determinado.
6) Os limites da determinação são estabelecidos por margens de liberdade que a vaguidade do sistema admite.
7) Todo o evento histórico, mesmo quando co-determinado por leis da natureza, se realiza no interior de um conjunto de sistemas, e nada pode nele introduzir elementos de todo estranhos ou cair inteiramente fora dele. (Acrescente-se que se trata aqui de uma idealização, na medida em que se descurou a troca com os sistemas e culturas históricos estranhos.)

Estas leis carecem, no entanto, de uma importante explicação adicional. Importa observar que elas se fundam numa *análise puramente lógica* da ciência, bem como no seu modo de ver a sua própria história e a história em geral. Em parte, é já o que se depreende do capítulo terceiro, no qual se baseia o presente parágrafo. Já aí se observara expressamente que ele tem por objecto uma análise puramente lógica; dir-se-á ainda de um modo mais pormenorizado no capítulo 11 que isto vale igualmente para o que aqui se afirmou. Neste lugar, observe-se apenas à guisa de explicação: *Nas leis aduzidas, não se trata de uma determinada teoria empírica sobre a história, mas de princípios universais a priori de que a ciência se deve servir enquanto tal, quando pretende tornar compreensível e descrever a história com os seus instrumentos teóricos e com as suas categorias (sistema, conjunto de sistemas).* A natureza destas leis estruturais da história torna-se talvez particularmente clara, quando se compara à seguinte lei estrutural da natureza (agora, simplificada sem perigo): a natureza é um sistema de leis causais. Também esta proposição poderia ser apenas um princípio apriórico da consideração científica da natureza em geral, e não o axioma de uma determinada teoria acerca de um determinado sistema da natureza. Trata-se, aqui como além, de esquemas aprióricos da consideração científica, da possibilidade da experiência científica em geral e, claro está, tanto na ciência histórica como na ciência da natureza.

3. *Um tipo de consideração historicista não é de modo algum necessariamente relativista*

As leis estruturais ultimamente estabelecidas dizem, decerto, muitas coisas acerca da contínua mudança interna dos conjuntos de sistemas, mas à pergunta sobre o progresso e o relativismo nas ciências, que assim desponta inevitavelmente, ainda não se forneceu uma resposta. Voltar-me-ei, antes de mais, para o relativismo. Este afirma que somente o arbítrio e a escolha do que agrada, ou uma espécie de sina da história, decidem sobre a verdade e a falsidade, sobre o bem e o mal. Mas nada de semelhante se revela necessariamente verdadeiro, quando se parte das precedentes leis estruturais.

Em primeiro lugar, encontra-se justamente *fundado* no interior dos sistemas, e não delineado de modo arbitrário ou fatalista, o que é verdadeiro, falso, bom ou mau. Há, pois, neles a possibilidade de decidir sobre a verdade ou falsidade, etc. Mas, além disso, numa situação histórica, há tambem fundamentações racionais para os sistemas enquanto totalidade e para as suas mudanças.

Se, por exemplo, partirmos do facto de que o espaço é euclideano (estipulação axiomática, no sentido do capítulo quarto) e tivermos, além disso, estabelecido o que é uma observação, um facto, uma confirmação, uma falsificação, etc. (estipulação judicativa, no sentido do capítulo quarto), faremos a experiência em determinadas circunstâncias com estes pressupostos, e conheceremos assim a verdade de que o espaço está preenchido por forças gravitacionais. Por seu lado, porém, estes pressupostos não eram dados nem historicamente nem de modo arbitrário ou fatalista mas, como agora podemos dizer, eram fundados pelo racionalismo e pelos seus princípios, preparados no conjunto dos sistemas do humanismo renascentista. Sem dúvida, hoje, não tem sentido para nós dizer que o espaço *é* euclideano, ou que *é* não euclideano, mas tem sentido afirmar que a hipótese segundo a qual ele é euclideano foi um elemento bem fundado e decidível nas condições renascentistas dadas. Condições com que, hoje, já não deparamos num modo idêntico, porquanto a questão sobre a natureza do espaço cósmico se nos apresenta com uma feição inteiramente distinta ([9]).

Para esclarecer ainda mais este estado de coisas, pode talvez servir uma comparação. Suponhamos que algumas pessoas se entretêm a jogar as cartas. Mediante as suas regras, estabeleceu-se o que, neste jogo, é verdadeiro, falso, bom ou mau. Seja, por exemplo, verdade que se perde um jogo em que é trunfo uma determinada cor, se não se possuir sequer uma única carta de trunfo. Seja uma boa táctica a de provocar mais com prudência do que com temeridade, etc. Façamos, agora, uma ulterior hipótese segundo a qual os jogadores constataram que as regras do jogo mostram entre si certas discordâncias. Modificá-las-ão, portanto, e de um modo correspondente se alterará o que é verdadeiro, falso, bom, mau, neste jogo. Depois de algum tempo, também as novas regras podem surgir insatisfatórias, os jogadores modificá-las-ão de novo, isto terá, por seu turno, as consequências mencionadas, etc. Podemos imaginar que eles, por fim, jogam um jogo que só muito pouco terá a ver com aquele que tinham iniciado (embora lhe dêem talvez ainda o mesmo nome). — Não seria insensato aduzir este exemplo, se se pretendesse mostrar o que é o relativismo? Aqui, não está presente apenas, se assim posso dizer, uma espécie de lógica da situação, mas a própria mudança das situações deriva, sim, de uma certa lógica. Jogamos o jogo da experiência, mas com consequências mais ou menos necessárias e na mudança repetida, se bem que também fundamentada, das condições.

Gostaria aqui de sublinhar novamente que não sou um hegeliano, e que não afirmo de modo algum, por exemplo, que a história das ciências tem um curso rigorosamente lógico, se bem que seja rigoroso só no sentido da lógica da situação. Sem dúvida, ela não tem semelhante propriedade. Mas o que eu pretendia realçar é que um ponto de vista histórico consequente não pode, como tal, equiparar-se ao relativismo, a não ser que use esta palavra para estados de coisas que perderam o temor do arbítrio subjectivo ou a fatalidade histórica.

Ora, no início, afirmei já que não existe a mínima razão de assumir uma verdade absoluta, da qual nos aproximamos sempre mais, porque não conhecemos nem factos absolutos nem princípios absolutamente válidos, que nos poderiam mostrar o caminho. Na progressão da investigação, também não são sempre melhor discutidos *os próprios* objectos. Perante nós, por assim dizer, aparecem continuamente e outra vez tornam a desaparecer novos horizontes; horizontes, que tornam possíveis perspectivas e experiências completamente novas e diversas. Possuem uma relação cognoscível e utilizável a respeito de uma situação dada, mas não a uma verdade imaginária e absoluta. (Sobre este ponto, como se disse, haverá mais no capítulo 11).

Deveríamos, pois, creio eu, renunciar definitivamente a comparar o processo de desenvolvimento do conhecimento científico à pintura de um quadro que se pode tornar sempre mais preciso, sempre melhor, sempre mais semelhante ao homem real.

Surge assim a questão sobre o que possa significar o processo nas ciências, do ponto de vista das leis estruturais estabelecidas.

4. *A explicação e a mutação dos sistemas. Progresso I e progresso II*

É evidente que aqui se podem distinguir duas formas fundamentais do desenvolvimento, a saber, primeiro, a *explicação* dos sistemas científicos e, em segundo lugar, a sua *mutação* ([10]). Por explicação dos sistemas, entendo a sua configuração e o seu desenvolvimento sem que assim se altere algo quanto aos seus fundamentos, portanto, o que Kuhn, por exemplo, chama «normal science» ([11]), a saber, a derivação de teoremas a partir de axiomas dados, a definição mais precisa das constantes requeridas no âmbito de uma teoria, etc. Pelo contrário, uma mutação ocorre quando se alteram os próprios fundamentos dos sistemas (conta-se aqui, por exemplo, a passagem de uma geometria do espaço a outra). O progresso pode, pois, levar-se a cabo só nestas duas formas fundamentais de movimentos históricos, e é preciso distinguir também duas formas fundamentais suas, que de bom grado chamarei respectivamente progresso I e progresso II.

Quando é que se poderia falar numa explicação de progresso I e, no caso de uma mutação, de progresso II? Creio que, na ciência, uma explicação é já um progresso na medida em que ela torna visível tudo o que se oculta num sistema, o que este proporciona e o que não consegue. Mais ainda, pode dizer-se que a explicação é o fundamento de todo o progresso científico em geral, pois, sem ela, tudo permaneceria apenas fragmentado, esboço, algo de imperfeito. Consideremos como exemplo a explicação da teoria da relatividade. Ela tem o seu início histórico na elaboração de leis co-variantes para sistemas inerciais; isto obriga, em seguida, à conhecida equação energia-massa. É admirável ver que cosmos se descortina lentamente e como a teoria se apodera de domínios sempre mais amplos. Também no caso de cada nova previsão, quer ela diga respeito ao movimento do periélio de Mercúrio ou ao desvio dos raios luminosos no campo gravitacional do Sol, temos, em toda a parte, a ver sobretudo com uma explicação do ponto de partida original.

Sem dúvida, ainda não é suficiente uma explicação como tal para aqui falar de progresso — a saber, no sentido de progresso I. Para tal, importa comparar o sistema já explicitado com outros sistemas e, claro está, em relação à sua função e ao seu significado no contexto do conjunto de sistemas existente. Só assim se pode julgar se ele merece em geral os esforços, ou se deve considerar-se como estéril, mais do que primitivo, provinciano, obsoleto, etc. Pense-se no caso extremo da loucura, que consegue excogitar sistemas em si fechados, mas cuja característica é justamente a sua idiossincrasia sem esperança no interior do contexto espiritual existente. Em que consiste, porém, a função e o significado de um sistema científico no seio de um conjunto de sistemas, que pode transformar a sua explicação num progresso I? Para responder a esta questão, é oportuno tomar em consideração o progresso II, a cuja base deve estar subjacente uma mutação.

5. *O progresso I e o progresso II baseiam-se numa harmonização de conjuntos de sistemas*

Também uma mutação, por motivos inteiramente análogos aos da explicação, não se poderá considerar já enquanto tal como algo de progressivo. Ninguém considerará seriamente suficientes para tal fim o mero arbítrio, a mania da inovação, a presunção ou até a loucura, como única fonte das alterações. Mas onde teremos de ir buscar argumentos racionais para uma mutação a não ser ao conjunto dado dos sistemas? Repito que, fora do seu âmbito, não existe nenhum outro espaço desprovido de história em que possamos encontrar critérios para o progresso. Mas se as coisas são assim, se temos de permanecer no interior de um conjunto dado de sistemas, se nenhum caminho nos faz dele sair, se, pois, ele só a partir de si mesmo se pode mudar, então é evidente que a razão de semelhante alteração em linha de princípio só pode consistir no facto de que por este meio se fomenta a consonância do conjunto de sistemas consigo mesmo. Quer isto então dizer que podemos avaliar uma mutação como progressiva só na medida em que ela contribui, primeiro, para a eliminação de contradições, em segundo lugar, para a eliminação de confusões e, por fim, para a produção de contextos o mais abrangentes possível, em harmonia consigo mesmos. A semelhantes contributos chamo eu harmonização do conjunto de sistemas. Podemos, a este respeito, considerar de novo como exemplo paradigmático a teoria da relatividade. Na base da decisão de Einstein de ousar uma mutação mediante esta teoria — sobretudo enquanto teoria especial da relatividade — estava o intento de conciliar a teoria de Maxwell da luz com um princípio fundamental da física clássica, a saber, a equivalência de todos os sistemas inerciais. Quando, mais tarde, se tornou evidente que esta conciliação só era possível ao preço de dela ficar excluída a lei da gravitação, ele realizou a segunda mutação de sistema que levou, em seguida, à teoria geral da relatividade. O próprio Einstein confessou explicitamente que o guiara a ideia da harmonia do mundo. Eu diria, de um modo um pouco menos especulativo, que ele estava, de facto, influenciado pela ideia da harmonia do sistema científico, no âmbito do conjunto de sistemas que lhe era dado.

Pode, deste modo, responder-se agora à questão, antes levantada, sobre qual a função e qual o significado que um sistema deve ter para que a sua explicação se considere como progresso I: deve contribuir para a harmonização do conjunto de sistemas, exactamente à maneira da mutação que os produziu.

Recordemos ainda uma vez a explicação da teoria da relatividade como exemplo. A possibilidade, que com ela efectivamente resulta, de integrar numa relação harmónica múltiplos fenómenos e princípios e de lhes fornecer explicações unitárias, representa de modo evidente um contributo do tipo exigido. (Falar-se-á a este respeito com maior pormenor no capítulo décimo.) Mas, inversamente, deve também dizer-se progressiva uma explicação como simples crítica que descobre contradições. Com efeito, reside aí manifestamente a exigência de as eliminar.

O uso do conceito «harmonização de um conjunto de sistemas», como me mostraram várias discussões, está exposto a mal-entendidos. Muitas vezes, é entendido erroneamente de um modo estético embora, como revelam os critérios aqui há pouco especificados, seja um conceito entendido logicamente. Por vezes, supõe-se ainda que com ele se poderia justificar uma unidade realizada mediante simples omissões, supressões ou até deformações falsificadoras das partes incómodas do sistema. Não será porventura também a mal afamada biologia de Lyssenko — assim, por exemplo, me foi perguntado — uma harmonização de um conjunto de sistemas, a saber, do socialismo soviético, enquanto ela se adapta aos seus princípios materialistas, embora descurando os métodos científicos e os resultados experimentais? A semelhante objecção pode responder-se que, nestes casos, nem sequer uma única contradição é realmente eliminada mas, quando muito, ocultada, se em geral não se fizer desaparecer mediante o simples engano ou até com a violência. A biologia corrente, não obstante todas as deficiências, é de tal modo superior ao chamado materialismo dialéctico soviético em clareza, poder abrangente, em relações em si harmónicas, que não pode haver dúvida efectiva alguma sobre qual dos dois sistemas se deve preferir, no caso de Lyssenko. «Harmonização» como progresso significa, pois, aqui: *autêntica* superação das dificuldades presentes no pensamento, e não apenas superação aparente ou mesmo obtida com a violência.

Mas, para uma ulterior clarificação, regressemos ainda uma vez a Copérnico. Para ele, como já afirmei, tratava-se da eliminação de uma contradição, ou seja, da contradição entre o humanismo do seu tempo e a astronomia de então. Procurou resolvê-la, modificando a astronomia em prol do humanismo. Porque é que não tentou o inverso? A harmonia assim conseguida não foi, no fim de contas, conseguida de um modo amplamente forçado, na medida em que assim se reforçava, por seu turno, e de um outro ponto de vista, o grau da discordância? Copérnico e os seus seguidores enredavam-se num grave conflito com os factos imanentes ao sistema! Todavia, a decisão de Copérnico em prol do humanismo revela a sua sensatez e o seu contributo para a harmonização da situação só quando não se considera, no conjunto dos sistemas «Renascimento», apenas o sector restrito «astronomia e física». Revela-se então que o Renascimento-humanismo é somente uma parte de relações mais amplas e, comparativamente, em si mais harmoniosas, a cujo sinal o mundo inteiro começava a transformar-se. A descoberta de novos continentes e mares levara a enormes transformações das trocas e das relações comerciais que, por fim, fizeram vacilar também as estruturas sacrais, até então bem firmes, por exemplo, as do Império. A secularização dos Estados tinha começado; a imprensa e a burguesia ascendente destruíram as velhas jerarquias e os antigos privilégios, reforçaram um novo individualismo. E no decurso de tudo isto surgiu a ideia de que a criação divina, enquanto construção da máquina celeste do universo, devia ser compreensível à razão humana.

Por um lado, o universo estava dominado por uma mais ou menos coerente e em si harmónica multiplicidade de sistemas; por outro, estavam em contradição com tudo isto sistemas que em si mesmos tinham de lutar com contradições ainda maiores. Pode assim compreender-se a viragem de Copérnico, e também que as contradições, que em tal viragem devia aceitar, não tivessem um peso excessivo. Mas há também um momento progressivo — como explicitamente se deve sublinhar — no facto de que os seus adversários apontaram incansavelmente para as suas próprias contradições, ao passo que não se deve negar que Copérnico se esforçou demasiado por ocultá-las. É, portanto, injusto e falso censurar a Igreja, que o combatia, por ser apenas reaccionária, em comparação com ele.

O objectivo da harmonização de um conjunto de sistemas, se em geral for estabelecido, não deve restringir-se ao progresso científico. Este conjunto, como se mostrou, abrange muito mais do que a simples ciência. Além disso, pode dizer-se de um modo generalizado que o progresso enquanto tal, onde quer que venha a ocorrer, não se pode considerar, contra a concepção usual, nem como subordinado em relação a um objectivo extra-histórico, a uma espécie de *éschaton* — pois, para tal não existe o mínimo motivo — nem se pode procurar numa mudança total, na criação de algo de completamente novo: com efeito, uma mudança que não tenda ao mesmo tempo de qualquer forma para a harmonização do que já existe desemboca no entenebrecimento espiritual da idiossincrasia.

O progresso poderia, por conseguinte, incluir perfeitamente em si discordância, conflito, contradição, absurdidade, «desafio»; ele merece ainda assim o seu nome, só quando tais coisas se devem provisoriamente aceitar num contexto mais limitado, mas num outro, mais amplo ou mais importante, são compensadas com algo mais na consonância do conjunto de sistemas consigo mesmo.

De tudo o que se disse depreende-se, em última análise, que o progresso, no sentido aqui entendido e, de novo, em oposição à concepção usual, não se encontra circunscrito a uma época dita progressiva. Crer em semelhante coisa seria uma limitação historicamente cega. Pelo contrário, todo o conjunto de sistemas histórico é susceptível de harmonização, cada qual pode ser, por assim dizer, arruinado em virtude do reforço irremediável das discordâncias nele existentes (¹²). O curso da história mostra-nos, em ampla medida, os dois processos. O progresso I e o progresso II são critérios normativos com os quais podemos respectivamente julgar, quanto ao seu valor, explicações e mutações que não são aplicáveis apenas a sistemas científicos, mas a sistemas históricos em geral.

6. *Nem o progresso I nem o progresso II crescem de um modo incessante*

Seria possível agora, não obstante tudo o que já se disse, representar o progresso como contínuo e crescente? Por exemplo, de modo que no decurso da história surgissem conjuntos de sistemas sempre mais harmónicos?

Quem respondesse afirmativamente a esta pergunta passaria por alto o facto de que, com a eliminação das discordâncias, nem sempre se torna mais harmónico e estável o mesmo conjunto de sistemas, mas que semelhante conjunto — como tentei mostrar de modo paradigmático — se altera como um todo — mais ainda, torna-se um conjunto completamente diverso, levanta assim novas questões e oferece respostas que eram necessariamente desconhecidas no interior do sistema precedente. Mas, deste modo, desaparecem de súbito discordâncias e dificuldades especificamente novas, e deparamos com uma situação de todo alterada.

Poderia dizer-se com Wittgenstein: na maioria das vezes, objectos aparentemente idênticos, com que a ciência deve lidar no curso da história, têm quase sempre apenas uma certa semelhança de família. Quer se trate do espaço, do tempo cósmico, do céu estrelado, das forças que põem em movimento os corpos, etc., em vão se buscará em todos estes objectos algo de rigorosamente comum que atravesse, como uma espécie de fio vermelho, todas as teorias científicas a eles votadas, algo de comum que lentamente se alarga e sob o qual continuamente se constrói. Foi-nos difícil compreender pouco a pouco que nem em todos os pontos do universo decorre o mesmo tempo. Poderá ser-nos ainda mais difícil discernir que nem sempre falamos da mesma coisa quando julgamos inquirir, ontem e hoje, os mesmos objectos científicos, porque não há identidades gerais que aqui, em rigor, se possam manter. Se as houvesse, então teria razão o chamado essencialismo, seria forçoso então fornecer de todas elas definições essenciais, que se fundam em semelhantes identidades. Tente-se, pois, definir conceitos como espaço, tempo cósmico, corpo, força motriz, etc., sem já recorrer ao mundo da representação de teorias historicamente condicionadas, sem utilizar algo que de nenhum modo esteve ligado a estes conceitos ou que, no caso de com eles ter estado sempre conexo, seja mais do que desprovido de todo o significado determinado.

Poderia, pois, ser difícil dizer, a propósito de dois conjuntos de sistemas sucessivos, que no fim de contas — sublinho: no fim de contas — o último é globalmente o melhor, porque é mais equilibrado, ou porque contém justamente mais verdade do que o precedente, supondo mesmo que, nas mutações singulares, discutíveis, que a ele levaram, tenha estado em jogo tanta justificação racional, tanto progresso quanto decerto não deve necessariamente existir. O progresso II é sempre apenas uma sorte breve, breve como toda a sorte, ao passo que de progresso I, que a longo prazo significaria paralização e, de resto, seria travado por uma mutação, nem sequer se deve falar. O progresso consiste em encontrar aligeiramentos transitórios para logo os trocar por outras e novas cargas.

O que aqui tentei poderia denominar-se um contributo para o desencanto das ciências entendidas de um modo racionalístico-empirista, pelo qual se entende a crença em factos e princípios científicos absolutos. Impugno assim ao mesmo tempo a pretensão de que só as ciências teriam «arrendado» o acesso à verdade e à realidade. A própria ocorrência das ciências deve considerar-se à sua *própria* luz, conjuntamente com as verdades e as realidades que lhes estão associadas, como determinadas por uma situação histórica. Daqui se depreende que o seu avanço não se pode conceber como o do conhecimento, quase direi autêntico, que chega a si mesmo, ou até ao devir personificante do homem racional; aqui, pelo contrário, não se trata de um processo diverso, em princípio, do da ocorrência, por exemplo, do ideal renascentista, mais ainda, entre ambos subsiste mesmo uma estreita conexão. Com o nosso mundo científico-técnico, mais exactamente, com os seus pressupostos *a priori*, não escolhemos uma possibilidade justificada por uma situação determinada. Não temos motivo algum para crer que nele permaneceremos eternamente e nele faremos progressos, e não temos motivo algum para supor que mergulharíamos todos na barbárie, se dele desistíssemos. Pelo contrário, possuem-se até, como mostrará o capítulo 14, razões várias em prol da conjectura de que os paroxismos sempre crescentes da actividade cientifico-tecnológica, conjuntamente com as ideias conexas de progresso, poderiam ter em si algo de bárbaro. Antes de mais, porém, queremos esclarecer de novo os resultados aqui obtidos, servindo-nos de dois exemplos pertinentes. Deles se ocupam os capítulos seguintes.

NOTAS

([1]) O leitor surpreender-se-á com o facto de eu ter falado, em primeiro lugar, de factos e, em seguida, de asserções factuais. Mas se as últimas dependem das teorias, também os primeiros não podem ser algo de absoluto; com efeito, o conteúdo do facto só lhe é proporcionado cientificamente mediante uma asserção a seu respeito. Quando afirmo: «Esta corrente é de 100 amperes», expresso um facto. Por conseguinte, se esta afirmação é dependente da teoria — e tal é, sem dúvida, o caso — então também o é o facto que com ela expresso.

(^{2}) Introduzi, pela primeira vez, o conceito de «sistema histórico» no meu ensaio sobre «problemas filosóficos da futurologia», in *Studium generale* 24 (1971).

(^{3}) Cf. a este respeito o capítulo 5.

(^{4}) Cf. a propósito o capítulo sexto.

(^{5}) W. P. Webb, «The Historical Seminar. Its outer Shell and its inner Spirit», in: *Mississippi Valey historical Review 42* (1955/56).

(^{6}) Cf. a propósito capítulo 13.

(^{7}) Cf. capítulo quinto.

(^{8}) Após a delimitação, há pouco esboçada, acerca de Hegel, façam-se também aqui algumas observações breves a propósito de Marx. Quando ele tenta representar os processos históricos como dependentes, em última instância, das forças produtivas, isto quer dizer, na minha maneira de ver as coisas, que o ponto de partida de todo o movimento é sempre e apenas exactamente a mesma parte do conjunto dos sistemas. Marx, porém, extrapolou assim para toda a história apenas uma descrição, porventura parcialmente adequada, dos sistemas de uma certa época, a saber, da chamada primeira Revolução industrial. Trata-se, no entanto, de um monismo absolutamente desprovido de sentido histórico.

(^{9}) O contra-senso das asserções absolutas sobre o espaço resulta de que todos os resultados de medida que levam à sua investigação podem sempre ser interpretados ou como se espelhassem a geometria do espaço, ou como se fossem apenas uma consequência das condições físicas em que tais resultados ocorreram. Por exemplo, na Antiguidade, derivada da filosofia da natureza e da física aristotélicas, uma geometria do espaço que se desviava das representações euclideanas; Descartes, ao invés, desenvolveu a sua física a partir da suposição do carácter euclideano do espaço, onde, como já se indicou, tal hipótese se fundava na sua filosofia racionalista. Einstein, por fim, partiu, por seu turno, da física, a saber, do princípio da equivalência de todos os sistemas de coordenadas, ao interpretar o espaço cósmico como espaço riemanniano.

(^{10}) Para a introdução destes conceitos, ver também: «Philosophische Fragestellung der Zukunftsforschung», cf. nota 2, p.193.

(^{11}) Th. Kuhn, *The Structure of Scientific Revolutions,* Chicago 1964.

(^{12}) Tucídides aprendeu intuitivamente, porventura pela primeira vez, este tipo de ruína, ao ter divisado o mal específico da sua época na confusão deplorável em que caíra definitivamente a antiga harmonia homérica.

IX

A transição de Descartes a Huygens à luz da epistemologia historicista

A partir de Huygens, afirma-se que das sete regras do choque de Descartes são falsas seis. A questão completa surge como um caso óbvio, que se pode arquivar como encerrado. E, no entanto, contra a opinião unânime, não se trata aqui simplesmente da mera substituição do erro pela verdade, mas de um processo que pode, sem mais, valer como digno de nota pela complexidade e pela estrutura dos processos de história da ciência, descritos no capítulo anterior.

1. *A segunda e a quarta regra do choque de Descartes como exemplo*

Escolhamos, para aprofundar o assunto, duas das regras do choque de Descartes, a saber, a segunda e a quarta. A segunda reza assim: Quando dois corpos A e B se movem com igual velocidade um em direcção ao outro e A é um pouco maior do que B, então, depois do choque, só B retrocederá, e ambos se moverão na direcção de A, com igual velocidade ([1]).

A quarta diz: Quando A está completamente em repouso e é um pouco maior do que B, então B, fosse qual fosse a velocidade com que se movesse contra A, nunca poria este em movimento, mas seria por ele repelido na direcção oposta ([2]).

Se, porventura, a segunda regra do choque pode ainda possuir uma certa plausibilidade para uma cabeça não instruída do ponto de vista físico, cada qual rejeitará a quarta enquanto contradiz as mais simples experiências. Descartes, que decerto o devia saber, pouco se perturbou com tal facto; a propósito da sétima regra, observa o que lhe parece valer de um modo universal: tal coisa não precisa de demonstração, porque é evidente por si mesma ([3]). Contrapõe aqui ousadamente a razão à experiência e, claro está, de um modo tão provocador que nos devemos interrogar como é que isto poderia em geral ser possível. Mais ainda, é espantoso que ninguém tenha alguma vez levantado uma questão assim óbvia.

Um físico contemporâneo não se contentaria, decerto, para a refutação de Descartes, com remeter, por exemplo, para o jogo com bolas de bilhar, ou quejandos. Já Huygens pusera em acção todo o seu engenho e um considerável aparato teórico para demonstrar a falsidade das leis cartesianas do choque, e deu deste modo razão a Descartes acerca do facto de que a simples experiência não é algo de assim tão óbvio, como à primeira vista parece. Se, pois, se pudesse impugnar que as leis do choque não são *«per se»* manifestas, nem por isso seria evidente que elas são já falsas *per probationem*.

Como é que um físico de hoje demonstraria as duas mencionadas leis do choque?

Comecemos pela segunda regra do choque. Em primeiro lugar, traduzam-se as suas premissas para a linguagem da matemática. Em vez de «A é maior do que B» escreve-se «$m_1 > m_2$», onde m_1 indica a massa inercial de cada corpo. Além disso, «$u_2 = -u_1$» exprime o facto de que a velocidade dos dois corpos *antes* do choque são iguais, mas de sinal contrário. Se v_1 representa as velocidades *depois* do choque, podem, em primeiro lugar, propor-se os dois axiomas:

1) $\quad m_1 u_1 + m_2 u_2 = m_1 v_1 + m_2 v_2$,

2) $\quad u_1 + v_1 = u_2 + v_2$.

Daqui, como de $u_2 = -u_1$ obtém-se de modo puramente matemático

3) $$v_1 = \frac{(m_1 - 3m_2)}{(m_1 + m_2)} u_1 \text{ e}$$

4) $$v_2 = \frac{(3m_1 - m_2)}{(m_1 + m_2)} u_1$$

Se se considerarem os valores das fracções que estão à direita nas equações 3) e 4), resultam três possibilidades: a) $m_1 > 3m_2$, b) $m_1 = 3m_2$, c) $m_1 < 3m_2$.

Se se parte de a) e se se toma u_1 com sinal positivo, na base de 3) também v_1 é positivo, por isso, m_1 prossegue em frente a própria direcção do movimento, depois do choque; mas, segundo 4) também v_2 é positivo, pelo que m_2 é repelido na direcção do movimento de m_1; ambas as conclusões estão de acordo com a afirmação de Descartes.

Pelo contrário, sob a condição a) temos $v_2 > v_1$. Na suposição de que vale: $m_1 = 3m_2 + \delta$. Pela substituição em 3) obteremos então:

$$v_1 = \frac{3m_2 + \delta - 3m_2}{3m_2 + \delta + m_2} u_1 = \frac{\delta}{4m_2 + \delta} u_1$$

e inserindo-a em 4)

$$v_2 = \frac{9m_2 + 3\delta - m_2}{3m_2 + \delta + m_2} u_1 = \frac{8m_2 + 3\delta}{4m_2 + \delta} u_1.$$

$v_2 > v_1$ está, porém, em contradição com a segunda lei do choque de Descartes, em conformidade com a qual ambos os corpos, depois do choque, se moverão com igual velocidade. Analogamente, poderia mostrar-se que também nos casos b) e c) não se pode conseguir nenhum acordo com esta regra.

Se as premissas da quarta regra do choque se tratarem com os mesmos axiomas indicados em 1) e 2), obtém-se, novamente em contradição com o resultado de Descartes, que o corpo maior que se encontra em repouso é impelido na direcção de movimento do corpo movido mais pequeno.

O físico que critica Descartes não remete, pois, como se afirmou, para a simples evidência das experiências quotidianas, mas contrapõe-lhe os axiomas 1) e 2), que ele considera *correctos*. Tudo o mais é mera dedução lógica a partir deste facto e das condições marginais fornecidas pelo próprio Descartes (das premissas das suas leis do choque). Descartes é, por conseguinte, refutado como um estudante de física ao qual se propõe, como pergunta de exame, a abordagem das leis do choque no âmbito da física clássica, o qual não calculou, neste âmbito, os resultados que eram de esperar. Por outras palavras: acredita-se que é possível bater Descartes no seu próprio terreno. Ele deveria, por assim dizer, tê-lo conhecido melhor. Semelhante comportamento pode observar-se de um modo particularmente claro em Huygens que, de facto, foi aparentemente da opinião de se poder refutar Descartes apenas com Descartes; ou, como de outra maneira se poderia expressar a coisa, ele estava convencido de *explicitar correctamente* o sistema de Descartes, ao passo que este último o fizera de um modo erróneo.

2. *O significado das leis cartesianas do choque. A «mecânica divina»*

Mas em relação a esta crítica das regras cartesianas do choque importa, em primeiro lugar, constatar que ela define as premissas de tais regras de um modo completamente diverso de Descartes. Parte-se, de facto, tacitamente do pressuposto de que estas premissas contêm certas indicações acerca dos impulsos dos dois corpos (portanto, acerca dos produtos respectivos obtidos da massa e da velocidade) e, de modo correspondente, considera-se aqui aplicável o princípio da conservação do impulso (axioma 1). Descartes, porém, não fala de impulso, mas de algo diverso. Introduz o seu ensaio sobre as leis do choque nos *Principia*, Pars Sec., XLII, 19, com as seguintes palavras: «Deve aqui advertir-se atentamente em que é que consiste a força de cada corpo para agir noutro, ou para resistir à acção de outro» ([4]). E, algumas linhas depois, explica: «... aquela força deve ser medida, em parte, segundo a grandeza do corpo em que se encontra, e segundo a superfície pela qual este corpo está separado de um outro; em parte, com base na velocidade do movimento, na natureza e contrariedade do modo como os diversos corpos entre si chocam» ([5]). O conceito de massa inercial não ocorre, pois, aqui. Mas entenderá ao menos Descartes por velocidade a mesma coisa que a física clássica?

Depois de ter indicado a duração como um atributo *nas coisas* (*in rebus ipsis*), ele explica: «Alguns atributos e modos estão nas próprias coisas, ao passo que outros se encontram apenas no nosso pensamento. Assim, quando distinguimos o tempo da duração em geral e dizemos que ele é a medida do movimento, tal é somente um modo de pensar» ([6]).

E ele justifica isto do seguinte modo: «Mas para medir a duração de todas as coisas, comparamo-la à duração dos movimentos grandíssimos e extremamente regulares, de que derivam os anos e os dias; e chamamos tempo a esta duração. Isto nada mais acrescenta à duração em geral do que um modo de pensar» ([7]).

A duração, como algo que existe «nas coisas», é, pois, diferenciada do tempo medido, entendido como algo que existe «só no pensamento». A que se refere, pois, o conceito de Descartes da velocidade? À duração ou ao tempo? Intenta ele assim algo que pertence às próprias coisas, por conseguinte, um *modus in rebus extensis*, ou apenas ao pensamento, por conseguinte, um *modus cogitandi*?

A velocidade, porém, não está apenas referida ao tempo ou à duração, mas igualmente ao movimento. Vejamos o que ele escreve a seu respeito: «Se, porém, considerarmos o que se deve entender por movimento, não segundo o uso ordinário, mas quanto à verdade, para lhe ser atribuída uma natureza determinada, podemos dizer que ele é *a translação de uma parte da matéria ou de um corpo da vizinhança destes corpos que imediatamente o tocam e, no entanto, são considerados em estado de repouso, para a vizinhança de outros*» ([8]). E ademais: «Acrescentei, por fim, que aquela translação tem lugar da vizinhança não de qualquer corpo contíguo, mas apenas *daqueles que são considerados em repouso*. A própria translação é, de facto, recíproca, e não pode pensar-se que o corpo AB seja deslocado da proximidade do corpo CD sem, ao mesmo tempo, se pensar que também o corpo CD é transferido da vizinhança do corpo AB; e requer-se, tanto de um como de outro lado, uma força e uma acção de todo idêntica» ([9]).

O movimento é, pois, para Descartes, algo de relativo. Referimo-nos a algo que se *considera* como em estado de repouso; mas tanto o corpo movido pode ser continuamente *pensado* como em repouso quanto igualmente o corpo em repouso pode ser continuamente *pensado* como movido. Não deverá inferir-se daqui que o movimento, assim considerado, é para Descartes apenas um *modus cogitandi?* Que também ele, pois, se deve distinguir do movimento que existe *in rebus* e que, portanto, não é determinado mediante a nossa mais ou menos arbitrária mensuração temporal ou por meio de sistemas de referência arbitrariamente escolhidos?

Creio que é forçoso responder afirmativamente a esta pergunta, se o parágrafo XXXVI da Segunda Parte dos *Principia*, que vem logo a seguir à doutrina do movimento, não houver de permanecer — como até aqui, aparentemente, era o caso em quase todos os intérpretes — absolutamente incompreensível. Deparamos aqui com uma parte central da metafísica de Descartes. Visto que ele fez a equivalência entre matéria e extensão, a matéria só pode ser posta em movimento por Deus, e visto que Deus, enquanto ser perfeito, é imutável, a soma total do movimento no universo deve manter-se constante. As leis do choque é que devem mostrar como tal acontece em particular. Mas esta constância divinamente sancionada perderia o seu significado se o movimento em geral se sujeitasse apenas a uma valoração relativa. Justamente então, esta constância *não* pode ser alcançada. Em termos modernos: as leis do choque de Descartes, enquanto leis de conservação, podem, por exemplo, não ter validade, vistas de um sistema de referência em rotação. Mas se Deus é o criador do movimento, este não pode, para ele, de qualquer modo ser relativo; deve existir *in rebus;* só *para nós* é que ele é, justamente, um *modus cogitandi.*

Neste contexto, parece-me ainda instrutiva a seguinte passagem dos *Principia*: «Sabemos também que a perfeição existe em Deus, não só porque é em si imutável, mas também porque age de modo sumamente constante e imutável: *tanto que, exceptuando as mudanças que a evidente experiência ou a divina revelação torna certas,* e que percepcionamos ou acreditamos que elas acontecem sem qualquer mudança no criador, não devemos atribuir-lhe nenhuma outra mudança nas suas obras, para não se inferir daqui que nele existe uma certa inconstância. Depreende-se que é sumamente conforme à razão a hipótese de que Deus conserva toda esta matéria inteiramente no mesmo modo e com a mesma ordem que no princípio, e que conserva igualmente nela sempre igual a mesma quantidade de movimento, pois Ele moveu de modos diversos as partes da matéria, no acto da criação» ([10]).

Descartes distingue aqui as mudanças que a experiência evidente (*evidens experientia*) mostra das mudanças que resultam da revelação divina (*divina revelatio*). Se se conhecer a sua atitude de escassa apreciação perante a experiência, atitude que ele, como há pouco se mostrou, explicitamente confirmou em relação às leis do choque já não pode subsistir dúvida alguma sobre quais as mudanças que foram causadas pelo próprio Deus: a saber, as verdadeiras, e não apenas as aparentes, as que não são simplesmente determináveis como *modus cogitandi* por meio dos sentidos e em qualquer relatividade, mas as que foram dadas na revelação divina (*in rebus*).

Resumamos: a força que, para Descartes, age no choque nada tem a ver com o impulso, tal como nós o compreendemos. Não se refere nem à massa inercial, nem a uma velocidade que se baseie na mensuração humana do tempo e nas percepções possíveis de corpos em movimento apenas relativo. *As leis do choque de Descartes descrevem, pelo contrário, processos fundamentais da natureza, tal como Deus os vê,* referidos apenas a uma duração e a um movimento *in rebus* ou *sub specie aeternitatis*. Elas são, pois, parte de uma espécie de «mecânica divina» mas, deste modo, supera-se também a contradição que, até agora, se descortinou, e menciono sobretudo as obras paradigmáticas de Koyré e de Mouy, entre a doutrina cartesiana da relatividade do movimento e as suas leis divinas da conservação; assim se resolve igualmente a dificuldade de ter de imputar a Descartes um erro que se descobre com a simples experiência e que não podia ter-lhe passado despercebido; deste modo, por fim, se torna inútil a tentativa demasiado forçada de Koyré de considerar a referência de Descartes à relatividade do movimento como uma táctica de mera astúcia, que devia conciliar a Igreja com a astronomia copernicana e com o movimento da Terra; uma táctica, sem dúvida, que teria tornado a mecânica cartesiana contraditória e obscura ([11]).

Todas estas contradições, dificuldades, obscuridades e hipóteses forçadas desaparecem, quando nos mostramos dispostos a aceitar a interpretação tão óbvia, e talvez justamente por isso sempre descurada, segundo a qual, como se mostrou, as leis do choque de Descartes não se referem ao movimento relativo como *modus cogitandi* que determina necessariamente a experiência habitual.

Descartes distingue, pois, também a terceira parte dos seus *Principia*, que trata *de mundo adspectabili* (do mundo visível), da anterior *de principiis rerum materialium* (sobre os princípios das coisas corpóreas) e inicia esta terceira parte com as palavras: «Depois de encontrados alguns princípios das coisas corpóreas, que foram tirados, não dos preconceitos dos sentidos, mas da luz da razão, de modo tal que não possamos duvidar da sua verdade, é forçoso examinar se poderemos explicar todos os fenómenos da natureza só a partir deles» ([12]).

O invisível, que está subjacente ao visível, e a partir do qual apenas devemos interpretar este visível, é conhecido mediante uma razão infalível, que perscruta o sensível nas suas verdadeiras causas e que sabe estar em consonância com a luz da revelação divina. Daí o desinteresse justamente provocatório pela evidência sensível, mais ainda, o seu desafio, como ele se expressa sobretudo na quarta regra.

3. *A contradição interna do sistema cartesiano*

A crítica a Descartes não pode, pois, de modo algum consistir na observação de que ele propôs leis do choque *falsas*, enquanto por tais leis se entender que podem ser utilizadas para os fins da experiência humana e que se fundam no conceito de impulso = m. v. Descartes, efectivamente, não fala destas leis. Pode, pelo contrário, reprovar-se apenas *que* Descartes não fale delas e que, por assim dizer, se ocupe das coisas «celestes», em vez das coisas «terrestres». Pode, com efeito, observar-se que o excessivo e exaltado racionalismo, a que ele se abandona, é desprovido de legitimação. Que as leis do choque existam para a razão *clare et distincte* não pode defender-se, sobretudo porque elas, como já observa Huygens, se contradizem em parte entre si. Mas poderia sobretudo observar-se o que segue: por um lado, existe no sistema cartesiano um racionalismo que, enquanto tal, pretende ser eficaz no plano técnico-prático, mais ainda, surge mesmo com a pretensão de ter, pela primeira vez, criado absolutamente os pressupostos para uma tal eficácia e, por outro lado, existe um racionalismo que, enquanto apoteose exaltada da razão, se afasta de tudo o que é terrestre e busca a pura contemplação, o puro conhecimento como visão divina. Mas entre os dois subsiste, em Descartes, um abismo insuperável. Eis aqui uma discordância intrínseca ao sistema, que gera a confusão e é insatisfatória.

O racionalismo garantido por Deus e comprometido assim na verdade divina torna-se particularmente evidente, como se disse, nas leis do choque; o racionalismo de Descartes propenso à utilidade prática encontra, pelo contrário, sobretudo a sua expressão nas passagens seguintes. No *Discours de la Méthode,* Parte Sexta, escreve ele: Mas logo que adquiri algumas noções gerais sobre física, ... pensei que não as poderia manter ocultas sem pecar gravemente contra a lei que nos obriga a contribuir, tanto quanto possível, para o bem geral de todos os homens. Com efeito, essas noções mostraram-me que é possível chegar a conhecimentos muito úteis à vida e que, em vez da filosofia especulativa que se ensina nas escolas, se pode encontrar uma outra prática mediante a qual, conhecendo a força e as acções do fogo, da água, do ar, dos astros e de todos os outros corpos que nos cercam, tão distintamente como conhecemos os diversos ofícios dos nossos artífices, os poderíamos empregar de igual modo em todos os usos para que são adequados, tornando-nos assim como que senhores e donos da natureza. Isto não é apenas de desejar para a invenção de uma infinidade de artifícios, que nos fariam gozar sem estorvo algum os frutos da terra e todas as comodidades que aí se encontram, mas principalmente para a conservação da saúde, que é, sem dúvida, o primeiro bem e o fundamento de todos os outros desta vida ([13]).

E nos *Principia*, Pars Quarta, CCIII s., lemos: «Assim como os que estão exercitados na consideração dos autómatos deduzem facilmente, a partir do uso de uma máquina e das suas partes singulares, por eles conhecidas, o modo como estão feitas as outras partes, que eles não vêem, assim também eu tentei descobrir, a partir dos efeitos e das partes visíveis dos corpos naturais, de que modo são configuradas as suas causas e as suas partículas invisíveis. — Embora também deste modo se conheça como podem ter surgido todos os corpos naturais, não é permitido, no entanto, deduzir daqui que eles assim foram realmente feitos. Com efeito, o mesmo artífice pode fabricar dois relógios que indicam igualmente bem a hora e que são, por fora, inteiramente idênticos mas que, por dentro, constam de conexões muito diversas entre as engrenagens, e assim o máximo artista, Deus, pôde indubitavelmente trazer à luz tudo o que é visível com base em vários tipos diferentes sem que ao espírito humano fosse possível reconhecer que meios à sua disposição ele quis aplicar, para os criar. Estou mais do que disposto a admitir esta verdade, e fico contente se as causas, por mim explicadas, são tais que todos os efeitos, que elas conseguem produzir, são iguais àqueles de que me apercebo nos fenómenos, sem dar cabo da minha cabeça a ver se eles foram produzidos desta ou daquela maneira ou ainda de outro modo. Isto bastará igualmente para os fins da vida, pois tanto a medicina e a mecânica como todas as outras artes, que precisam da ajuda da física têm como meta sua apenas o visível e, por isso, o que pertence aos fenómenos da natureza ([14]).

Ora creio que não se deve entender a última passagem citada dos *Principia* como se Descartes pusesse novamente em dúvida também tudo o que ele propusera como princípios da natureza absolutamente evidentes (como, por exemplo, as leis do choque). Parece-me, pelo contrário, que se refere aqui às mais específicas discussões, que expusera no parágrafo sobre o mundo visível e sobre a Terra. Mas, seja como for, ambas as citações aduzidas mostram claramente a pretensão enfática de uma ciência que está sobretudo ao serviço da conquista técnico-prática do mundo. E assim, entre esta exigência e a sua visão da eficácia própria de uma mecânica divina subtraída à experiência, que ele propõe no parágrafo sobre os princípios das coisas corpóreas, subsiste um abismo insuperável.

4. *A transição de Descartes a Huygens como exemplo do automovimento dos conjuntos de sistemas*

Disse, no começo, que as leis cartesianas do choque e a sua crítica ulterior proporcionavam um exemplo interessante da complexidade e da estrutura dos processos da história da ciência, descritas no capítulo precedente. Quero agora elucidar tal afirmação.

Antes de mais, podemos constatar que a opinião derivada de Huygens, ainda hoje geralmente partilhada, segundo a qual este teria refutado empiricamente Descartes, foi concebida sob a influência do velho cliché do progresso científico, segundo o qual a teoria que substitui a antiga é mais verdadeira. Mas também aqui uma tal concepção não resiste à realidade histórica. Neste contexto, é irrelevante que as leis cartesianas do choque mostrem certas contradições internas (que também poderiam ser eliminadas). Com efeito, em caso algum se pode dizer — e o cliché mencionado exigia precisamente isto — que o progresso na direcção de Huygens teve lugar mediante a falsificação empírica de Descartes ou a descoberta de factos novos. A primeira coisa não foi, como se mostrou, porque as asserções de Descartes se subtraem a toda a falsificação empírica, e porque estas tratam em geral de algo de diverso relativamente às de Huygens. Mas as razões por que não se verifica também a segunda podem reconhecer-se da seguinte maneira:

Primeiro: Um dos motivos mais importantes por que Huygens e os seus seguidores se afastaram de Descartes residia na recusa da decisão de Descartes de considerar como cientificamente demonstradas apenas as proposições que, à luz da razão, são *clarae et distinctae*. Huygens declarou explicitamente que não aprovava este «*kritérion* veri» de Descartes ([15]). Apelava, pelo contrário, continuamente para o facto de que as próprias leis do choque, as de Huygens, «concordavam perfeitamente com a experiência», ao passo que as de Descartes «são contra a experiência» ([16]). O que, pois, se altera é, antes de mais, o que eu chamo *decisão judicativa* (cf. capítulo quarto): uma decisão sobre critérios segundo os quais as asserções teóricas devem ser aceites ou rejeitadas. Trata-se, neste caso, de uma passagem, observável no decurso do desenvolvimento de então, de uma atitude rigorosamente racionalista para uma mais empírica, embora a última também não se deva confundir — pelo menos em Huygens — com um empirismo intransigente. Mas esta viragem é já para Huygens tão óbvia que não vê como, com esta nova decisão judicativa, afecte Descartes, menos nas suas leis do choque do que justamente *nesta* decisão. Se as leis do choque, consideradas à luz do «*kritérion* veri» de Descartes, não são de facto refutáveis do ponto de vista empírico, então indicam aqui justamente algo de todo diverso das da física clássica.

Segundo: Algo de semelhante acontece aqui com o que chamo *decisões normativas* para as ciências (cf. capítulo quarto), portanto, com as decisões acerca dos objectivos que elas têm de perseguir. Como se mostrou, Descartes tinha dois desses objectivos, a saber, por um lado, descobrir os princípios da divina construção que, como ele acreditava, se deviam revelar à razão; mas, por outro, pretendia contribuir para a utilidade prático-técnica. Não conseguiu ligar harmonicamente uma coisa à outra. Ora os seus críticos e seguidores nem sempre se expressaram claramente a favor do último objectivo, em todo o caso não com a mesma clareza com que, *expressis verbis,* aceitaram as suas decisões judicativas. E, no entanto, não só aqui se pode reconhecer também uma mudança a partir do amplo contexto da época sucessiva a Descartes, mas ela pode ainda deduzir-se com bastante claridade daquelas decisões judicativas que são difíceis de justificar, sem uma instauração mais ou menos consciente de um objectivo. Com efeito, a exigência do controlo empírico significa, de facto, ao mesmo tempo requerer o controlo mediante previsões verificáveis ou falsificáveis — e já nisto reside um momento inabarcável da práxis, a saber, o de se poder orientar para o que é esperado e utilizar o saber acerca do que é futuro. Quando, pois, Huygens estabelece pela primeira vez o sistema de referência relativo, em relação ao qual devem valer as suas leis do choque, mostra já o intento de lhes proporcionar uma forma através da qual se possam realizar empiricamente no experimento. E isto é para ele tão evidente que Descartes lhe parece ser quase incompreensível, porque não atendeu a tal. Já não vê que Descartes poderia ter querido algo de completamente diverso. O objectivo tradicional de indagar o fundamento divino do mundo, a que Descartes, se bem que sob uma forma nova, isto é, sob a forma marcada pelo seu mecanicismo, ainda se ativera, não se desvaneceu decerto assim; mas sobrepôs-se-lhe de tal modo o outro objectivo mencionado que, em seguida, foi por ele parcialmente encoberto ou, pelo menos, não mais dele é separado.

Terceiro: Em geral, só a mudança das condições judicativas e das normativas é que conduz à proposta de novos *axiomas* acerca das leis de conservação, a partir das quais, por fim, se podem deduzir as leis singulares do choque que são, *neste âmbito, correctas* e são, ainda hoje, usadas.

Destas três observações depreende-se, a meu ver, que Mouy, o qual pode figurar como representante clássico da opinião canónica acerca da relação Descartes-Huygens, está enganado quando, resumindo, afirma: «Ora é digno de nota que, para chegar a este resultado maravilhoso, Huygens partiu, muito simplesmente, das hipóteses cartesianas... Huygens é nos seus princípios estritamente cartesiano, e é impossível encontrar um caso mais autêntico de desenvolvimento dos postulados cartesianos» ([17]).

Mas, em contrapartida, no sentido do capítulo precedente, Huygens de nenhum modo *explicitou* apenas Descartes — ou seja, de um modo mais correcto do que o fizera Descartes —, mas *mudou* o sistema cartesiano, ao rejeitar justamente os princípios de que Descartes partira. Para a demonstração da própria tese, Mouy aduz cinco hipóteses, fundamentais para Huygens, que aquele considera puramente cartesianas e das quais Huygens teria deduzido todas as suas leis do choque. Mas prescindindo do facto de que duas destas cinco hipóteses se desviam das correspondentes hipóteses cartesianas — coisa que o próprio Mouy observa —, há entre elas uma, indicada por Mouy como terceira, que é cartesiana só de um ponto de vista superficial; a saber, o «*principe du mouvement relatif*». Nisto consiste justamente uma das mais importantes diferenças entre Descartes e Huygens, a saber, no facto de que Descartes exclui da física o relativismo como algo que existe apenas «*en nostre pensée*», e por conseguinte ele desenvolve as suas leis do choque a partir da perspectiva de um observador divino, numa espécie de revelação da razão que se encontra num estado de apoteose e é de todo auto-suficiente, ao passo que Huygens, numa experiência mental, parte explicitamente de um sistema de referência relativo, terrestre e, justamente por isso, em geral empiricamente realizável: trata-se de um barco que navega com velocidade constante ao longo de uma margem recta. (Uma imagem análoga decora também o frontispício do seu ensaio sobre o movimento.)

Não é, pois, na realidade, a descoberta de novos factos que força Huygens a afastar-se de Descartes; trata-se aqui, pelo contrário, antes de mais, de uma alteração das estipulações judicativas e normativas; e só então, após esta mudança nos fundamentos do sistema e neste novo enquadramento, são projectados novos axiomas físicos e desenvolvidos novos procedimentos de demonstração. Abre-se assim uma outra perspectiva, uma outra forma de apresentar questões e de obter respostas: em suma; um novo tipo de conhecimento. A descoberta de novos factos segue, pois, a transformação das categorias epistemológicas que foram desenvolvidas no capítulo quarto, e não são estas que, inversamente, seguem os novos factos.

Pergunta-se, então, porque é que se chegou a esta mutação nas categorias mencionadas. A resposta consiste, parece-me, na discordância já aduzida do sistema cartesiano, o qual suscitava, de modo fascinante e sugestivo, expectações relativas a um domínio prático-empírico da realidade natural, expectações que, no entanto, o sistema desiludia. Ainda demasiado enredado num modo de pensar escolástico-teológico (mostram-no muito claramente sobretudo as *Meditações*), Descartes não conseguiu permanecer fiel ao seu objectivo normativo. Não podia ser satisfatório propor as leis do choque como fundamento de uma física, prometer para esta mesma física uma altíssima utilidade prática e, por isso, subtrair novamente estas leis a toda a verificação empírica e à utilização mediante o facto de que elas são projectadas a partir de uma perspectiva quase divina, e não são adequadas para a humana mensuração do tempo e a determinação do movimento. A teologia e a conexão de razão, revelação divina e mecânica apresentam-se justamente no sistema cartesiano apenas como um bloco errático. E Pascal viu muito bem isto quando observou que Descartes deixara que Deus desse um empurrão ao mundo e, em seguida, não mais dele se pudera servir.

O progresso de Huygens a Descartes consiste, pois, no facto de que o primeiro libertou o sistema cartesiano das suas fundamentais discordâncias internas, mas não no facto de que ele o tenha refutado empiricamente ou que o tenha melhorado com base em novos conhecimentos empíricos. Esta libertação teve lugar à custa de uma mutação sistemática. Mas, ao mesmo tempo, teve lugar com a ajuda de todos os elementos da filosofia cartesiana que podiam ser adoptados no novo enquadramento. Eles são aqui interpretados de um modo novo e, por assim dizer, aparecem sob uma nova luz. Aqui se insere em particular tudo o que se designa como conceitos fundamentais do mecanicismo, portanto, a redução de todos os processos materiais à pressão e ao choque, o princípio de inércia (pela primeira vez desenvolvido por Descartes), o carácter euclideano do espaço, etc. O novo sistema é, por assim dizer, edificado a partir da massa falida do sistema cartesiano, e a solução dos problemas levantados por Descartes, a solução da discordância por ele não eliminada, teve lugar inteiramente com os restantes meios que ele já aprontara.

No capítulo oitavo, designei o curso dos processos da história da ciência como um automovimento dos conjuntos de sistemas. Esta é, sem dúvida, como já se observou, apenas uma comparação, mas servir-me-ei dela, a seguir, como de uma fórmula abreviada sempre que pretenda referir-me ao facto de que o desenvolvimento da ciência não é produto de asserções factuais absolutas, desvinculadas de todo o sistema, nem de princípios absolutamente válidos, mas a tentativa de eliminar discordâncias e instabilidades no interior de sistemas historicamente presentes, tentativas em que ainda se conservam elementos da sua substância. A transição de Descartes a Huygens proporciona a tal respeito um exemplo. Mostra efectivamente que não são novas experiências que trazem consigo novas teorias, mas que novas teorias, as quais promanam do tecido das teorias antigas, suscitam novas experiências porque põem à disposição um novo horizonte de experiência, por assim dizer, novas condições da possibilidade da experiência. Mas esta transição ilustra ainda a tese ulterior, proposta no capítulo oitavo, segundo a qual a tentativa de eliminar discordâncias e instabilidades no interior de sistemas dados (automovimento de um conjunto de sistemas) tem lugar mediante o facto de que um elemento do mais amplo contexto do sistema é adaptado a um outro elemento, com ele incongruente, e segundo a qual consiste essencialmente nisto o processo que a mutação dos fundamentos judicativos, normativos e axiomáticos de um sistema consigo traz. No caso presente, por exemplo, isto significa que as leis do choque de Descartes são postas em consonância com os seus princípios normativos que requerem a aplicabilidade empírico-prática ou, pelo menos, a experimental.

Este capítulo devia, por fim, demonstrar como podem ser úteis considerações epistemológicas gerais (neste caso, sobre o progresso) para interpretar processos históricos singulares. Com efeito, o mal-entendido a que, como creio, estiveram sujeitas as interpretações, até agora feitas, da transição de Descartes para Huygens resulta, pois, da inexistência de categorias epistemológicas adequadas, com as quais se pode elucidar o processo indicado. E não conseguia assim libertar-se do cliché, comodamente à disposição e irreflectido, que a partir de então foi continuamente repetido.

NOTAS

([1]) R. Descartes, *Principia Philosophiae,* Pars Secunda, XLVII, *Oeuvres*, ed. de C. Adam e P. Tannery, vol. VIII.

([2]) *Op. cit.*, XLIX.

([3]) *Op. cit.*, LII. Diz-se aqui: «Nec ista egent probatione, quia per se sunt manifesta». O texto francês é ainda mais claro: «Et les demonstrations de tout cecy sont si certaines, qu'encore que l'experience nous sembleroit faire voir le contraire, nous serions néantmoins obligez d'adjouster plus de foy à nostre raison qu'à nos sens. (*Oeuvres*, vol. IX).

([4]) Hic vero diligenter advertendum est, in quo consistat vis cuiusque corporis ad agendum in aliud, vel ad actioni alterius resistendum. *Op. cit.* XLIII.

(5) Visque illa debet aestimari tum a magnitudine corporis in quo est, et superficiei secundum quam istud corpus ab alio disiungitur; tum a celeritate motus, ac natura et contrarietate modi, quo diversa corpora sibi mutuo occurrunt. Op. cit. XLIII.

([6]) «Alia autem sunt in rebus ipsis, quarum attributa vel modi esse dicuntur; alia vero in nostra tantum cogitatione.Ita, cum tempus a duratione generaliter sumpta distinguimus, dicimusque esse numerum motus, est tantum modus cogitandi.» *Op. cit.* Pars Prima, LVII. O texto francês é ainda mais claro: «De ces qualitez ou attributs, il y en a quelques-uns qui sont dans les choses mesmes, et d'autres qui ne sont qu'en nostre pensée.» (*Oeuvres*, vol. IX).

([7]) Sed ut rerum omnium durationem metiamur, comparamus illam cum duratione motuum illorum maximorum, et maxime aequabilium, a quibus fiunt anni et dies; hancque durationem tempus vocamus. Quod proinde nihil, praeter modum cogitandi, durationi generaliter sumptae superaddit.» *Op. cit.* LVII. Também aqui o texto francês oferece de novo uma informação adicional, ao dizer: «... bien qu'en effet ce que nous nommons ainsi ne soit rien, hors de la véritable durée des choses, qu'une façon de penser.» (*Oeuvres*, vol. IX).

([8]) «Sed si non tam ex vulgi usu, quam ex rei veritate, consideremus quid per motum debeat intelligi, ut aliqua ei determinata natura tribuatur: dicere possumus esse *translationem unius partis materiae, sive unius corporis, ex vicina eorum corporum, qua illud immediate contingunt et tanquam quiescentia spectantur, in viciniam aliorum.*» *Op. cit.* Pars Secunda, XXV.

([9]) «Addidi denique, translationem illam fieri ex vicinia, non quorumlibet corporum contingorum, sed *eorum* duntaxat, *quae tanquam quiescentia spectantur.* Ipsa enim translatio est reciproca, nec potest intelligi corpus AB transferri ex vicinia corporis

CD, quin simul etiam intelligatur corpus CD transferri ex vicinia corporis AB: ac plane eadem vis et actio requiritur ex una parte atque ex altera.» *Op. cit.* XXIX.

([10]) O sublinhado é meu. O texto latino reza assim: «Intelligimus etiam perfectionem esse in Deo, non solum quod in se ipso sit immutabilis, sed etiam quod modo quam maxime constanti et immutabili operetur: adeo ut, iis, mutationibus exceptis, quas evidens experientia vel divina revelatio certas reddit, quasque sine ulla in creatore mutatione fieri percipimus aut credimus, nullas alias in eius operibus supponere debeamus, ne qua inde inconstantia in ipso arguatur. Unde sequitur quam maxime rationi esse consentaneum, ut putemus ex hoc solo, quod Deus diversimode moverit partes materiae, cum primum illas creavit, iamque totam istam materiam conservet eodem plane modo eademque rationi qua prius creavit, eum etiam tantundem motus in ipsa semper conservare.» *Op. cit.* XXXVI.

([11]) Mouy escreve: «Depara-se aí com um erro, porque este modo de considerar o movimento está em completo desacordo com a relatividade que Descartes lhe tinha em princípio atribuído. Se o movimento é relativo, a sua «determinação» não é uma propriedade absoluta que possa ser considerada à parte e que se tenha, por exemplo, o direito de inverter.» *Le Développement de la Physique Cartésienne,* Paris 1934, p. 22. Koyré observa: «Com efeito, não é somente com as leis do choque que a relatividade cinética do movimento se revela incompatível. Já o é com a da conservação do movimento, entendida, segundo Descartes a quer expressamente entender, como conservação da *quantidade* de movimento; pois é evidente que se se atribuir — coisa a que a reciprocidade e a relatividade cinética nos dariam o direito — *a mesma velocidade* ora ao corpo grande, ora ao corpo pequeno, que se aproximam ou se afastam um do outro, obter-se-ão *quantidades de movimento* muito diferentes. Ora não pode admitir-se que Descartes tenha permanecido insensível a contradições tão flagrantes, nem que estas lhe tenham escapado.» E Koyré acrescenta: «O ultra-relativismo da sua noção do movimento não é, em Descartes, original. Não o adopta, cremos, a não ser para poder conciliar a astronomia copernicana ou, mais simplesmente, a mobilidade da Terra, claramente implicada pela sua física..., com a doutrina oficial da Igreja. Esforço que unicamente consegue tornar a mecânica cartesiana contraditória e obscura.» (*Galilée et la Loi d'inertie,* Paris 1939, p. 329).

([12]) Inventis iam quibusdam principiis rerum materialium quae non a preiudiciis sensum, sed a lumine rationis ita petita sunt, ut de ipsorum veritate dubitare nequeamus, examinandum est, an ex iis solis omnia naturae phenomena possimus explicare. *Op. cit.,* Pars Tertia, I.

([13]) Citado [em alemão] segundo a tradução de L. Gäbe, Hamburgo 1960, p. 101. Contrariamente às citações anteriores, renuncio aqui e mais à frente à reprodução do texto original, pois este depende menos do significado preciso das palavras do que do contexto geral. (O texto português segue Descartes, *Discurso do Método,* Trad. de João Gama, Lisboa, Edições 70 1986, pp. 102-3. N. T.).

([14]) Citado [em alemão] segundo a tradução de A. Buchenau, Hamburgo 1955.

([15]) Cf. a este respeito as citações aduzidas por Mouy, *Op. cit.,* p. 193.

([16]) Citado segundo Mouy, *Op. cit.,* p. 193.

([17]) Mouy, *Op. cit.,* p., 197.

X

O significado do histórico-genético para a cosmologia relativística e a clássica questão de se o Universo é uma ideia

A seguir, deve elucidar-se, no exemplo da cosmologia relativística, a discussão e o papel do *a priori* no sentido do capítulo oitavo, sem logo se levantar a questão da sua justificação. Tal acontecerá num parágrafo ulterior do capítulo presente. Juntamente com a justificação deste *a priori*, clarificar-se-á também a relação da cosmologia relativística com a realidade e, assim, poderá responder-se de modo novo e apropriado à velha questão suscitada por Kant: Será o universo apenas uma ideia?

O facto de aqui se ter escolhido a cosmologia relativística entre as numerosas cosmologias actuais não tem qualquer fundamento intrínseco no próprio assunto. Tudo o que se demonstra a propósito da cosmologia relativística poderia igualmente demonstrar-se em relação a todas as outras. Mas esta escolha revela-se, no entanto, como vantajosa, se não se pretende dirigir apenas aos especialistas. Por este motivo, renunciou-se também amplamente a um contacto mais familiar com os desenvolvimentos mais recentes no campo da cosmologia, como são, por exemplo, indicados pelos nomes de Hawking, Penrose, Wheeler e outros. Estes desenvolvimentos requerem um considerável emprego de instrumentos técnicos, que não pode em geral pressupor-se.

A cosmologia relativística apoia-se na *teoria geral da relatividade* e, de modo habitual, no *postulado do substrato do universo* e no *princípio cosmológico*. Comecemos, pois, aqui e consideremos uma coisa a seguir à outra.

1. *A fundamentação* a priori *de Einstein da teoria geral da relatividade*

Quando Einstein propôs a teoria geral da relatividade, não pensava então, em primeiro lugar, na possibilidade de descrever os factos físicos presentes de um modo mais exacto do que a física até então elaborada, ou descobrir outras inteiramente novas. Para ele, tratava-se sobretudo, como já se indicou no capítulo oitavo, de conseguir uma imagem da natureza *mais unitária* e *mais plausível*, mediante uma *interpretação* diversa destes factos. Já deste modo chegara ele à teoria especial da relatividade. Pretendera aqui eliminar a contradição entre a teoria da luz de Maxwell e o princípio clássico da equivalência de todos os sistemas inerciais. Mas a teoria especial da relatividade, que proporcionava isto, era de novo inconciliável com a teoria da gravitação. Tal conciliação só se conseguia com a teoria geral da relatividade, por conseguinte, com a introdução de um espaço riemanniano na física, no qual são considerados equivalentes não só os sistemas inerciais, mas *todos* os sistemas de coordenadas, e em que as trajectórias de todos os corpos de controlo que se movem livremente são linhas geodéticas, sendo indiferente se os movimentos são determinados, do ponto de vista clássico, pela inércia ou pela força gravitacional. Só agora Einstein conseguira o que procurava: um conceito para o desenvolvimento de uma teoria compreensiva que unifica a teoria de Maxwell, a mecânica e a teoria da gravitação.

Visto que interinamente de nenhum modo era certo que a teoria de Einstein oferecesse vantagens *empíricas* em relação às teorias que, até então, se tinham desenvolvido acerca dos mesmos domínios de experiência, ele viu precisamente a sua prerrogativa peculiar no facto de ela ser mais compreensiva do que as outras. *Nisto* consistia a sua genuína justificação, melhor ainda, a única que, antes de mais, estava à sua disposição. Einstein deixou-se guiar pelo princípio *segundo o qual a natureza é determinada por uma coerência unitária*. E este princípio é *a priori* na medida em que nunca pode ser falsificado. O fracasso de cada teoria desenvolvida com a sua ajuda poderia explicar-se com o facto de que ela não apreende *aquela* unidade da natureza, que em *verdade* lhe está subjacente. Poderia, pois, chamar-se também a este princípio, no sentido de Kant, um princípio regulativo. Ele indica apenas que *devemos* demandar a unidade da natureza.

Ora sabemos, entretanto, que a teoria geral da relatividade pode registar, face à teoria da gravitação de Newton, vantagens empíricas. Tornaram-se assim supérfluos os argumentos originariamente empregues por Einstein? De modo nenhum, como se depreende dos capítulos precedentes. Mostrou-se aí, com efeito, que uma confirmação empírica não diz quase nada acerca do *conteúdo* de uma teoria, por conseguinte, sobre a verdade ou a falsidade do que os seus axiomas afirmam. Ou seja, só as proposições de base, que são deduzidas de tais axiomas, é que podem receber uma confirmação; ora visto que, segundo as regras da lógica, o verdadeiro se pode também inferir do falso, podemos agora dizer que, da confirmação mencionada, se pode apenas inferir que a natureza não disse explicitamente «não» ao conteúdo da teoria — mas também deste modo não lhe disse «sim». Este conteúdo carece, pois, sempre de fundamentações e justificações *a priori que vão além* de tais confirmações. Elas são até indispensáveis, mesmo que a teoria fosse mais tarde considerada como falsificada. Com efeito, sabemos então apenas que a natureza recusa *qualquer coisa* do conjunto das afirmações que a teoria contém, mas não sabemos o quê (problema de Duhem-Quine, cf. capítulo quarto, p. 49). E, então, somos de novo instruídos, entre outras coisas, a fornecer fundamentos *a priori* para o que queremos conservar e para o que intentamos refutar.

Mas escutemos o próprio Einstein. Na sua opinião, trata-se de um «ideal primitivo» quando os positivistas — e, hoje, poderíamos completar: também os popperianos — vêem a única tarefa da ciência na produção de previsões empiricamente correctas ([1]). Ele tem explicitamente por possível «que seriam à vontade possíveis muitos sistemas da física teórica, em si igualmente legítimos» ([2]). E deveriam, em seguida, aduzir-se, para entre eles fazer uma escolha, fundamentos muitos diversos dos de ordem empírica. Por fim, também a «paixão pela investigação» ([3]) se dirige sobretudo a tornar compreensível «a realidade»; dirige-se, pois, sob este ponto de vista, ao *conteúdo* da teoria acerca dos quais, pelos motivos mencionados, os dados observacionais não proporcionam informação suficiente ([4]). Para tal coisa, que aos seus olhos é o elemento mais importante da teoria, ele indica como critério justamente o princípio regulativo há pouco indicado, que concorda perfeitamente com o postulado da harmonização de um conjunto de sistemas, desenvolvido no capítulo oitavo, a saber, «buscar um sistema conceptual o mais simples possível, que conecte os factos observados num todo» ([5]). «O objectivo particular que continuamente tenho diante dos olhos», escreve ele, «é a construção de uma unidade lógica, no âmbito da física» ([6]). «Em certo sentido, tenho por verdadeiro que seja possível ao *pensamento puro* a compreensão do real, como já os antigos tinham sonhado» ([7]). Como é óbvio, a referência à experiência permanece garantida; mas a construção teórica, que sobre esta se eleva, tem o seu contexto de fundamentação e de justificação suplementar, *específico* e independente da experiência. Pertence evidentemente ao *automovimento do conjunto de sistemas*, como foi descrito no capítulo oitavo. «A *ratio* — lemos ainda em Einstein — fornece a construção do sistema» ([8]). E isto foi para ele «de todo evidente» ([9]), quando ainda acreditava ter de partir do facto de «que podem exibir-se dois fundamentos essencialmente diferentes» (a saber, a teoria geral da relatividade e a teoria de Newton), «que estão em ampla consonância com a experiência»; nenhum dos quais, por conseguinte, podia registar por si qualquer vantagem *empírica* decisiva.

2. O postulado do substrato do universo e o princípio cosmológico

Estes dois postulados (o chamado princípio cosmológico é, na verdade, também um postulado) são habitualmente introduzidos a fim de se chegar, a partir da teoria geral da relatividade, a uma cosmologia relativística.

O postulado sobre o substrato do universo diz que o universo se deve conceber como uma espécie de gás com densidade da matéria uniformemente distribuída, cujas moléculas constituem, por exemplo, os montões de galáxias. Estas moléculas, que tomam parte nos fluxos do gás, devem encontrar-se em repouso no seu espaço circundante mais próximo. Todos os sistemas de coordenadas ou todas as posições de observação devem sempre ser pensadas como estritamente conexas com o substrato do universo.

O *princípio cosmológico* afirma que o universo proporciona a qualquer observador a mesma visão. Na física clássica, isto significa mais exactamente que, em pontos com as mesmas coordenadas no interior de diferentes sistemas de coordenadas, tem a mesma velocidade, o mesmo impulso e a mesma densidade. No âmbito da teoria geral da relatividade, significa, *grosso modo*, que as relações geométricas no universo são as mesmas para todos os observadores ([10]). Para estas relações se poderem considerar como homogéneas e isotrópicas, as linhas de universo dos montões de galáxias devem conduzir radicalmente para a origem ou a partir da origem das coordenadas do observador ([11]).

Vê-se logo que também estes dois princípios estão marcados pela ideia do carácter unitário, poderia, aqui, talvez dizer-se melhor, pela ideia da *simplicidade* da natureza. A este respeito convém de novo observar que tal ideia, como já no caso da teoria geral da relatividade, não foi desenvolvida de modo abstracto, mas em *relação* a uma física *dada*, por conseguinte, em ligação com uma *situação histórica dada*. Tanto o postulado acerca do substrato do universo como o princípio cosmológico derivam, antes de mais, do contexto do mundo de representações que foi cunhado pela mecânica clássica. O princípio cosmológico surge, além disso, aqui formulado no interior da geometrização da física. Mediante princípios gerais deste jaez emerge uma imagem do universo como unidade física. Da ideia da simplicidade e do carácter unitário da natureza recebem a sua força de convicção o postulado e o princípio mencionados. Esta força de persuasão não pode ser substituída por nenhuma confirmação empírica. Com efeito, uma tal confirmação, como já se observou, diria demasiado pouco sobre o conteúdo do postulado e do princípio, e a partir da falsificação não se poderia deduzir se ela se refere a ambos.

3. *Quatro possíveis modelos de universo da cosmologia relativística e a sua discussão* a priori

Temos agora reunidos todos os pressupostos a partir dos quais se pode obter a cosmologia relativística. Do postulado acerca do substrato do universo, bem como a partir do princípio cosmológico, segue-se logicamente a forma da métrica do espaço cósmico dependente do tempo, expressa pelo chamado *elemento linear* de Robertson-Walker ([12]). Se nas equações de campo da teoria geral da relatividade se introduzem os tensores métricos obtidos mediante este elemento linear, pode deduzir-se assim, finalmente, uma fórmula cosmológica que admite mais possibilidades de soluções e, deste modo, mais possíveis decursos da história do universo ([13]). Escolham-se agora quatro *tipos* de solução e, por conseguinte, quatro possíveis tipos de modelos do universo. Adentrar-se por todos eles seria supérfluo, pois regressam neles os mesmos problemas filosóficos que se apresentam nos escolhidos. Mas só estes problemas se devem, a seguir, discutir. Os quatro tipos de solução são:

1) O mundo existe desde um tempo infinito e é espacialmente finito. Neste tempo, o universo ou não se modificou em geral ou expandiu-se (modelo de Einstein).
2) O universo existe desde há um tempo finito. No princípio, tudo estava contraído num só ponto para, em seguida, se expandir continuamente em forma de explosão, após uma espécie de «detonação original».
3) O universo explodiu num tempo passado finito mediante uma detonação originária mas, quando a sua expansão tiver chegado a um determinado ponto culminante, ele contrai-se de novo.
4) Originariamente, a expansão do universo era infinitamente grande e, assim, a densidade da matéria era infinitamente pequena. Pouco a pouco, o universo contraiu-se mas, depois de alcançar uma densidade máxima, expande-se novamente até ao infinito.

Pode, mais uma vez, mostrar-se que existem motivos importantes, independentes dos controlos empíricos, que falam a favor ou contra os modelos de universo singulares. Também agora estes motivos, prescindindo de excepções, devem apenas ser aduzidos, mas não submetidos a um exame mais aprofundado. A questão sobre o modo como se poderá chegar a uma decisão em semelhantes casos será abordada só no final deste capítulo.

O que segue recordará fortemente a primeira antinomia de Kant e, de facto, esta será mencionada várias vezes. Todavia, a discussão *a priori* do universo na cosmologia relativística mostrará que a pretensão de Kant, segundo a qual se trata, nesta antinomia, de uma dialéctica necessária da razão, não pode manter-se como válida. Se o universo é ou não uma ideia, constitui uma questão que, por conseguinte, não podemos clarificar hoje no âmbito da filosofia kantiana.

Comecemos, antes de mais, por um problema que diz respeito a *todos* os quatro modelos de universo. Todos, de facto, pressupõem, claramente um tempo universal, um tempo cósmico. Efectivamente, semelhante tempo está já no princípio cosmológico, pois se as relações geométricas no cosmos se devem alterar lentamente em todas as direcções para todos e de igual modo, isto significa também ao *mesmo tempo*. Mas semelhante simultaneidade, um tal tempo universal, é, do ponto de vista relativista, possível só para *observadores privilegiados,* a saber, para aqueles que, relativamente à densidade média da matéria, não estão submetidos no espaço imediatamente circundante ao movimento — e, deste modo, indicam-se claramente aqueles que flutuam juntamente com o substrato do universo. O princípio relativístico da equivalência de todos os sistemas de referência perde aqui o seu significado.

A cosmologia relativística não cai decerto deste modo em contradição alguma com as leis da teoria geral da relatividade, pois é sempre possível, a partir de um conjunto em si equivalente de observadores, escolher alguns que, num *determinado ponto de vista* e em *condições definidas,* observam as mesmas coisas. Mas pergunta-se então com que direito se pode falar de um *tempo cósmico,* que pode ser vinculatório só para sistemas de referência particulares. E esta questão não é, obviamente, uma questão que possa obter uma resposta só com quaisquer experimentos.

Surgiram assim dois tipos de concepção, reciprocamente opostos. Uns defendem o tempo cósmico, os outros rejeitam-no.

Eddington e Jeans, por exemplo, defenderam o tempo cósmico com razões que desembocam no seguinte: a fractura, produzida pela teoria geral da relatividade, entre uma intuição temporal científica e uma pré-científica, é de novo eliminada ([14]).

Gödel, pelo contrário, vira-se para um tempo universal do cosmos, justamente porque ele «depende do modo particular como a matéria e o seu movimento estão ordenados no universo». Com efeito, «uma intuição filosófica», observa ele, «que conduz a semelhantes consequências dificilmente se pode considerar como satisfatória» ([15]).

Duas opiniões reciprocamente opostas, duas fundamentações filosóficas. A contenda só pode, pois, decidir-se de modo filosófico.

Consideremos agora os modelos de universo singulares da cosmologia relativística na sua ordem e do ponto de vista da crítica ou justificação do seu conteúdo, independentes de controlos empíricos.

O *primeiro modelo* fala de um *tempo infinito,* a partir do qual existe o universo. Também aqui chocam entre si opiniões opostas.

Umas consideram possível um tal tempo infinito, as outras julgam que ele é impossível *a priori*.

Kant refutou-o a partir de *razões lógicas*. Um tempo infinito que decorreu até ao momento presente é uma contradição em si mesma, pois assim estabelece-se um ponto *final* ao *in*finito, justamente o agora que o infinito, segundo o seu próprio conceito, não pode de facto ter ([16]).

Kant, como é evidente, não viu que esta contradição só sobrevém porque ele já pressupôs um determinado conceito acerca da *existência de uma totalidade*. Segundo a sua concepção, semelhante existência pode afirmar-se somente se, em princípio, é possível exibir *todas* as partes de uma totalidade ou, como ele também diz, se é possível *completar* a «síntese» destas partes. E uma tal síntese *completa* é, de facto, inconciliável com o conceito de uma totalidade infinita. Na verdade, a argumentação de Kant nem por isso é lógica, como ele julgava, mas gnoseológica, a saber, tal que se refere à *realidade efectiva* de uma coisa.

Isto torna-se ainda mais claro, se recordarmos o conceito de infinito de Cantor. Neste contexto, Cantor pode considerar-se como adversário de Kant. Cantor sustenta como dada a existência de um todo infinito quando, por exemplo, existe um procedimento de cálculo que trabalha com meios finitos e que associa cada parte deste todo a um determinado número, tirado da série dos números cardinais. De acordo com este procedimento, deve, pois, em princípio ser apenas possível exibir *cada* parte *singular,* mas não se requer que *todas* o devam ser. Deste ponto de vista, não constitui sequer uma contradição falar de uma totalidade infinita que possui um último membro finito. A série infinita dos números negativos, que termina com - 1, é disso um exemplo ([17]).

Kant parte, por assim dizer, de um conceito *extensional* de uma totalidade existente, e Cantor, de um conceito *intensional*. Não pode, no entanto, afirmar-se que o conceito intensional seja *logicamente* impossível. Toda a diferença é, como já se disse, gnoseológia e, deste modo, filosófica. Mas nem assim se pode aqui evitar o confronto com ela, se se pretende considerar seriamente, justificar ou criticar, o *conteúdo* deste primeiro modelo de universo.

Antes de podermos mencionar os argumentos *a priori* a favor ou contra o *segundo modelo de universo*, importa, em primeiro lugar, referir que existem duas possibilidades de o interpretar: ou se extrapola realmente a curva que representa este modelo até ao ponto em que toda a matéria do universo é contraída, ou se considera este ponto como uma singularidade, que é excluída dos restantes eventos cósmicos.

No primeiro caso, deveria admitir-se que, com base na física existente, se chega a um resultado que a contradiz, pois ele contraria, por exemplo, as leis da conservação da física quântica. Esta física deveria, pois, ser falsa, segundo as leis da lógica («de A segue-se ¬ A» pode ser verdadeiro só se «A» é falso). No segundo caso, evitam-se decerto dificuldades lógicas do tipo mencionado, mas é necessário aceitar que o decurso do universo, num intervalo de tempo finito, não é fisicamente definível em toda a extensão temporal. A física nada poderia, pois, dizer sobre o início do universo.

O ponto em discussão, que *aqui* se põe, reza agora assim: pretende-se ou não conceder validade a um modelo de universo que impele a esta hipótese? O modo como tal se decide não constitui, por seu turno, uma questão empírica, mas depende de que exigências *normativas* se põem a uma teoria física, de que realizações dela se exigem. E, sem dúvida, esta expectação, esta exigência, depende, por sua vez, da clarificação da questão sobre qual o direito com que se considera a natureza um contexto totalmente interpretável em sentido físico.

Uma ulterior questão filosófica, que se pode levantar ao segundo modelo de universo, diz respeito ao *tempo cósmico finito*. É este possível *a priori* ou não?

Também a este respeito temos uma opinião clássica de Kant: se o mundo existe apenas a partir de um tempo finito, então deveria ser precedido por um tempo vazio. Mas, num tempo vazio, nada poderia começar, porque nele nenhuma parte seria distinguível de outra — e Kant pensa assim claramente no antes e no depois ([18]). Mas já Santo Agostinho observara que a hipótese segundo a qual o mundo tivera um começo antes de um tempo determinado não implica de modo algum que tenha tido um início *no* tempo ([19]). O universo poderia, pois, ter surgido contemporaneamente ao tempo, o qual dele faz parte.

Assim se evita, decerto, a objecção de Kant, mas agora objecta-se novamente contra Santo Agostinho que o início do universo seria um acontecimento sem antecedentes e, deste modo, «objectivamente» impossível. Com efeito, a «objectividade» dos eventos consiste em que eles podem ser ordenados numa conexão contínua, causal ([20]).

A adesão a esta concepção depende, de novo, de se — como Kant — se atribui ao princípio de causalidade um «significado transcendental» ou não.

Que se passa com a *finitude espacial do universo*, que é afirmada em numerosos modelos de universo?

Também aqui não é convincente, quando Kant, de modo correspondente ao caso do tempo finito, julga dever ligar a um universo finito o pensamento de um espaço vazio em que ele se encontra para, em seguida, reduzir tal pensamento *ad absurdum*, mediante o facto de que um espaço vazio «nada» é ([21]). Tal não convence porque o universo finito da cosmologia relativística não se deve colocar num espaço que o rodeia e, por isso, ele não se encontra *necessariamente* num espaço plano infinito.

E, no entanto, tornar-se-ia demasiado fácil, se se pretendesse liquidar Kant com a observação de que ele não conhecia nenhuma outra geometria além da euclideana. A questão de se a geometria euclidiana possui, perante as outras geometrias, um significado privilegiado ou até transcendental, não está definitivamente eliminada nem mediante a prova da existência de geometrias não euclideanas, nem pela teoria da relatividade. Os Kantianos e os operacionalistas influenciados por Dingler sustentam ainda hoje que as geometrias não euclideanas são modelos fictícios, puramente matemáticos, que nada têm a ver com a realidade do espaço cósmico. Nos Kantianos, esta concepção funda-se numa determinada teoria da intuição; nos operacionalistas, numa determinada teoria acerca dos fundamentos de toda a medição. Pode polemicar-se acerca destas teorias; mas, sem dúvida, não se refutam, pelos motivos já indicados, remetendo para os êxitos *empíricos* da teoria da relatividade. Aos argumentos dos Kantianos acerca do papel da intuição e aos dos operacionalistas, a propósito da função da medição, pode, por seu turno, oferecer-se uma oposição apenas no campo da teoria da intuição e no da mensuração. Retornaremos a este ponto, como também à opinião de Kant segundo a qual tanto um espaço vazio como um tempo vazio nada são, na discussão do quarto modelo de universo.

O *terceiro modelo cósmico* compele à questão de se a oscilação aí descrita será *cíclica*. Seria isto possível, por exemplo, no sentido do eterno retorno do idêntico de Nietzsche, ou não?

Se se define o decurso temporal pela série dos estados do universo que se sucedem uns aos outros, então, o retorno do mesmo estado cósmico significa igualmente o retorno do mesmo instante temporal. Mas, então, não haveria absolutamente nada, nem sequer uma diversidade no tempo em que se distinguisse o estado originário do sucessivo. Um idêntico absolutamente tal neste sentido não poderia, pois, retornar.

A ideia do eterno retorno do idêntico poderia, sem dúvida, conservar-se, se introduzíssemos um tempo absoluto, independente dos estados do universo. Visto que, no entanto, a teoria relativística não admite semelhante tempo — o tempo universal, dependente de observadores privilegiados, não se deve com ele confundir —, encontra-se assim impedida tal saída.

Mas um ciclo da oscilação no terceiro modelo de universo não deve necessariamente conceber-se como retorno do absolutamente idêntico, mas, sim, como retorno do semelhante. A oscilação seria somente uma função do tempo cósmico dos observadores privilegiados e, por conseguinte, existiria só para *estes* estados semelhantes. Além disso, vale também para eles apenas de modo aproximado a homogeneidade requerida do espaço circundante. Seria, pois, inteiramente possível interpretar de modo cíclico o terceiro modelo de universo; mas não se é directamente forçado a fazê-lo.

Pelo contrário, seria concebível que o universo tenha tido um princípio em que a matéria se encontrava densamente contraída num espaço restrito e que ela, depois de um período de grande expansão, acabe novamente no mesmo modo em que começou. Se, porém, se fizer tal conjectura, seria preciso certamente não só esclarecer a questão, há pouco discutida, de se poderá haver um *primeiro* acontecimento, mas também a de se poderá existir um *último*. Pois, evidentemente, este tão pouco se poderia ordenar, como aquele, na continuidade de uma conexão causal.

Consideremos, por fim, ainda o *quarto modelo de universo*. Este estabelece no princípio e no fim do universo um espaço infinito e vazio.

O motivo por que Kant o refuta, como igualmente rejeita um tempo vazio, consiste em que ambos não podem ser objecto da intuição [22]. A fraqueza deste argumento pode já medir-se em virtude de Kant, numa outra passagem da *Crítica da Razão Pura*, ensinar explicitamente o contrário. Diz-se aí que «jamais é possível fazer uma representação de que não exista espaço algum, embora se possa pensar igualmente que nele não se encontram quaisquer objectos» [23]. E, a propósito do tempo, escreve: «Não se pode, em relação aos fenómenos em geral, suprimir o próprio tempo, embora seja inteiramente possível remover do tempo os fenómenos» [24].

Deveria, porém, perguntar-se sobretudo se a afirmação, segundo a qual o espaço vazio ou o tempo vazio não são representáveis, assere alguma coisa acerca da sua existência. O empirismo de Mach, que por representabilidade entendia a «experiência possível», estava convencido de que tal era verdadeiro, e contribuiu assim para a elaboração da teoria geral da relatividade e para o propósito de eliminar o espaço absoluto, que não pode ser objecto de experiência possível, mediante a equivalência de todos os sistemas de referência.

Neste contexto, é particularmente digno de relevo o facto de que, das equações de campo de Einstein deriva novamente, sob condições determinadas, algo como um espaço absoluto. Vê-se sobretudo que, no caso de um vácuo, portanto, de um não ser presente da matéria, a curvatura do espaço-tempo de nenhum modo desaparece. O espaço tem, por conseguinte, uma estrutura mesmo onde nada há, tem uma existência por si. De Sitter demonstrou, por exemplo, que as equações de campo cosmológicas admitem uma solução para o espaço vazio. Se nele entrasse um corpo de controlo, mover-se-ia segundo a estrutura interna do espaço vazio e, por conseguinte, do espaço absoluto [25].

É muito característico o modo como a tal facto reagiram os físicos.

Uns, por exemplo Dicke, tentaram modificar a teoria geral da relatividade a fim de novamente se poder eliminar esta contradição com uma filosofia empirista, que defende o postulado *a priori* da equivalência de todos os sistemas de referência [26]. Synge, pelo contrário, nada vê de horripilante no facto de que o espaço absoluto, por assim dizer, aflorasse mais uma vez no seio da teoria geral da relatividade, com a condição apenas de que isto resultasse de modo consequente da teoria geral da relatividade, e que a sua unitária coerência de fundamentação não fosse assim directamente prejudicada ([27]). Dicke e Synge defendem, neste caso, apenas princípios *a priori*. Com efeito, não se trata aqui de dificuldades *empíricas*, em que incorreu a teoria geral da relatividade, mas exclusivamente do facto de que certas consequências matemáticas dela deduzidas admitem asserções sobre o espaço, que parecem ser *a priori* aceitáveis ou não. Não se trata de decisões *a partir da* experiência, mas *em prol* da experiência, a saber, de *pressupostos* teóricos para a interpretação e a descrição da realidade.

As coisas não se passavam também de maneira diferente em Newton. Este não *demonstrara* experimentalmente a existência do espaço absoluto, embora acreditasse tê-lo feito.

Na sua opinião, a existência do espaço absoluto tornava-se observável em virtude de os corpos, sujeitos a acelerações, mostrarem efeitos relativamente ao espaço — por exemplo, forças centrífugas. Mas, o mais tardar a partir da elaboração da teoria geral da relatividade, sabemos que as forças centrífugas relativamente ao espaço absoluto são apenas um possível *esquema de interpretação,* subjacente à física clássica.

Após esta enumeração das mais importantes razões *a priori* que, de modo inevitável, se devem discutir na fundamentação e na valoração do *conteúdo* da cosmologia relativística, examinemos agora como estão as coisas com o controlo empírico desta teoria. Seleccionemos em tal exame, a título de exemplo, um dos casos mais interessantes.

4. Sobre as dificuldades de falsificar a cosmologia relativística

Neste ponto, oferece-se uma outra ocasião de confronto com a filosofia de Popper. Visto que, para ele, o mais importante é que as teorias sejam falsificáveis e possam sujeitar-se a uma comprovação empírica, tudo o mais que conduz à *invenção* de teorias pertence, segundo ele, ao campo da psicologia, da história da ciência e da fé metafísica. Nada tem a ver com uma *fundamentação* científica. Assim, Popper escreve na sua «*Lógica da Investigação*»: «... A invenção das teorias não nos parece nem susceptível nem carente de uma análise lógica» ([28]). Sem dúvida, a pesquisa científica, «considerada de um ponto de vista *psicológico* , não é de facto possível sem uma *fé indiscutível no plano científico*, logo, se se quiser, 'metafísica', em... *ideias ... por vezes extremamente confusas...* no entanto, consideramos que a *tarefa mais importante* da lógica do conhecimento é fornecer um conceito da ciência empírica que... permita sobretudo também uma delimitação clara em relação a estas componentes metafísicas que *histórica e geneticamente* foram por vezes tão úteis» ([29]).

Em oposição a estas afirmações, as considerações precedentes mostraram que papel decisivo e de primeiro plano desempenham os fundamentos *a priori* e, por conseguinte, não fundados na experiência, precisamente na *justificação do conteúdo* das teorias, aqui, da cosmologia relativística. Mas isto não basta. O parágrafo seguinte intenta, além disso, mostrar que os processos que se encontram como controlos empíricos *no termo* do empreendimento científico não podem ser demarcados das considerações *a priori*, que fundam o seu *início*, como Popper pensa. Se, pois, estas considerações não proporcionassem qualquer fundação, o mesmo se passaria também com aquelas. O que conduz à invenção de uma teoria é, pois, tão pouco cientificamente indiscutível, simples fé, confusa ou de significado apenas psicológico e histórico-genético, como aquilo que pertence ao seu controlo; pelo contrário, constitui um dos objectos mais importantes da «lógica do conhecimento».

Da cosmologia relativística pode deduzir-se uma equação que determina a dependência da energia de radiação observável de uma galáxia a partir do desvio da sua luz para o vermelho. Esta equação contém três tipos de soluções, conforme a constante de curvatura que nela ocorre tem os valores -1, 0 ou $+1$ ([30]).

Poderia, pois, falar-se de uma falsificação da cosmologia relativística se a curva que resulta dos dados medidos de ambos os parâmetros mencionados não for compatível com nenhum dos três tipos de solução.

A consecução dos dados suficientes para tal não é, decerto, ainda possível no estado actual da técnica telescópica; isto não tem, contudo, uma importância fundamental. Semelhante importância, pelo contrário, cabe ao seguinte: a equação indicada proporciona a relação controlável entre a energia de radiação observada e o desvio para o vermelho, só quando se introduz o postulado de que ou todas as galáxias emitem em todos os momentos uma quantidade igual de radiação ou, pelo menos, que esta radiação em todas as galáxias depende do tempo do mesmo modo ([31]). Mas este postulado nada mais é do que um caso particular do princípio cosmológico, segundo o qual os estados do universo devem por toda a parte ser os mesmos.

Suponhamos agora que a nossa técnica telescópica já se desenvolveu suficientemente, e que nós, com os dados mencionados, obtivemos uma curva pela qual é falsificada a cosmologia relativística. Poderemos contestar esta falsificação, rejeitando o postulado, que apenas a tornou possível. Aceitaríamos então que, no presente caso, a teoria já não é falsificável. Mas se, no entanto, nos decidíssemos a admitir a falsificação, isto significaria então conservar, com o postulado indicado, justamente aquela parte dos pressupostos teóricos elaborados, em prol da qual há pouquíssimos fundamentos convincentes. Que efectivamente, não obstante toda a fé na homogeneidade do universo, todas as galáxias devam ainda mostrar um comportamento assim monótono, significa tal, sem dúvida, forçar um pouco maldosamente o princípio cosmológico. Mas seja qual for a atitude que a este respeito se pretende tomar, a decisão sobre a falsificação, mais ainda, sobre a falsificabilidade da teoria, depende em cada caso de como nos confrontamos com o princípio universal, que já desempenhara um papel decisivo na invenção da teoria. Não é possível, pois, separar simplesmente o «início» de uma teoria do seu «fim»; pelo contrário, ambos se encontram indissoluvelmente interconexos. *Quod erat demonstrandum*. Mas, deste modo, o rigoroso critério de demarcação que Popper propusera entre o científico e o não científico já não pode manter-se. Com efeito, funda-se na hipótese de que é possível uma tal separação entre o que é empiricamente falsificável e o que não é empiricamente falsificável.

5. *Sobre a justificação do a priori na cosmologia relativística*

Resumamos: a cosmologia relativística baseia-se na suposição *a priori* da unitariedade e da simplicidade da natureza. A propósito dos modelos possíveis de universo, que esta teoria proporciona, deve julgar-se, em parte, com fundamentos empíricos, em parte com fundamentos *a priori*. Mas enquanto, no primeiro caso, tem um papel decisivo o *a priori*, a saber, a hipótese há pouco mencionada, até um controlo empírico suplementar não pode, no segundo caso, simplesmente substituir ou invalidar o juízo *a priori* contemporaneamente pronunciado, pois tal comprovação não fornece suficiente informação acerca do conteúdo da teoria. Se, pois, com Popper, se designam os fundamentos *a priori* como fé de interesse meramente psicológico, mas cientificamente subtraída a toda a discussão, então, com a cosmologia relativística, naufraga toda a física. Com efeito, estes fundamentos podem relevar-se com particular clareza na cosmologia relativística, mas podem mostrar-se por toda a parte.

Se agora levantarmos a questão em torno da justificação dos princípios *a priori* da cosmologia relativística, mostra-se de novo que ela, em pontual contradição com Popper, pode encontrar uma resposta só com a ajuda do histórico-genético, por ele tão depreciado. Reconheceremos então claramente que também aqui se realiza um progresso I e um progresso II, no sentido do capítulo oitavo, e que o contexto da justificação só surge no interior de um dado conjunto de sistemas.

Como se depreende do anterior, é possível descrever do modo seguinte a situação histórica, com que Einstein deparou: *dada* estava a incompatibilidade da teoria especial da relatividade com a teoria da gravitação de Newton, e ainda o postulado da simplicidade da natureza. Pressuposto tudo isto, Einstein viu-se obrigado a obter um acordo recíproco entre a teoria especial da relatividade e a teoria da gravitação. Foi o que conseguiu com o postulado *a priori* da equivalência de todos os sistemas de referência, postulado que levou à teoria geral da relatividade ([32]).

E *nisto* consistiu a sua justificação, em vista justamente da situação dada e em consonância com o postulado da harmonização dos conjuntos de sistemas dados. Estava agora dada uma nova situação. Em primeiro lugar, consistia, por seu turno, no postulado da simplicidade da natureza mas, secundariamente, e por adição, na teoria geral da relatividade. Daqui derivou a ulterior necessidade de unificar a teoria geral da relatividade com a cosmologia. Daqui, como também do universo conceptual da mecânica clássica, promanam o postulado acerca do substrato do universo e o princípio cosmológico. Também eles encontram assim uma justificação *a priori* como concebível a partir da situação, justificação que de nenhum modo pode ser substituída por dados empíricos. Se, porém, alguém quisesse ver justificado também o postulado da simplicidade da natureza, que passa aqui através de tudo como um fio vermelho, ter-se-ia então de recuar muitíssimo mais, a saber, até às convulsões espirituais que levaram à dissolução do nominalismo e da imagem mítico-cristã do mundo. Com efeito, o universo *não* era aí perspectivado como unitário e simples. (Não era nem homogéneo nem isotrópico, tinha um em cima e um em baixo, uma esquerda e uma direita, o céu, a terra e o inferno.)

Também os diferentes argumentos que se pronunciam *a priori* em prol ou contra os modelos singulares do universo deriváveis da cosmologia relativística se podem avaliar unicamente em vista de uma determinada situação, somente *segundo a lógica situacional* no sentido do capítulo oitavo. Deverá conceder-se amplamente razão a Kant, o qual rejeitava todos os possíveis modelos cósmicos, se se parte da filosofia *a priori* do espaço e do tempo de Newton e da particular situação problemática da filosofia em que Kant se encontrava. Ele só estava errado em virtude de considerar como *necessariamente* dados pela razão e, deste modo, válidos para todos os tempos, os fundamentos *a priori* da filosofia newtoniana e a situação problemática amplamente co-determinada por tal filosofia. Quando se passa à cosmologia relativística, depara-se com uma situação inteiramente modificada. Com base nos postulados *a priori* da teoria geral da relatividade (equivalência de todos os sistemas de referência), do postulado acerca do substrato do universo e do princípio cosmológico, justificam-se agora todos os argumentos *a priori* que se pronunciam em *prol* de qualquer um dos quatro modelos da cosmologia relativística, sem de antemão excluírem nenhum deles. Só agora, de facto, se pode rejeitar a crítica à finitude do universo (enquanto ela se baseia no pressuposto do valor exclusivo da geometria euclideana), referindo-se ao novo direito apriórico de poder supor relativisticamente também espaços curvos; agora, fala em favor da definição intensional de conjuntos infinitos o facto de que ela, em contraposição às extensionais, se ajusta harmonicamente à cosmologia relativística; e agora tudo se pronuncia em prol de uma concepção filosófica que restringe a importância da intuição e da causalidade na cosmologia, porque toma em consideração esta importância no *contexto complexivo* e no *contexto justificativo* aprióricos, de que deriva a cosmologia relativística e que ela própria representa.

Por seu turno, as justificações de que aqui se fala têm também, sem dúvida, a debilidade de estar referidas a uma situação determinada, e *apenas* a esta; além disso, não derivam dela de modo necessário, como numa inferência estritamente lógica. De nenhum modo estão excluídas outras possibilidades de reagir *a priori* a uma situação. Num determinado momento, várias teorias encontram-se quase sempre em competição umas com as outras. Há assim, fora da cosmologia relativística, ainda outras cosmologias modernas, como a nova cosmologia newtoniana, a teoria do estado estacionário, as de Eddington, Dirac, Jordan, etc. E, por fim, os apriorismos pedem a sua justificação também quando a situação histórica a que estão ligados cede o lugar a uma situação de todo diversa. Regra geral, elas não podem, pois, manter-se como *constringentes* ou até como universalmente necessárias.

Mas entre a validade absoluta, por um lado, e o completo «arbítrio cientificamente indiscutível» ou a simples «fé», por outro, há justamente, como também aqui se deveria demonstrar, ainda um termo médio: a saber, um argumentar racional, inteligível, intersujectivamente fundamentável, em vista de uma determinada situação histórica. Também aqui nos devemos libertar da ideia fixa de que o *a priori* se deve equiparar ao eternamente válido, ao transcendental. Devemos reconhecer que até ele está enredado no movimento do que é histórico e, no entanto, nem assim se transforma de modo algum em algo de empírico.

Neste movimento também tomam parte, como é óbvio, argumentos empíricos. Mas, por cima do que brota da observação como confirmação ou falsificação, elevam-se poderosas construções aprióricas, de tal em grande parte independentes, que continuamente se deslocam, modificam, se transformam e exercem efeitos próprios, muitas vezes de carácter revolucionário.

Mas, com isto, é possível agora, como conclusão, responder à pergunta de se o universo é apenas uma ideia.

6. *Será o universo unicamente uma ideia?*

Kant escorava a sua convicção, segundo a qual o universo é apenas uma ideia, na inferência seguinte:
1) O mundo *ou* tem um início no tempo e está encerrado em limites espaciais, *ou* não é assim, «mas» ele «é infinito em relação tanto ao tempo como ao espaço» ([33]).

2) É *logicamente* falso que o universo seja infinito; e é *gnoseologicamente* falso que ele seja finito.

3) Visto que a asserção acerca do universo em 1) representa uma disjunção completa, mas ambos os membros desta disjunção são falsos, então não se pode fazer absolutamente asserção alguma acerca do universo. Por conseguinte, o universo é somente uma ideia no sentido de que ao seu conceito não corresponde nenhuma realidade em si; e é, portanto, mediante uma dialéctica inevitável da razão que tal é demonstrado.

Como já se mencionou, esta dialéctica só ocorre quando, entre outras coisas, se parte da filosofia newtoniana *a priori* do espaço e do tempo. Se se tomar como base a cosmologia relativística, a disjunção completa da primeira premissa na inferência de Kant desaparece. Além disso, como se mostrou, os modelos de universo indicados não se podem refutar *logicamente*, mas só de modo filosófico. Ademais, podem igualmente ser objecto de comprovação *empírica*. E, por fim, já ninguém hoje pretenderá afirmar que a física newtoniana é um resultado *necessário* da *razão*.

E deste modo se desvanece a dialéctica de Kant. No entanto, o exemplo da cosmologia relativística mostra que, também hoje, se deve falar ainda do universo como de uma ideia. Não é, porém, porque cada modelo que dele se projecta seja necessariamente falso, mas porque todo o modelo deste género constitui apenas uma construção apriórica, para cujo conteúdo jamais se pode fornecer uma suficiente prova empírica. Tais construções não são, por conseguinte, em si nem verdadeiras nem falsas, e são também comparáveis a produções conceptuais precedentes ou ulteriores só na medida em que é comparável a própria situação, de que elas promanam ([34]). Apesar de tudo, *nos limites há pouco indicados*, possuem a sua fundamentação e justificação empíricas, e sobretudo a sua fundamentação e justificação histórico-aprióricas. Por causa destas últimas, figuram, enquanto ideias, também como parte do mundo em que respectivamente, de modo histórico, vivemos, uma parte do nosso autoconhecimento dentro do universo. Com efeito, é de grande significado o modo como o universo nos *aparece — quase —* constrangentemente numa situação determinada. E, deste modo, a ideia do universo é uma parte *da nossa* realidade. Se se pretendesse objectar que esta realidade seria então apenas uma sombra de nós mesmos, deveria replicar-se: uma sombra, sim, por cima da qual, enquanto é a *nossa* sombra, não podemos saltar. E, por fim: que seríamos nós sem a sombra? Um fantasma ([35]).

Os últimos dois capítulos deviam aprofundar as considerações do capítulo oitavo sobre a estrutura dos processos históricos, mediante o recurso a alguns exemplos pertinentes da história da ciência. Mas agora devemos, mais uma vez, ocupar-nos de modo pormenorizado da questão da verdade. Sem dúvida, já se depreendeu que dificilmente se pode falar de uma aproximação constante a algo como a verdade absoluta — um velho sonho das ciências. Mas, graças à filosofia de Popper, poderia surgir a impressão de que um uso do conceito de verdade subtraído a objecções lógicas é inconciliável com uma concepção histórica, como a aqui defendida. Importa agora enfrentar semelhante erro.

NOTAS

(^{1}) P. A. Schilp, *Albert Einstein*, Estugarda 1951, p. 281.
(^{2}) *Op. cit.*, p. 282.
(^{3}) *Op. cit.*, p. 281.
(^{4}) *Op. cit.*, p. 281. Que coisa se entenda exactamente por «realidade» permanece secundário, no contexto presente. Trata-se aqui, em todo o caso, do *conteúdo* da teoria, por conseguinte, do facto de que a «paixão da investigação» não se contenta com teorias arbitrárias, possivelmente até incompreensíveis, produzidas em qualquer quantidade por computadores, mas intenta antes projectar uma *imagem* da natureza, seja qual for o modo como ela se funda.
(^{5}) *Op. cit.*, p. 281. O itálico é do autor.
(^{6}) *Op. cit.*, p. 281.
(^{7}) *Op. cit.*, p. p. 279. O itálico é do autor.
(^{8}) *Op. cit.*, p. p. 273. Itálico do autor.
(^{9}) *Op. cit.*, p. p. 274.
(10) Isto significa mais precisamente: para os pontos da variedade espacio-temporal a quatro dimensões, que têm os mesmos valores das coordenadas espaciais nos diversos sistemas sincronizados de coordenadas (aqui: com e sem um traço), a saber $\bar{x}_i = x_i$, vale: $\overline{g\mu\upsilon}\,(\bar{x}, t) = g\mu\upsilon\,(x, t)$, em que os $g\mu\upsilon$ indicam as componentes dos tensores métricos com $\mu, \upsilon = 0, 1, 2, 3$.
(^{11}) Bondi vê no princípio cosmológico os pressupostos para o facto de que, em todo o ponto do universo, nas mesmas condições, se obtêm os mesmos resultados experimentais. Por este motivo, é até favorável a um princípio cosmológico mais forte face ao aqui indicado, mas que é significativo só para a teoria do estado estacionário. Cf. H. Bondi, *Cosmology*, Cambridge 1961, p. 11 s.
(^{12}) Isto pode fazer-se compreender da seguinte maneira: Do postulado acerca do substrato do universo e do princípio cosmológico pode deduzir-se que $g_{00} = 1$ e que todos os outros $g_{\mu\upsilon}$ com um índice 4 desaparecem. Do elemento linear $ds^2 = g_{\mu\upsilon}\,dx^\mu\,dx^\upsilon$ deriva então $ds^2 = dt^2 + g_{ik}\,dx^i\,dx^k$, em que t indica o tempo e i, k = 1, 2, 3. Se, além disso, com base no princípio cosmológico, as relações geométricas se devem alterar homogénea e isotropicamente com o tempo, deve então valer $g_{ik} = |\,R(t)\,|^2\,1_{ik}$.

R(t) é aqui un coeficiente de expansão dependente do tempo, que é elevado ao quadrado por meio da forma quadrática do elemento linear, há pouco indicado. Com uma escolha oportuna das coordenadas, tem-se então o elemento linear de Robertson-Walker

$$ds^2 = dt^2 - \frac{[R(t)]^2\left[\left(dx^1\right)^2 + \left(dx^2\right)^2 + \left(dx^3\right)^2\right]}{\left\{1 + \frac{1}{4}k\left[\left(x^1\right)^2 + \left(x^2\right)^2 + \left(x^3\right)^2\right]\right\}},$$

onde k representa a constante de curvatura, que pode tomar apenas os valores –1, 0 e +1.

(^{13}) Esta fórmula de universo é: $\left(\dfrac{dR}{dt}\right)^2 = \dfrac{C}{R} - k + \dfrac{c^2}{3}\lambda R^2$.

Aqui C é a constante de energia, λ a constante cosmológica que aparece nas equações de campo da teoria geral da relatividade, e c a velocidade da luz. As diversas soluções desta equação dependem de qual dos três possíveis valores – 1, 0 ou + 1 k vem a tomar e do facto de que λ seja maior, menor ou igual a zero.

[14] A. S. Eddington, *Space, Time and Gravitation*, Cambridge 1920; J. Jeans, *Physics and Philosophy*, Cambridge 1942.

[15] K. Gödel, «Relativitätstheorie und idealistische Philosophie», in *Albert Einstein*, org. de P. A. Schilpp 1951, p. 412.

(16) Kant, *Crítica da Razão Pura*, Primeira antinomia.

[17] Cf., a propósito, também o capítulo «Infinity and the actual» in A. D. North, *The Measure of the Universe*, Oxford 1965. North mostra também que se poderia aplicar a um conjunto infinito de galáxias um procedimento de cálculo cantoriano.

[18] Kant, *Crítica da Razão Pura*, Primeira antinomia.

[19] Santo Agostinho, *De Civitate Dei*, XI, 6.

[20] Cf. M. Bunge. *The Monist* (1962), p. 126. Além disso, G. J. Whitrow, in: *British Journal for the Philosophy of Science*, 1954, p. 215. R. Harré, *ibid.* ,1962, p. 110.

[21] Kant, *Crítica da Razão Pura*, Primeira antinomia.

[22] Kant, *Crítica da Razão Pura*, Primeira antinomia.

[23] Kant, *ibid.*, B 39.

[24] Kant, *ibid.*, B 46.

[25] Na solução de Schwarzschild das equações de campo de Einstein, pressupõe--se que há determinados sistemas de referência privilegiados, nos quais os $g_{\mu\nu}$ tomam no infinito os valores de Minkowski. Deste modo — coisa para a qual A. Grünnbaum chamou a atenção no seu livro *Philosophical Problems of Space and Time*, Dordrecht, 1973, p. 420 — as condições marginais desempenham no infinito a função de um espaço newtoniano absoluto.

[26] R. H. Dicke, *Cosmology, Mach's Principle and Relativity*, in: C. Dewitt e B. S. Dewitt (orgs.), *Relativity, Groups and Topology*, Nova Iorque 1964, p. 222-236.

[27] J. L. Synge, *Relativity: the General Theory*, Amsterdão 1960.

[28] K. R. Popper, *Logik der Forschung*, Tubinga 1966^2, p. 6.

[29] *Op. cit.*, p. 13. Itálico do autor.

[30] O ponto de partida é a equação, derivável da cosmologia relativística

$$l_0 = \frac{L_1}{4\pi R_0^2 s_k^2(\omega)(1+z)^2}$$

Aqui, l_0 significa a energia luminosa de uma galáxia por unidade de medida temporal e de superfície que no tempo t_0 aparece a um observador; L_1 é a energia luminosa total irradiada no tempo t_1 da mesma nebulosa; $4\pi R_0^2 s_K^2(\omega)$ exprime a superfície da frente da onda esférica desta luz, no instante t_0 no espaço de Riemann; aqui k é a constante de curvatura (– 1, 0, + 1); (1 + z) indica o desvio para o vermelho. Ora, segundo a lei de Weber-Fechner, a relação entre a luminosidade *percebida m* e a energia luminosa 1 é dada pela equação: m = – 2,5 log l_0. Assim, mediante o cálculo logarítmico aplicado à equação de partida, resulta:

m = M + 5 log R_0 + 2,5 log 4 π + 5 log s_K(ω) + 5 log (1 + z), em que M = – 2,5 log L_1.

Trata-se, pois, de estabelecer uma relação entre o observável *m* e o observável s_K, em que o argumento ω de s_K depende, por sua vez, de z.

[31] A relação indicada na nota 30 precedente, entre o observável *m* e o observável z, pode obter-se, na equação logarítmica fornecida, só se, entre outras coisas, M for considerada como uma constante de maneira que a energia de radiação das galáxias ou é igual para todos os tempos ou mostra a mesma dependência do tempo. Os outros controlos da cosmologia relativística, como, por exemplo, o controlo da densidade, etc., partem igualmente de pressupostos semelhantes, que se baseiam no princípio cosmológico. Para a

questão da falsificação, aqui tratada, o controlo da radiação não constitui, pois, qualquer excepção.

([32]) A aprioridade do princípio da equivalência dos sistemas de referência pode explicar-se também deste modo prescindindo do facto de que ele deriva da aplicação do postulado *a priori* da simplicidade da natureza à situação, há pouco descrita, com que Einstein deparou. Pode, sem dúvida, considerar-se como empírico o facto de não ser possível constatar *localmente* nenhuma diferença entre aceleração gravitacional e aceleração inercial. Isto funda-se na identidade, experimentalmente bem assegurada, da massa inercial e da massa gravitacional. Este facto experimental *possibilita* apenas, mas *não funda*, a equivalência dos sistemas de referência, para a qual se deve pressupor que a diferença mencionada, em todo o sistema local de Lorentz, desaparece em cada lugar e em cada tempo do universo. Se se permanecer na geometria euclidiana, a diferença existe; se se escolher um espaço riemanniano, ela pode eliminar-se. Tanto uma coisa como outra é, pois, um esquema de descrição ou de interpretação que é posto *na base* das experiências, mas que não se funda na experiência.

([34]) North, *op. cit.*, p. 407, escreve: «... não encontrámos evidência alguma em prol da imortalidade nas ciências da natureza. Nenhuma tem um valor absoluto permanente. A teoria individual da cosmologia não é nem verdadeira nem falsa: como qualquer outra teoria científica, é meramente um instrumento do que se toma por compreensão.»

([35]) Agradeço ao Prof. Dr. Volker Weidemann, do Instituto para a Física Teórica da Universidade de Kiel, pela leitura do manuscrito deste capítulo e pelos preciosos conselhos a seu respeito.

XI

Crítica do conceito de verdade na filosofia popperiana. O conceito de verdade na teoria historicista das ciências empíricas

Popper apoia-se na teoria da verdade de Tarski ([1]). Modifica, no entanto, a sua formulação «P é verdadeiro sc e só sc p» para «P corresponde aos factos se e só se p». «P» indica aqui uma expressão linguística, «p» o facto correspondente. Popper vai também buscar a Tarski os três requisitos mínimos que se devem exigir para semelhante asserção de verdade e de correspondência, se é que ela deve ser possível e coerente: primeiro, ela deve formular-se numa metalinguagem, na qual se pode falar das expressões da linguagem-objecto correspondente, por exemplo, «p». Segundo, na metalinguagem, devem poder descrever-se todos os factos que a linguagem-objecto também pode descrever, por exemplo, «P». Terceiro, a metalinguagem deve conter expressões como «corresponde aos factos». Deste modo se pode então definir que coisa seja um facto real, a saber: «P é um facto real se e só se p é verdadeiro».

Ora, segundo Popper, jamais podemos saber com segurança se algo é verdadeiro. Mas, com a ajuda da teoria da verdade de Tarski, ele crê que nos é permitido falar, sem objecções, de uma *aproximação* à verdade.

Com este fim, Popper define, antes de mais, o conteúdo de uma asserção *a*. Consiste ele na classe de todas as consequências lógicas de *a*. Se, pois, *a* é verdadeira, esta classe contém então só asserções verdadeiras. Se, porém, *a* é falsa, então há nela tanto proposições verdadeiras como falsas. (Por exemplo: «chove sempre no domingo» é falsa, mas a consequência de que no último domingo choveu pode ser verdadeira.) Por conteúdo de verdade de *a* Popper entende analogamente a classe das proposições verdadeiras que se seguem logicamente de *a*, ao passo que por conteúdo de falsidade toma a classe das proposições falsas, que dela logicamente resultam.

Suponhamos agora que duas teorias t_1 e t_2 são reciprocamente comparáveis. Neste caso, observa Popper, t_2 está mais próxima da verdade ou corresponde melhor aos factos do que t_1, se

a) o conteúdo de verdade de t_2, mas não o seu conteúdo de falsidade, supera o de t_1,
b) o conteúdo de falsidade de t_1, mas não o seu conteúdo de verdade, supera o de t_2.

Se agora indicarmos com $Ct_T(a)$ uma medida concebível do conteúdo de verdade (*truth content*) de *a*, e com $Ct_F(a)$, uma medida correspondente do conteúdo de falsidade (*falsity content*), encontramos assim uma fórmula para a verosimilhança (verisimilitude) de a, Vs(a):

$$Vs(a) = D_f Ct_T(a) - Ct_F(a).$$

(Popper melhorou ulteriormente esta definição, aspecto que não deverá agora ocupar-nos.)

Uma teoria teria o máximo de verosimilhança se correspondesse a todos os factos verdadeiros; seria então, segundo Popper, absolutamente verdadeira. Mas, na realidade, podemos falar de uma verosimilhança mais ou menos grande e, por conseguinte, de uma aproximação à verdade. Popper dá o nome de ideia regulativa à verdade objectiva, à verdade absoluta e à verosimilhança.

1. *A crítica do realismo metafísico de Popper e o conceito de verdade da epistemologia historicista*

É estranho que Popper e os seus seguidores possam acreditar seriamente que análises e definições meramente lógicas, como as que foram há pouco aduzidas, possam escorar o «realismo metafísico». Com efeito, a lógica nada consegue dizer sobre a realidade, mas o realismo metafísico consiste na afirmação de que *existe* uma realidade *em si*, transcendente à consciência, justamente aquela que podemos conhecer com uma aproximação sempre maior. O que Tarski e Popper mostraram é que se pode falar *de modo logicamente coerente* sobre a verdade e a verosimilhança — mas não mais.

Pode assim ver-se facilmente que as suas definições exactas são também compatíveis com outras gnoseologias, e não apenas com o realismo metafísico. Consideremos, por exemplo, uma concepção exactamente oposta a esta última, a saber, a do idealismo metafísico de Berkeley. Visto que ele parte do princípio de que «*esse est percipi*», «ser significa ser percebido», então um facto é apenas o que é percepcionado por um sujeito, e nada mais. Poderíamos, pois, com Berkeley inserir «o que é percepcionado» no lugar de «facto» e, de modo correspondente, formular: «P corresponde ao que é percepcionado se e só se *p*». Todos os requisitos mínimos exigidos por Tarski para as proposições de verdade seriam aqui também satisfeitas, embora uma tal formulação comece por soar estranha. Mas deve unicamente atender-se a que, para Berkeley, *p* nada mais é do que algo de percebido. Quem é que alguma vez teria podido duvidar de que o «*esse est percipi*» de Berkeley enquanto tal, e a sua opinião — daqui deduzível — acerca dos factos, da verdade, etc., deverá, de um modo puramente lógico, considerar-se como possível, seja qual for a atitude que a tal respeito se possa assumir?

A definição da verdade de Tarski e de Popper só fica cheia de *conteúdo* gnoseológico quando se elucida o que importa entender por «facto» e por «*corresponder* a um facto». Mas Popper interpreta este conceito, como em particular já se expressou nos capítulos 5 e 10, no sentido de um empirismo e de um realismo ingénuos.

Tomemos agora como ponto de partida a perspectiva *aqui* defendida, segundo a qual os factos são algo que se realiza através da percepção *e* dos apriorismos historicamente condicionados. Chamemos a tal, com brevidade, «percepção interpretada». Acrescentemos (cf. capítulo quarto) que «corresponder a um facto» significa sempre também pressupor determinadas condições judicativas. A proposição «P corresponde aos factos se e só se *p*», nesta concepção, deveria significar explicitamente: «P corresponde à percepção interpretada, na base de tais e tais pressupostos judicativos, se e só se *p*».

Se, em conformidade com o capítulo oitavo, resumirmos os apriorismos de uma determinada interpretação perceptiva como um sistema de princípios S, então a expressão «corresponde aos factos» é sempre possível só em relação a um dado S. Por outras palavras, «é verdadeiro» significa «é verdadeiro em S». Explicitamente: «P é verdadeiro se e só se *p*» deve traduzir-se para «P é verdadeiro em S se e só se *p*». Também aqui é evidente a plena consonância com os requisitos puramente lógicos de Tarski. Com efeito, apenas se exige que a metalinguagem semântica seja também uma linguagem meta*teórica*, portanto, não deve conter apenas expressões como «é verdadeiro» ou «corresponde aos factos», mas também «é verdadeiro em S».

Com outras teorias do conhecimento diversas do realismo metafísico é compatível não só o conceito de verdade de Popper e de Tarski, mas também a definição popperiana de «aproximação à verdade». Esta definição baseia-se no conteúdo de verdade e de falsidade de uma proposição *a*, bem como na comparabilidade das teorias. Se, por exemplo, pela medida escolhida do conteúdo de verdade $Ct_T(a)$ entendermos explicitamente $Ct_T(a)$ em S, e se pela medida escolhida do conteúdo de falsidade entendermos explicitamente $Ct_F(a)$ em S, como aqui aconteceu, devemos então, seguindo a definição popperiana, falar também de modo análogo de uma verosimilhança em S: Vs(a) em S = $D_f(Ct_T(a) - Ct_F(a))$ em S. Isto significa que afirmamos a maior ou menor verosimilhança de *a* em todas as condições de S. E como podemos falar incontestavelmente da verdade mesmo quando ela se refere apenas a um determinado S, então podemos de igual modo falar de aproximação à verdade sob a mesma condição.

A explicação ou progresso I, ilustrada no capítulo oitavo, oferece o exemplo mais simples. Consiste, entre outras coisas, no facto de que se aumenta de modo reconhecível o conteúdo de verdade de uma teoria quando dela é possível deduzir sempre mais proposições verdadeiras — quer mediante uma definição mais precisa das constantes que nela aparecem, quer por meio de métodos matemáticos aperfeiçoados para a consecução de prognósticos susceptíveis de confirmação, etc. Podemos, pois, dizer que a verosimilhança em S aumenta sempre mais. Mas a mesma coisa se pode dizer também no caso em que as teorias são *comparáveis* graças à sobreposição de âmbitos parciais dos S a eles respectivamente atinentes.

Um caso elementar consistiria no facto de a teoria t_1 se basear em S, a teoria t_2 em S', e S fosse um subconjunto de S'. Aqui, poderia então suceder que Vs(a') fosse em S' maior do que Vs(a) em S, e também aqui poderíamos falar de uma maior aproximação à verdade em S' do que em S. Mas nada se alteraria relativamente à necessária relação com um S.

Como se disse, o conceito de aproximação à verdade é possível só para teorias que sejam comparáveis, portanto, unicamente em relação a um S que, por sobreposição, lhes pertença em comum. A multiplicidade dos S que se excluem reciprocamente, que são incomensuráveis ou que apresentam apenas «semelhanças de família», multiplicidade que tanto foi justificada sistematicamente como revelada de modo histórico, exclui que se possa falar *globalmente* de uma aproximação à verdade por meio da ciência. De uma tal aproximação à verdade pode falar-se sempre e só em relação a um *determinado* S.

Nem o conceito de verdade nem o de aproximação a ela estão, pois, necessariamente ligados ao de um realismo metafísico, ao de uma verdade absoluta. Pelo contrário. Também a teoria aqui proposta das estipulações e dos conjuntos de conjuntos historicamente apriórios é de todo compatível com estes dois conceitos.

De modo correspondente podemos agora, também no quadro desta teoria, falar de uma ideia regulativa, a saber, de uma ideia tal que leva a realizar sempre mais explicações de uma teoria, a buscar para ela sempre confirmações maiores e melhores ou a fazer prevalecer sempre mais uma teoria em relação a uma teoria *comparável*. Sem dúvida, supondo que conseguimos obter a máxima aproximação à verdade, de modo que a nossa teoria corresponde, por fim, a todos os factos nela possíveis — seja o que for que tal possa, em rigor, significar —, não poderemos afirmar com certeza que esta teoria é, por conseguinte, absolutamente verdadeira. Com efeito, permanece sempre logicamente concebível que o mesmo resultado se alcançaria de igual modo com uma teoria comparável. Teríamos então duas ou mais interpretações do mundo perfeitamente satisfatórias. Mas isto é logicamente concebível porque o conjunto dos factos, que confirmam uma teoria, não é idêntico ao conjunto dos factos que confirmam a outra; porque, além disso, as proposições de base, aduzidas para a comprovação das teorias, são também passíveis de interpretação diversa, no quadro das diferentes teorias. Uma comparação: suponhamos que podemos descrever o mundo de um modo perfeitamente correcto, se pusermos um par de óculos vermelhos ou azuis, mas não de outro modo. No primeiro caso, tudo seria vermelho; no segundo, tudo azul. Como poderemos saber que um dos dois proporciona a imagem absolutamente verdadeira da realidade?

Popper apresenta igualmente uma comparação. Descreve a verdade absoluta como um cume que está sempre rodeado de nuvens. Se houvéssemos de o alcançar, nunca o saberíamos. Mas a verdade absoluta seria algo de objectivo, que não é afectada pelo facto de a podermos conhecer. Seria então possível, para retomar ainda uma vez o exemplo precedente, que tudo seja «realmente» azul, só que jamais poderíamos decidir se este é ou não o caso. A propósito, deveria observar-se que uma verdade absoluta deste tipo seria para nós inteiramente desprovida de importância. Pelo contrário, é para nós *de grande importância* estabelecer a verdade e a verosimilhança *num S*, e podemos fazer tal *de um modo objectivo e bem fundado*. Por exemplo, a proposição «Se pressuponho a teoria microfísica T, juntamente com certas pressuposições instrumentais e judicativas, encontra-se então neste ponto uma nuvem de electrões», é empiricamente verdadeira ou falsa com toda a desejável precisão e certeza, e nesta sua verdade ou falsidade é objectivamente — a saber, para todos — reconhecível. Ela, porém, não se refere a um objecto absoluto, mas a um objecto que é dado apenas mediante a *referência* a um conjunto de princípios. A verdade absoluta e a aproximação a uma verdade absoluta não é, pois, nem reconhecível, nem de qualquer significado. Pelo contrário, uma verdade e uma aproximação à verdade num dado S são tão reconhecíveis quanto igualmente de importância e objectivamente fundamentáveis.

Aqui se torna de novo claro que os popperianos confundem um «*conceito relacional de verdade*» (relacional a um S) com um conceito «relativístico», que perverte todo o conhecimento no arbítrio, no belprazer e na simples afirmação. O conceito relacional de verdade nada tem, além disso, a ver com o cepticismo e o agnosticismo, mas mostra antes as condições sob as quais unicamente é possível a verdade objectiva, embora não a verdade incondicionada e, por conseguinte, absoluta. Quem pretenderia negar que vemos coisas verdadeiras, embora toda a gente saiba que as nossas observações dependem da constituição particular dos nossos olhos e dos nervos ópticos? Elas são verdadeiras sob a condição do aparelho visual e dos hábitos ópticos adquiridos.

Popper distingue quatro diversas teorias da verdade: a *teoria da correspondência*, ou seja, a que ele próprio sustenta (verdade de uma proposição como correspondência com os factos), a *teoria da coerência*, que atende apenas à interna ausência lógica de contradições e à conexão lógica de um sistema, a *teoria da evidência*, para a qual o conhecimento da verdade e a verdade objectiva são inseparáveis, e a *teoria pragmática*, segundo a qual a verdade reside na utilidade. Considera subjectivistas todas as teorias, excepto a da correspondência, e crê que elas não apreendem a relação com a objectividade, que é necessária para a verdade. A teoria da coerência não capta a relação com a realidade que transcende a consciência; a teoria da evidência não repara que a verdade existe primeiro em si e só depois é descoberta; a teoria pragmática desconhece que o êxito nada diz sobre a verdade de uma coisa. Em contrapartida, importa estabelecer que a teoria por mim proposta é, *em primeiro lugar*, uma teoria da correspondência, enquanto exige a correspondência com os factos, mas em S; é, *em segundo lugar*, uma teoria da coerência, porquanto do S dado se espera que ele contribua para a harmonização de um conjunto de sistemas dado, que, por conseguinte, este S, enquanto condição da possível verdade empírica e da possível aproximação à verdade, salvaguarde este conjunto de sistemas das obscuridades ou contradições, e inclua nele amplas conexões; é, *em terceiro lugar*, uma teoria da evidência, enquanto exige a reconhecibilidade em princípio objectiva da verdade e, deste modo, também um fundamento para falar em geral de verdade; é, por fim, e *em quarto lugar*, uma teoria pragmática da verdade, porque permite falar só daquela verdade que, enquanto referência reconhecida ou reconhecível a um dado S, no interior de um conjunto de sistemas, é parte do mundo em que os homens actuam respectivamente de modo prático e experimentam objectivamente a realidade.

Os popperianos sustentam, finalmente, que apenas a ideia regulativa da verdade absoluta possibilita o progresso científico e o encoraja. Tanto quanto vejo, é esta a razão autêntica que os levou a semelhante ideia. A que motivo se contrapõe aqui a ideia regulativa de uma verdade em S, além disso, de uma aproximação a esta verdade em S (progresso I) e, por fim, de uma configuração optimal deste S como condição de experiência possível, no quadro de um dado conjunto de sistemas (progresso II). Comparada com *esta* ideia, a meta do progresso de Popper é excessiva. Pretender escalar um cume, acerca do qual jamais se pode saber se foi escalado — para permanecer dentro da sua comparação —, é antes frustante e desencorajador. O progresso torna-se, pelo contrário, uma noção significativa quando se estabelecem objectivos, dos quais se pode saber com certeza se foram alcançados. A ideia de uma verdade absoluta não só é, pois, privada de significado, mas revela também que o único motivo aduzido pelos popperianos para a ela se aterem está muito longe de ser plausível. Não podemos esperar que a luz, em que vemos as coisas, seja a própria luz das coisas; mas podemos aguardar que a natureza nos *apareça* nesta luz, que se torne *visível* nesta luz e nos mostre como *realmente nela se apresenta*. Quem aspire a mais pretende ser um Deus ou estar na posse de uma revelação divina. Uma verdade absoluta deveria referir-se à coisa em si. Relacionar com isto uma teoria empírica, como intentam os popperianos, subtrai-se a toda a fundamentação plausível.

2. Da verdade da própria epistemologia historicista

Importa, neste ponto, abordar agora uma questão certamente decisiva, a saber: Que se passa com a verdade da própria epistemologia historicista? Será também ela verdadeira só num S enquanto parte de um conjunto histórico de sistemas e encontrar-se-á, deste modo, sujeita no futuro ao destino de uma possível mutação? Se assim fosse, não estaria isenta de contradições. Com efeito, precisamente no momento em que se visse arrastada para o automovimento de um conjunto de sistemas, deveria manter, como se afirmou, a sua validade. A sua doutrina seria, pois, justamente confirmada pelo facto de (graças à mutação) ser eliminada. Ou será ela absolutamente verdadeira? Como se poderia, no entanto, justificar semelhante pretensão de ser a única excepção entre todas as outras teorias, que são vítimas da historicidade?

Olhemos, uma vez ainda, para trás e recordemos as fases singulares da sua fundamentação. No capítulo terceiro, na base de uma análise puramente lógica, depreendia-se que as proposições de base, os teoremas (leis da natureza) e os axiomas de uma teoria empírica têm como condição indispensável estipulações *a priori*. No capítulo quarto, igualmente na base de uma análise lógica, tais estipulações foram sistematizadas e condensadas em categorias. Mas também esta perspectiva não precisa de qualquer experiência do facto de que essas estipulações não podem ser fundamentadas, nem logicamente, nem de um modo transcendental, nem por um gesto arbitrário; por conseguinte, resta ainda apenas uma possibilidade, a saber, a possibilidade de as fundar numa situação histórica. Inferiu-se ulteriormente, no capítulo oitavo e isto será ainda tratado de modo mais pormenorizado no capítulo 13 — que uma tal situação histórica, se houver de ser objecto da *ciência*, só é susceptível de *descrição* em teorias axiomáticas e, *deste modo*, como conjunto de sistemas. Por fim, aí mesmo se mostrou logicamente em que apenas podem consistir um desenvolvimento fundamentado (explicação) e uma alteração (mutação), que devem levar-se a cabo no interior de semelhante conjunto cientificamente construído de sistemas (harmonização dos conjuntos de sistemas). E no termo de todas estas considerações lógicas, que resultam globalmente da noção de uma ciência empírica que trabalha com teorias axiomáticas, encontrava-se a conclusão de que a história, considerada do ponto de vista científico, se deve conceber como uma espécie de automovimento de conjuntos de sistemas.

Os exemplos empíricos, que se foram buscar à história das ciências e se apresentaram nos capítulos precedentes, servem assim unicamente para a ilustração e a concreção, mas não para a fundamentação da epistemologia historicista. Estes exemplos, se prescindirmos do seu valor intrínseco de história da ciência, possuem um significado propedêutico, no sentido do capítulo quarto.

A teoria historicista da ciência não é, pois, nem empírica nem transcendentalmente verdadeira, mas assere uma *verdade lógica*, que é do tipo de uma proposição «se-então». Poderia dar-se-lhe a forma abreviada (cf. também capítulo nono, p. 241, segundo parágrafo): *se* existe uma ciência empírica, *então* ela, implícita ou explicitamente, considera a história como uma história de conjuntos de sistemas que se movem a si mesmos. Esta verdade lógica é, *enquanto tal*, sempre válida, por conseguinte, não é em si mesma histórica — a contradição indicada no princípio deste parágrafo não pode, pois, afectá-la. Mas, por outro lado, está ainda associada a uma condição histórica na medida em que o objecto, a que ela se refere, justamente a ciência, poderia de novo desaparecer. Manteria então, sem dúvida, a sua validade — mas teria perdido literalmente a sua actualidade, seria obsoleta.

Mas se a ciência desaparecesse, dando lugar a um outro tipo de consideração das coisas, tal processo seria certamente, na perspectiva do novo modo de consideração, um processo na história; já não seria, porém, susceptível de descrição em termos de história de sistemas, como é típico da ciência. No capítulo 15, indagar-se-á que coisa pode ser, por exemplo, a história na interpretação mítica.

3. *Algumas observações críticas suplementares acerca do novo popperianismo*

Acrescentemos, por fim, a este capítulo ainda algumas observações complementares para a crítica do popperianismo.

Gostaria aqui de citar duas teses fundamentais que são actualmente defendidas por filósofos da London School of Economics (LSE) [2]. Rezam assim:

1) O falsificacionismo — eis apenas uma outra palavra para «popperianismo» — é superior ao indutivismo porque é de todo dedu-

tivista e evita o paradoxo de Goodman (esclarecer-se-á mais tarde o que por tal se deve entender).

2) Nenhum facto que tenha sido utilizado na construção de uma teoria pode confirmar semelhante teoria.

Comecemos pela primeira tese. Ela é fundamentada do modo seguinte: as autênticas inferências científicas, afirmam os filósofos da LSE, procedem, dedutivamente, ou de premissas que contêm conjecturas para conclusões controláveis, ou de uma conclusão comprovada e falsificada para a negação de um conjunto de premissas, das quais tal conclusão se deduzira.

Deve a isto ripostar-se que, como se mostrou, também cada falsificação tem algumas premissas, como, por exemplo, axiomas de determinadas teorias sobre a observação. Ora se estas premissas são igualmente conjecturas, e isto não é negado pelos filósofos da LSE, então a falsificação é de igual modo apenas uma conjectura. Esta conjectura pode ser meramente arbitrária, e então a falsificação seria praticamente desprovida de significado, ou o cientista possui algumas *razões* para estas conjecturas — mas então não é possível evitar induções. Se, por exemplo, se usa um bastão para levar a cabo uma mensuração, não é de esperar, habitualmente, que ele se tenha alterado desde que foi usado pela última vez. Mas esta expectação dependerá quase sempre de experiências precedentes e será, por isso, indutiva. Que se ganhou, pois, efectivamente face aos indutivistas? Os falsificacionistas censuraram-lhes a admissão de verificações que unicamente podem conter conjecturas; mas, com igual direito, os indutivistas poderiam retorcer o argumento e reprovar aos falsificacionistas a permissão de falsificações que, de modo semelhante, são apenas conjecturas ou, pior ainda, são absolutamente privadas de significado.

O segundo motivo por que os filósofos da LSE pensam que o falsificacionismo é superior ao indutivismo consiste no pressuposto de que unicamente o indutivismo é afectado pelo paradoxo de Goodman. Este paradoxo consiste no seguinte: defina-se assim, primeiro, a palavra «verdemelho»: algo é verdemelho se, ou no instante t uma verificação mostrou que ele é verde, ou se, no caso de não ser comprovado no instante t, é vermelho. A proposição «todas as esmeraldas são verdes» é agora confrontada com a proposição «todas as esmeraldas são verdemelhas». Salienta-se assim que, paradoxalmente, ambas as proposições são de modo análogo confirmadas indutivamente, pois toda a confirmação indutiva da primeira constitui evidentemente também uma confirmação da segunda. Ora não é verdade que este paradoxo afecte somente o indutivismo, mas não o falsificacionismo. Se examinarmos uma esmeralda e se o resultado, no instante t_o, for: «a esmeralda não é verde», então a hipótese «todas as esmeraldas são verdemelhas» foi falsificada; mas se o resultado, no instante t_o, for: «a esmeralda *é verde*», a falsificação não se conseguiu então e a hipótese, segundo Popper, é reforçada. Como é manifesto, os filósofos da LSE não vêem que o paradoxo de Goodman não concerne, em primeiro lugar, ao problema do indutivismo, mas antes ao problema de como se pode distinguir uma lei *autêntica* de uma *pseudo-lei*. De igual modo nos mostra, pois, o paradoxo de Goodman que não é suficiente, com Popper, fornecer a definição segundo a qual uma lei é uma proposição que deve ser falsificável. Com efeito, «todas as esmeraldas são verdemelhas» é uma proposição que se pode falsificar, mas que jamais se poderá tomar seriamente por uma lei genuína. Este paradoxo concerne, pois, tanto aos indutivistas como aos falsificacionistas.

De resto, importa observar que a recusa rigorosa do indutivismo é incompatível com a regra geral dos popperianos, já tratada no capítulo quinto, a saber, que teoria, ou um programa de investigação, é melhor e mais progressiva do que outra que com ela se encontra em competição, se for corroborada por mais factos do que a segunda. Com efeito, semelhante regra nada mais pode ser do que uma regra indutiva. Ela deve igualmente indicar que um tal programa, enquanto progressivo, permite esperar mais para o futuro, merece também maior apoio — e, claro está, em virtude da razão *indutiva* de que, *até agora*, foi particularmente bem sucedido!

E, por fim, ainda uma última palavra a este respeito. O critério do progresso, há pouco citado, é completamente inadequado para a interpretação de passagens, como foram ilustradas pelo exemplo Descartes — Huygens, analisado no capítulo nono. Trata-se aí, com efeito, não de teorias sobre factos, mas da elaboração de critérios normativos a fim de se estabelecer em que é que deve justamente consistir uma teoria científica. É a passagem de uma mecânica puramente racionalista a uma mecânica empírica. O critério dos popperianos pode, pois, obter validade neste caso só quando a última mecânica já foi introduzida. Na filosofia popperiana, não é possível fornecer uma interpretação destes processos da história da ciência, extremamente importantes, que consistem na elaboração de metateorias e de sistemas epistemológicos, onde apenas se debateu se e em que medida os factos devem desempenhar um papel, ou que coisa se deve ou não reconhecer em geral como facto.

Em resumo: graças à regra apresentada, os popperianos contradizem, primeiro, o seu próprio anti-indutivismo radical; em segundo lugar, esta regra é obscura (o que é um facto?) e, por outro lado, não abrange até um dos campos mais importantes do progresso — a saber, o progresso de uma metateoria para outra (progresso que, por um lado, se pode interpretar com os instrumentos da teoria dos conjuntos históricos de sistemas, aqui aprontada, como mostram os capítulos anteriores).

Consideremos ainda brevemente a segunda das teses mencionadas dos filósofos da LSE. Eles remetem, como exemplo, para a tentativa de melhorar a teoria newtonia, adaptando-a ao movimento do periélio de Mercúrio, previsto correctamente pela teoria geral da relatividade. Semelhante tentativa deveria rejeitar-se porque, na construção da teoria melhorada de Newton, foi utilizado o conhecimento do facto deste movimento. Em contrapartida, pode objectar-se o seguinte. Suponhamos que, num futuro longínquo em que a história da ciência de todo se tiver esquecido, alguém desenterre dois livros: um, que contém a teoria melhorada de Newton, e outro a teoria de Einstein. Não há dúvida de que considerará ambas as teorias de todo equivalentes, porque se encontram em igual consonância com os factos. Isto mostra que a expressão «utilização de um facto na contrução de uma teoria» é enganadora. Parece indicar um círculo lógico; mas, na verdade, aquele que prefere a teoria da relatividade à teoria melhorada de Newton, porque Einstein a propôs sem ter olhado de soslaio para o movimento de Mercúrio, de nenhum modo se refere ao critério «apoio mediante um facto», mas a algo de inteiramente diverso, a saber, a uma prioridade temporal: foi Einstein, e não Newton, o primeiro a deduzir o movimento em questão do periélio. Não é aqui, no entanto, reconhecível uma maior justificação científica — pois, ao fim e ao cabo, ambas as teorias estão de novo em consonância com a realidade. Só isto é decisivo. A história da produção de semelhante consonância é, em contrapartida, desprovida de significado. Além disso, se se crê na verdade absoluta, como fazem os filósofos da LSE, com que direito se deverá estar convencido de que uma teoria adaptada a factos conhecidos deve ser mais falsa ou também só menos verdadeira do que outra, só porque ela, em relação a esta, já não acerta no alvo?

NOTAS

[1] Sobre a teoria da verdade de Popper, cf. K. R. Popper, *Objektive Erkenntnis*, Hamburgo 1973; *Conjectures and Refutations. The Growth of Scientific Knowledge*, Londres 1965.

[2] Estas teses foram expostas por eles durante um simpósio patrocinado pela Fundação Thyssen, que teve lugar em Julho de 1975 no castelo de Kronberg. Encontravam-se aí quase todos os representantes da filosofia de Popper-Lakatos da LSE.

XII

Crítica da teoria de Sneed-Stegmüller dos processos da história da ciência e do progresso científico

Sneed e Stegmüller partem do facto de que se pode representar uma teoria, com a ajuda da definição de um predicado da teoria dos conjuntos, que descreve a estrutura matemática desta teoria ([1]).

Como exemplo, pode citar-se a mecânica clássica das partículas (MCP). Pode afirmar-se:

MCP(x) ↔ existem conjuntos P, T, um $\vec{s}$, um m e um $\vec{f}$ (em palavras: «x é uma MCP se e só se existe um conjunto P, etc.), de modo que vale:

1) x = <P, T, $\vec{s}$, m, $\vec{f}$> (em palavras: x é uma estrutura com P, T, etc., em que o conjunto P indica as partículas, o conjunto T os instantes temporais, $\vec{s}$ a função do vector posição, m a função massa e $\vec{f}$ a função força).

2) P é um conjunto finito não vazio.

3) T é um intervalo de números reais.

4) $\vec{s}$ é a função do vector posição com $D_I(\vec{s}) = P \times T$ e $D_{II}(\vec{s}) \subseteq \mathbb{R}^3$. ($D_I$ é domínio de definição ou dos argumentos de $\vec{s}$, «×» indica o produto cartesiano. Por outras palavras, no domínio de definição de $\vec{s}$, uma partícula está sempre associada a um instante temporal. D_{II} é o domínio do gráfico de $\vec{s}$, portanto, o domínio em que a função $\vec{s}$ é representada. $\mathbb{R}^3$ significa o conjunto das triplas de números reais. «$D_{II} \subseteq \mathbb{R}^3$» significa, pois: o domínio do gráfico D_{II}, a saber, o do conjunto do vector posição, é um subconjunto do conjunto das triplas de números reais — com efeito, todo o vector posição é determinado mediante três números reais, ou seja, pelas suas coordenadas).

5) m é uma função com $D_I(m) = P$ e $D_{II}(m) \subseteq P$, em que $m(u_i) > 0$ para todos os $u \in P$. («$u \in P$» significa: u é um elemento do conjunto P.)

6) $\vec{f}$ é uma função com $D_I(\vec{f}) = P \times T \times \mathbb{N}$ (onde $\mathbb{N}$ é o conjunto dos números naturais, no qual vem representado o número das forças que agem sobre uma partícula) e $D_{II}(\vec{f}) \subseteq \mathbb{R}^3$. Além disso, para todos os $u \in P$ e $t \in T$ $\sum_{i \in \mathbb{N}} \vec{f}$ (u, t, i), é absolutamente convergente (isto é, a soma dos valores absolutos tem um limite).

7) Para todos os $u \in P$ e todos os $t \in T$ vale: $m(u) \times D^2 \vec{s}$ (u, t) = = $\sum_{i \in \mathbb{N}} \vec{f}$ (u, t, i) (onde D^2 indica a segunda derivada temporal de s. Trata-se aqui, pois, da conhecida equação: massa × aceleração = = força).

Desta definição puramente conjuntal poderia agora, segundo Sneed-Stegmüller, chegar-se a uma afirmação empírica, se fosse permitido dizer que existe uma aplicação *a* desta estrutura a sistemas reais. Por exemplo, que o sistema solar tem uma tal estrutura. Asserções empíricas deste tipo têm, por conseguinte, a forma geral: *a* tem uma estrutura que define uma determinada teoria (por exemplo, uma MCP) ou, com maior brevidade, *a* tem um S, onde S se chama a lei fundamental da teoria.

Num segundo passo, Sneed e Stegmüller definem o que se deve entender por uma *grandeza teórica*. Grandezas teóricas, dizem eles, são aquelas que se medem na dependência de teoria. Segundo a sua concepção, isto significará que a determinação dos valores de tais grandezas depende de uma aplicação prévia bem sucedida justamente das teorias em que tais grandezas ocorrem. Por exemplo, na MCP, são assim dependentes da teoria apenas a força e a massa, mas não a posição e o tempo, porque estes podem tornar-se objecto de mensurações mesmo de modo não mecânico, por exemplo, óptico.

Todo o *a*, a que uma teoria é aplicável, denomina-se *modelo de S* e é diferenciado de um *possível (potencial) modelo parcial*. Assim, por exemplo, a cinemática das partículas (CP) é um possível modelo parcial da MCP. Vale: CP(x) ↔ existe um conjunto P, um conjunto T e uma função $\vec{s}$, de modo que resultam verdadeiros os pontos 1) — 4), precedentemente citados, com cuja ajuda é definida a MCP, mas nada mais. A massa e a força são, pois, subtraídas (decerto também já no ponto 1), onde já ocorrem). A MCP aparece deste modo como uma «integração teórica» da CP. Em vez de «*a* é S», como há pouco, pode agora dizer-se (e esta afirmação vem designada como «(I)», para a distinguir de uma que surgirá mais à frente):

(I): *a* é um potencial modelo parcial de S, e existe uma integração teórica x de *a*, que é um modelo de S. Esta proposição denomina-se a «forma primitiva da representação de Ramsey do conteúdo empírico de uma teoria».

Mas porque se deveria pôr a proposição (I) mais complicada no lugar da mais simples «*a* é um S»? Tal facto é assim fundamentado por Sneed e Stegmüller: para comprovar «*a* é S», é necessário estabelecer os valores de determinadas grandezas teóricas. Mas para tal, de acordo com a definição destas grandezas, pressupõe-se uma aplicação bem sucedida da teoria com a estrutura S. Para controlar esta aplicação, deveria de novo pressupor-se uma outra sua aplicação bem sucedida, etc. A consequência seria um regresso infinito ou um círculo. Em contrapartida, para conhecer a verdade empírica de (I), basta estabelecer se as grandezas *não teóricas*, utilizadas na descrição de *a*, satisfazem (I). Uma confirmação de (I), interpretada no âmbito da CP ou da MCP, consistiria, por exemplo, na simples demonstração de que existe alguma partícula a que se podem associar um intervalo temporal e um vector de posição. Com efeito, há, além disso, justamente uma integração teórica, que é um modelo da MCP, a saber, podemos aplicar a um tal *a*, que representa um modelo potencial da MCP, as funções teóricas da MCP. (I) é, pois, face a «*a* é um S», uma afirmação empírica atenuada, a saber, a afirmação de uma aplicação só possível, não real, das grandezas dependentes da teoria.

1. *Crítica da definição de Sneed-Stegmüller das grandezas teóricas*

Já aqui se nos impõem algumas questões críticas. A definição de Sneed-Stegmüller das grandezas teóricas, antes de mais, não persuade. Porque é que nesta definição deve entrar a aplicação bem sucedida da teoria de que dependem estas grandezas? Não mostra a conclusão daqui tirada por Sneed-Stegmüller, a saber, que o tempo e o espaço não são grandezas dependentes da teoria, quão problemático isto é? Efectivamente, como já várias vezes se apontou nos capítulos precedentes, não há determinações espaciotemporais sem complexos pressupostos teóricos. Sem dúvida, para afirmar como verdadeira «*a* é um S», importa fazer medições — mas isto acontece justamente de modo tal que a validade das teorias necessárias para estas mensurações é posta, pelo menos em parte, *a priori* (também já aqui isto se demonstrou, várias vezes). Mais não se requer, porque levaria ao círculo ou ao regresso infinito, que também Sneed e Stegmüller lobrigam; mas também não *deve* exigir-se mais. Além disso, a própria proposição «*a* é um potencial modelo parcial de S» deve decidir-se mediante mensurações se, como se requer, tem de pertencer ao conteúdo empírico da teoria. Como se poderão então, com a formulação (I) do conteúdo empírico de uma teoria, evitar as dificuldades que a proposição «*a* é um S» já provoca, logo que acatamos o ponto de vista de Sneed e Stegmüller? E por fim: Será (I) realmente uma definição adequada do conteúdo empírico de uma teoria? Será, de facto, incontestavelmente certo que a esta proposição não se poderia dar o significado: «*a* é um potencial modelo parcial», *ou seja, é a priori interpretável* deste modo? O conteúdo empírico consistiria, pelo contrário, em proposições do tipo: «o sistema planetário, interpretado *a priori* no quadro da mecânica clássica, mostra estes e mais estes *determinados* movimentos, massas e forças», etc.

2. *Crítica da distinção de Snned-Stegmüller entre o núcleo estrutural e o núcleo estrutural ampliado de uma teoria*

Mas, em primeiro lugar, sigamos ulteriormente a teoria de Sneed-Stegmüller. Para toda a teoria, afirma-se nela, existem diversas «aplicações intentadas» (para a física clássica, por exemplo, o sistema solar, as marés, o pêndulo, etc). Estas aplicações estão entre si ligadas mediante «condições secundárias». Assim, em diversas aplicações, atribuem-se ao mesmo objecto os mesmos valores funcionais (a massa solar, por exemplo, é supostamente a mesma tanto no quadro do sistema solar como num seu subsistema). Além disso, em certas aplicações, vigoram «leis especiais», com as quais se deve entender um «reforço da estrutura S». (Aqui se inscrevem, no tocante à MCP, a lei da gravitação, a lei de Hook, e outras ainda.) Se tudo isto se tiver também em conta, segundo Sneed e Stegmüller, resultará a versão final da representação de Ramsey de uma teoria. Reza assim:

(II): Existe uma tal integração teórica *r* do conjunto *a* de sistemas físicos em relação a modelos de estrutura matemática S que as funções teóricas utilizadas nesta integração satisfazem uma classe de condições secundárias predeterminadas e que, além disso, certos conjuntos parciais genuínos de *a* são integráveis relativamente a modelos de determinados reforços da estrutura S.

Distingue-se aqui o chamado «núcleo estrutural» K de uma teoria do «núcleo estrutural alargado» E. A K pertencem:
1) O conjunto dos modelos possíveis (isto é, a estrutura matemática da teoria). 2) O conjunto dos possíveis modelos parciais. 3) A função de restrição (é aquela pela qual surgem associados os modelos possíveis dos modelos parciais). 4) O conjunto dos modelos. 5) O conjunto das condições secundárias. Se a estes cinco elementos do núcleo estrutural, que aqui não importa discutir mais em pormenor, se acrescentarem as leis especiais supramencionadas, obtém-se o núcleo estrutural ampliado E.

O conceito fundamental da teoria de Sneed-Stegmüller consiste no facto de que, no processo da história da ciência, se pára em K, mas há alteração de E. (II) é, pois, uma afirmação empírica que varia de época para época. Pelo contrário, o núcleo estrutural é, por assim dizer, o apriórico na teoria; permanece, portanto, constante e não requer nenhuma particular «estratégia de imunização».

Torna-se aqui inevitável a imediata pergunta crítica: Não será arbitrária a fronteira entre K e E? Onde estão os critérios segundo os quais ela se poderia determinar objectivamente ou de modo imperioso? Mas se estes faltam, faltam também as razões para o que pode e não pode ser empiricamente sacrificado. Sem dúvida, a definição conjuntal de uma teoria faz aparecer, de modo formalmente claro, o seu núcleo imune e *a priori*. Mas isto pressupõe, todavia, que se tenha previamente fundamentado de modo elucidativo porque é que a fronteira entre ele e o seu alargamento foi traçada assim e não de outra maneira. Por exemplo, para estabelecer que a segunda lei fundamental da mecânica - força = massa × aceleração pertence ao núcleo e, portanto, deve valer *a priori*, requer-se algo de inteiramente diverso das investigações teórico-conjuntais. E Stegmüller vê isto mesmo, quando refere que a mensuração das grandezas determinadas por esta lei pressupõe já semelhante lei. Além disso, é infundado que, para os núcleos estruturais de uma teoria, não se exijam quaisquer imunizações. Como mostram os capítulos precedentes, todos os momentos aprióricos de uma teoria se encontram também expostos à erosão histórica e devem, justamente por isso, ser continuamente defendidos de um modo novo e diverso (em parte, de modo a que a seu favor se recorra novamente a outros princípios aprióricos, e em parte, de maneira a demonstrar a sua capacidade de produzir um quadro fecundo, em cujo interior se pode fazer uma experiência bem sucedida, etc.).

3. *Crítica da «dinâmica das teorias» de Sneed-Stegmüller*

Segue-se agora a definição de uma teoria e, para tal fim, introduz-se ainda um conjunto J de sistemas físicos, que representam as «aplicações intentadas» de E. Designam, além disso, ainda a classe das possíveis aplicações intentadas de E com A(E). Deve, em seguida, valer: x é uma teoria física se e só se x = < K, J >. Deste modo, segundo Sneed-Stegmüller, pode agora expressar-se também em termos de teoria dos conjuntos o conteúdo empírico de uma teoria. Em lugar de (II) entra:

(III): J é um elemento de A (E). (Com efeito, *a* em (II) nada mais é do que o conjunto J das aplicações intentadas admitido em determinado momento, e o S reforçado em (II) é o E.)

Por fim, define-se ainda o «dispor de uma teoria no tempo t» e, claro está, tanto de modo semântico como pragmático.

A *definição semântica* diz: uma pessoa P dispõe no tempo t de uma teoria T, se p, no tempo t, sabe que, primeiro, J é um elemento de A (E); segundo, que este E é o E mais forte conhecido, a cuja aplicação pertence J; e, terceiro, que J é um conjunto máximo que pertence à aplicação de E. A *definição pragmática* reza assim: uma pessoa p dispõe, no tempo t, de uma teoria T se, primeiro, p dispõe de T semanticamente, se, em segundo lugar, existe uma outra pessoa p_o (por exemplo, o criador de T) que estabeleceu as aplicações intentadas de T mediante um conjunto-exemplo paradigmático J_o, se, em terceiro lugar, J_o é para p conjunto parcial do conjunto J escolhido no tempo t, se, em quarto lugar, p crê que existe um ulterior reforço E' de E, para o qual J é novamente um elemento de A(E') e, quinto, se p crê num alargamento de J que é, simultaneamente, elemento deste alargamento reforçado.

O ponto quatro da definição pragmática aparece com a denominação de «crença teórica no progresso», o ponto cinco, «crença empírica no progresso».

Assim se aprontaram os meios para chegar ao núcleo da questão e, por conseguinte, para desenvolver a teoria de Sneed-Stegmüller dos processos da história científica, para os quais eles empregam a expressão «dinâmica das teorias».

O facto *histórico* de que, muitas vezes, diversas pessoas declaram aderir à mesma teoria, mas lhe associam, todavia, hipóteses diferentes, pode apenas esclarecer-se com o facto de que as pessoas em questão têm diversas opiniões acerca do núcleo estrutural E, ou acerca da extensão do conjunto J da aplicação intentada de E e, no entanto, atêm-se ao mesmo conjunto paradigmático de partida J_o.

O facto *histórico* de que tantas vezes as teorias são falsificadas (aqui, significa isto a falsificação das proposições (II) ou (III), sem que tais teorias sejam rejeitadas, pode apenas explicar-se pelo facto de que apenas a tentativa de *ampliar* o núcleo, que, sem dúvida, não pode fracassar. (Como exemplo, menciona-se o seguinte: se a luz não consta de partículas, a mecânica das partículas não sofre um fracasso, mas unicamente é anulado um elemento do conjunto das aplicações intentadas de E.)

Nesta perspectiva, um desenvolvimento científico *normal* ocorre, por fim, quando E e J são ampliados; pelo contrário, um desenvolvimento *revolucionário* tem lugar, quando se desenvolve um novo núcleo estrutural K ([2]).

Explica-se deste modo o outro facto *histórico*, segundo o qual os desenvolvimentos revolucionários não partem da falsificação de quaisquer núcleos estruturais. Com efeito, tais falsificações nem sequer são possíveis. Não obstante o fracasso de alargamentos do núcleo estrutural, persiste-se num dado núcleo estrutural até se encontrar um melhor. Um objecto que é necessário aos homens, embora da nossa mente infestado, é, ao fim e ao cabo, melhor do que nada. Ademais, o fiasco das tentativas de alargamento não constitui prova alguma de que sejam em geral impossíveis. Stegmüller suscita, em particular, a impressão de que é sobretudo a definição teórico-conjuntal de uma teoria aquela com que se podem explicar os três factos descritos, fundamentais, sem dúvida, para a história da ciência. Se não se considerasse teórico-conjuntalmente uma teoria mas, como até agora acontece, como uma classe de proposições (concepção proposicional), que podem ser verdadeiras ou falsas, então seria incompreensível a imunidade do núcleo das teorias, a qual se encontra, por assim dizer, para além do «verdadeiro e falso», tornando-se assim um enigma irracional o decurso da história da ciência.

Ora já aqui se apontou que a representação teórico-conjuntal de uma teoria oferece, com efeito, a vantagem de fazer sobressair de um modo formal e particularmente claro o núcleo apriórico de uma teoria. Mas tal representação não substitui a necessária decisão prévia sobre *que coisa* deve ser, e não ser, escolhida para *a priori* da teoria, que critérios se devem a este respeito empregar, e que se deve em geral entender por aprioridade, em semelhante contexto. Mas estas decisões podem sempre ser tomadas apenas mediante a comprovação das asserções singulares acerca da sua capacidade de serem fundamentadas empírica ou não empíricamente, e por meio do uso do contexto complexivo em que aparecem. Nenhuma representação *formal*, como a teórico-conjuntal, pode poupar estas investigações *conteudais*; ela estabelecer-se-á, pois, sempre no *fim* de uma constituição de teoria, a saber, quando a teoria se encontra pela primeira vez como uma classe de asserções, mas nunca no começo, portanto, onde pela primeira vez se estipula a fronteira entre K e E, entre o apriórico e o aposteriórico, em que os princípios axiomáticos, funcionais, judicativos e normativos recebem a sua peculiar justificação *a priori* e, deste modo, se distinguem do dado empírico, que aparece no seu enquadramento.

Visto que a descrição teórico-conjuntal das teorias, não obstante todas as vantagens formais, oculta justamente a problemática da sua fundamentação, esconde igualmente a sua determinidade histórica. Acontece assim que Stegmüller explica a fixação num núcleo estrutural, apesar do fiasco de muitas das suas tentativas de alargamento, de um modo puramente psicológico, a saber, em suma, com o facto de que é melhor possuir algo de deficiente do que nada. A possibilidade de considerar este ater-se a algo não como psicológico, mas como *histórico* e, por conseguinte, fundado objectivamente numa situação determinada, como aqui se mostrou mediante vários exemplos pertinentes e como se fundou, em geral, na teoria dos conjuntos históricos de sistemas, não pode sequer emergir no tipo de consideração teórico-conjuntal.

Ela também não proporciona, por fim, explicação alguma de *porque é* que ocorrem desenvolvimentos revolucionários, de *porque é* que em certas alturas se propõe um novo núcleo. Com efeito, tudo o que Stegmüller observa a este respeito, a saber, que isto, por exemplo, acontece quando a velha teoria é reduzível à nova e quando esta, do ponto de vista explicativo e prognóstico, oferece pelo menos a mesma coisa que aquela, nada tem a ver com a descrição teórico-conjuntal das teorias, mas é uma afirmação puramente histórica que, de resto — também isto deviam mostrar os capítulos precedentes — não é concludente. Mas porque é que o desenvolvimento histórico não decorreu deste modo, sem assim se tornar enigmático ou irracional, pode justamente compreender-se no quadro da sua descrição em termos de teoria dos sistemas e, por conseguinte, no quadro da epistemologia historicista aqui desenvolvida.

A teoria de Sneed-Stegmüller é um instrumento que, embora problemático em pontos particulares, é globalmente excelente para a análise lógica de teorias dadas; uma «*dinâmica* das teoricas» e, deste modo, uma metateoria da emergência, da fundamentação, da escolha e do desenvolvimento histórico das teorias não pode dela derivar-se e, por isso, tal designação é para ela enganadora.

NOTAS

([1]) Cf. W. Stegmüller, *Theorie und Erfahrung*, 1973. Id., «Theoriendynamik und logisches Verständnis», in: W. Diederich (Org.): *Beiträge zur diachronen Wissenschaftstheorie*, Francoforte 1974.

([2]) Stegmüller alude assim à distinção de Kuhn entre ciência normal e ciência revolucionária.

Alguns poderiam aqui sentir a falta de um confronto com a teoria de Kuhn acerca da estrutura das revoluções científicas (*The Structure of Scientific Revolutions*, Chicago 1962). Sem querer diminuir o mérito histórico de Kuhn a propósito da descoberta de importantes problemas epistemológicos fundamentais, deve, no entanto, constatar-se que a mais recente teoria popperiana e a de Sneed-Stegmüller derivaram da compreensão das deficiências da concepção de Kuhn, deficiências que, entretanto, quase já não são contestadas e, portanto, actualmente só vale a pena apenas o confronto com estas teorias. Cf. também a minha recensão do escrito de Kuhn in *Philosophische Rundschau*, 15 (1968), pp. 185-193.

XIII

Fundamentos teóricos das ciências históricas

Repetidas vezes, nos capítulos precedentes, veio para primeiro plano o papel da história e da historicidade. Queremos agora virar--nos, em particular, para a teoria das ciências históricas e aplicar-lhes o que até agora se conseguiu.

Encontra-se ainda hoje muito difundida a opinião segundo a qual as ciências históricas se orientariam para o particular e o individual — por exemplo, para uma determinada personalidade, um determinado Estado, uma determinada época artística, etc.; as ciências da natureza, pelo contrário, virar-se-iam para o geral — para leis válidas em toda a parte e para fenómenos sempre idênticos. De modo correspondente, os métodos aqui e além empregues seriam entre si diversos: o historiador «compreende», transfere-se empaticamente para as singularidades das relações humanas que lhe são familiares, ao passo que o investigador da natureza «explica», por conseguinte, reconduz os fenómenos a leis gerais. Esta ou uma opinião semelhante foi defendida em particular, como se sabe, por filósofos e historiadores alemães, entre os quais se contam Herder, von Humboldt, Dilthey, Ranke, Droysen, Windelband e muitos outros.

Já muitas vezes eles foram objecto de oposição, e isso aconteceu de novo recentemente, nos países anglo-saxónicos. Também nas ciências históricas, assim afirmaram, por exemplo, Hempel, Oppenheim, Gardiner, White e Danto, para só nomear alguns, se explica e se utilizam leis gerais. Sob este ponto de vista, todas as ciências de experiência são iguais ([1]).

De um lado, encontram-se, pois, os filósofos da compreensão, do outro, os filósofos da explicação. Começarei por discutir brevemente o seu ponto de vista e volto-me, em primeiro lugar, para os filósofos da compreensão.

1. Os filósofos da compreensão

A sua opinião, preliminarmente esboçada, carece de um importante complemento. Eles não afirmam de modo algum, como muitas vezes superficialmente lhes é imputado, que as ciências históricas se ocupam apenas do particular e do individual. Com efeito, o particular por eles assim sublinhado é, numa certa perspectiva, algo de geral. Mas distingue-se do de uma ciência da natureza porque a sua validade pode ser modificada pelos homens, porque ele pode ser violado e, por conseguinte, historicamente limitado. Se as próprias leis da natureza, no modo já várias vezes descrito, são em parte grandes construções humanas, tal não tem importância alguma para o presente contexto. Com efeito, não se trata agora das condições do seu conhecimento, mas do facto de que as leis naturais, seja qual for a sua emergência, se *consideram* quase como uma constituição imutável da natureza, ao passo que não se pode pensar uma inviolabilidade semelhante do universal a que se referem os filósofos da compreensão. E mesmo se a natureza, juntamente com as suas leis, se olhasse como igualmente sujeita a mudanças históricas, todavia, dentro desta perspectiva, que não deriva do sujeito que constrói mas do objecto construído, tais mudanças jamais seriam anuladas pelos homens. Na lei newtoniana da gravitação universal, por exemplo, espelha-se decerto uma fase histórica da física, mas, apesar de tudo, considera-se como algo a que nenhum homem poderia resistir; pelo contrário, uma coisa assim não aconteceria certamente em relação a uma lei do código civil. Daqui para a frente, apenas se terá presente, pois, a distinção entre o que é geral.

Após semelhante clarificação, podemos agora estabelecer que certamente, como sublinham os filósofos da compreensão, um determinado Estado, uma determinada constituição, um sistema económico, uma doutrina religiosa, um estilo artístico, etc., são efectivamente algo de individual e de histórico; mas, por outro lado, isto é também, por seu turno, algo de universal, a saber, pelo motivo de que se podem aí ordenar em conexões mais amplas múltiplos fenómenos da vida estatal, económica, religiosa, etc. Se não estou enganado, entre os filósofos da compreensão, dificilmente se encontra algum que negue estas formas gerais de ordenação e se entregue deste modo a um nominalismo radical. Quando sublinham com tanta força o particular nas ciências da história, querem apenas apontar para a irrepetibilidade histórica destas formas e, assim, realçar a diferença, há pouco exposta, em relação ao geral nas ciências da natureza.

No entanto — e, com isto, chego à crítica —, os filósofos da compreensão não só têm opiniões díspares sobre o que se deve compreender *mais exactamente* por geral, mas têm também ideias mais ou menos confusas ou, pelo menos, não determinadas de um modo mais exacto. Alguns falam um pouco vagamente de «totalidades» múltiplas e amplas, da natureza orgânica ou vegetal; outros vêem aqui conexões de significado ou conexões dinâmicas da vida, etc. ([2]). Para descrever, definir e penetrar tais obscuridades, há que exorcizar também excepcionais capacidades de empatia, de compreensão, de pressentimento e até de divinação (³).

2. Os filósofos da explicação

Contra tudo isto protestam os filósofos da explicação. Pode esclarecer-se o seu ponto de vista com um exemplo paradigmático muito simples. Suponha-se que alguém acendeu um fogão. Numa narração histórica, o facto poderia contar-se do seguinte modo: «Alguém tinha frio, mas dispunha de um fogão. E visto que os homens que têm frio procuram produzir calor, ele acendeu, por conseguinte, o fogão.» Nesta narração, aparece evidentemente deduzida uma proposição acerca de um acontecimento singular, a saber, que alguém acendeu o fogão, a partir de premissas que contêm uma lei geral, segundo a qual todos os homens friorentos vão à busca de calor. Mas, segundo o ponto de vista dos filósofos da explicação, toda a explicação científica consiste numa dedução deste tipo. Trata-se sempre de uma inferência a partir de premissas nas quais, como mostra o exemplo, ocorrem leis gerais. Consideram, pois, que, nas narrações do historiador, está em jogo uma explicação assim, e que tal explicação não se distingue em princípio da do cientista da natureza.

Estou de acordo mas, por razões que aduzirei, creio que os filósofos da explicação, no confronto desta perspectiva que muito os ocupou, quase descuraram o tipo de generalidade que interessa ao historiador e que para ele é essencial. O resultado foi que eles se ocuparam quase exclusivamente de leis naturais do modo ilustrado pelo exemplo citado. Sem dúvida, estas últimas também estão presentes nas explicações da ciência histórica mas, na verdade, são antes leis da psicologia, da biologia e de outras ciências. Em contrapartida, a meu ver, como depressa se mostrará, os filósofos da compreensão descortinaram decerto com justeza que aqui há algo de inteiramente diverso, a saber, algo realmente histórico, mas a sua visão foi, mais uma vez, demasiado obscurecida por uma metafísica discutível.

3. O geral específico das ciências históricas

Trata-se, por conseguinte, aqui, antes de mais, de uma elucidação do geral que constitui o tema das ciências históricas. Comecemos de novo por um exemplo: suponhamos que um estadista se recusou a marginalizar um adversário, embora tal tivesse sido para ele politicamente vantajoso. Uma explicação poderia a este respeito ser a seguinte: ele era adepto de determinados princípios políticos. Tomando-os como base, acreditava ter de inferir o dever de perseguir um objectivo determinado. Para tal conseguir, considerava a eliminação do seu adversário no momento oportuno como o melhor meio. Mas, ao mesmo tempo, defendia princípios morais, a que dava a preferência em relação aos políticos. Ora visto que considerava a eliminação do adversário antagónica aos seus princípios morais, recusou, por conseguinte, levar a cabo semelhante acção.

Aqui, aparentemente, não há lei alguma deste tipo: «Quando os homens têm frio, vão à busca de calor», mas cada proposição das premissas refere-se a um acontecimento singular como: «era adepto de», «defendia, acreditava», etc. Na perspectiva científica, isto é uma ilusão, pois a lei pela qual se realiza logicamente a inferência desta explicação foi aqui simplesmente omitida. Ela consiste, de facto, na afirmação de que os homens que crêem, defendem, desejam algo do modo descrito e que se encontram numa determinada situação, como este estadista, se comportam também como ele. Ninguém, todavia, fosse mesmo um lógico rigoroso, deixará de ver a omissão da lei na presente explicação. Na sua presente forma abreviada, ela é perfeitamente elucidativa. Depreende-se que esta lei não interessa aqui, que é para o historiador absolutamente indiferente, porque lhe interessa algo de todo diverso, a que dirige toda a sua atenção.

Nem sempre será assim. Poderia muito bem acontecer que alguém, que acredita numa *regra* (por exemplo, em princípios, como o estadista mencionado), à qual se deve ater em determinadas situações, actue todavia contra ela em virtude de impedimentos e motivos psicológicos, biológicos, fisiológicos e outros semelhantes. Em tais casos, o historiador referir-se-á explicitamente a leis gerais, como as que têm em vista os filósofos da explicação.

No entanto, ele distinguir-se-á quase sempre e de um modo claro do cientista da natureza pelo seu estilo de explicar as coisas, como a seguinte comparação pode mostrar:

Formas possíveis de explicação

Ciências históricas	*Ciências da natureza*
1. Alguém estava numa situação determinada.	1. Algo estava numa situação determinada.
2. Neste instante, ele acreditava na validade de uma regra determinada em conformidade com a qual se deve agir em situações semelhantes.	2. Sempre que algo se encontrava numa situação semelhante, modifica-se segundo as leis determinadas.
3. Alguém, que satisfaz as premissas 1 e 2, agirá/não agirá segundo a regra mencionada em virtude de leis psicológicas, biológicas, físicas, etc.	3. Por conseguinte, altera-se segundo estas leis.
4. Por conseguinte, agiu/não agiu, segundo esta regra.	

Como se vê, o essencial para a explicação histórica reside na segunda premissa do lado esquerdo. A terceira, a lei, é quase sempre omitida, embora tal não seja logicamente correcto. Pelo contrário, o cientista natural não pode saltar por cima da lei na segunda premissa, pois é ela que justamente lhe interessa.

Embora mais à frente, na discussão dos axiomas historiográficos, eu vá abordar a questão de um modo mais pormenorizado, clarifica-se já aqui um pouco mais o que se entende por regras gerais. Não se trata, nelas, de regras diferentes das que já foram mencionadas também no capítulo oitavo. Em primeiro lugar, como já se mostrou, trata-se de princípios políticos e de costumes. Deles fazem parte, por exemplo, os dez mandamentos da Bíblia, o imperativo categórico, como também directrizes políticas enquanto determinações gerais da vontade política (a carta das Nações Unidas, a socialização das indústrias, etc.).

Regras gerais encontram-se, porém, na base das ordens económica e social, embora nem sempre se encontrem explicitamente postas por escrito e codificadas. O mesmo vale para os princípios do direito e para as leis deles deduzíveis. Além disso, encontramos regras gerais na arte e no âmbito religioso, por exemplo, como leis da doutrina da harmonia, como fundamentos dos sistemas tonais, como elementos estilísticos, como formas de acções culturais, etc. A cópia dos exemplos possíveis que se poderiam aduzir — sublinhe-se mais uma vez — é quase tão vasta como o número das diversas esferas da existência. Por toda a parte, a nossa existência se realiza segundo as regras que, muitíssimas vezes, no tocante ao seu rigor e exactidão, não são inferiores às leis da natureza. Pense-se nas regras do trato quotidiano entre os homens, nas regras da cortesia, da hospitalidade, das boas maneiras, nas regras do tráfego viário, das relações de negócios, do tráfico monetário e comercial, nas regras do comportamento profissional e no trabalho, e sobretudo nas regras da linguagem. Mais ainda, até quando jogamos, nos sujeitamos a regras exactas, justamente às regras do jogo.

Por vezes, o historiador deparará com o caso, que no capítulo oitavo se designou como caso ideal, em que tais regras não só foram codificadas, mas até postas numa ordem rigorosamente lógica e sistemática. Por isso, se ele fosse um historiador da ciência, o seu objecto poderia ser, por exemplo, uma teoria física como a de Newton; ou um código, se fosse um historiador do direito; muitas vezes, porém, deparará com regras que nunca foram codificadas. O historiador tentará então reconstruí-las. Exemplos assim são as regras de troca de bens da Antiguidade, os princípios em que se fundava a antiga Esparta, ou o plano operacional perdido de uma batalha que, manifestamente, decorreu segundo tal plano. Tudo isto — já para tal se chamou a atenção — pode satisfazer bastante raramente um ideal de exactidão formal; mas encontrar-se-á aqui quase sempre aquele grau de exatidão que é necessário para poder aplicar praticamente as regras em questão em situações determinadas.

Obtenho, por conseguinte, o resultado seguinte: Primeiro: No tocante ao geral que se encontra em relevo nas ciências históricas, trata-se de regras. Considero uma mistificação suspeitar aqui, como fazem os filósofos da compreensão, a presença de totalidades orgânicas e indeterminadas, de conexões de significado e quejandos.

Segundo: Estas regras são, porém, regras do passado e dotadas de eficácia historicamente limitada. Neste caso, volto-me agora novamente contra as filosofias da explicação que não desviam suficientemente o seu olhar de leis com uma eficácia historicamente ilimitada, pelo que não apreendem, a meu ver, o que é especificamente histórico. Sem dúvida, também o historiador utiliza leis gerais, como já observei; mas na medida em que age assim é justamente um psicólogo, um biólogo, um físico, etc., ao passo que é historiador só enquanto se refere àquele geral, de que há pouco se falou.

Sublinhemos ainda a extensão do erro em que incorrem os filósofos da explicação, em dois pontos que devem complementar a sua crítica aqui proposta.

Pelo que vejo, as explicações que, no modo descrito, ficam aquém da indicação de leis são apenas «esboços de explicações» ou «quase-explicações». Mas expressões deste tipo são, como me parece, enganadoras, pois suscitam a impressão de que as ciências históricas teriam uma espécie de mácula, de que seriam particularmente vagas e se distinguiriam principalmente por isso das ciências da natureza. Se, por exemplo, alguém diz que tomou um comprimido por estar atormentado por dores de cabeça, creio que normalmente se irá chamar seriamente a tal um «esboço de explicações». Depende de circunstâncias determinadas se semelhante expressão é adequada. E como as explicações da vida quotidiana deste tipo, também as explicações históricas são, na sua maioria, compreensíveis de modo inteiramente claro e sem ambiguidade. Demasiada perfeição poderia aqui ser antes prejudicial, complicar inutilmente as coisas e, por fim, gerar muitas obscuridades. E isto vale, de resto, também nas ciências naturais. Mas aqueles filósofos que se aferram apenas às leis que aparecem nas explicações históricas foram também induzidos em erro em virtude de considerarem as regras como leis, pois, em conformidade com o objectivo que têm em vista, são absolutamente cegos para as regras. Falam assim, por exemplo, de leis económicas, embora estas, como regras da livre economia de mercado, do sistema do valor do ouro, etc., se revelem, a um olhar mais atento, como normas institucionais. Ou tomemos a tentativa de W. L. Langer de interpretar certos acontecimentos medievais com a ajuda de leis psicanalíticas; uma tentativa que foi retomada por alguns filósofos da explicação. Langer reconduz psicanaliticamente a origem de alguns motivos de arte tardo-medieval — a dança macabra, as representações infernais, o juízo universal — a um trauma geral, provocado pela peste que devastou toda a Europa ([4]).

Aqui, no entanto, passa-se inteiramente por alto que este acontecimento podia ter o efeito observado, pois os homens viviam então no mundo espiritual do Cristianismo tardo-medieval e da sua arte. As representações das penas infernais e as imagens do juízo universal nunca poderiam ter sido suscitadas pela peste que grassou em Atenas, durante a guerra do Peloponeso. Os princípios e as formas fundamentais do Cristianismo tardo-medieval e da sua arte não são, porém, leis psicanalíticas, mais ainda, não são leis algumas, mas regras de um período histórico.

As condições espirituais, políticas, sociais, religiosas, etc., em que as pessoas históricas viveram, são, por conseguinte, quase sempre muito mais importantes do que as leis psicológicas e as chamadas propriedades disposicionais, a que hoje, na filosofia da historiografia, se presta tanta atenção. Em contrapartida, os filósofos da compreensão viram, com toda a justeza, como creio, que o ponto saliente é um outro tipo de geral, em relação ao das ciências da natureza; somente não reconhecem que este geral, no tocante exclusivamente à sua forma lógica, não é diferente das leis da natureza; com efeito, consta, como estas últimas, de regras.

4. A intrínseca conexão de explicação, compreensão e narração

É com as regras mencionadas que se explica. Trata-se aqui, como disseram os filósofos da explicação, de um modo de inferir. A compreensão — entenda-se por tal seja o que for — pode acompanhar e facilitar a explicação, mas não é necessária para tal propósito. O historiador, de qualquer modo, explica; se, ao fazer assim, também compreende é uma segunda questão. Muitas vezes, explica-se algo a partir dos modos de comportamento de culturas passadas, a que nos está vedado o acesso interior. Mas deve aqui perguntar-se também se compreender será algo diverso do explicar com a ajuda de um contexto de regras ou de leis, que é simplesmente familiar de um modo particular, que ou contém um elemento da própria realidade ou de uma realidade tal em que se «vive por dentro» graças ao trato e ao exercício contínuo (como faz justamente o historiador ao mergulhar de tal maneira nas épocas passadas que é capaz de sentir e de pensar como um homem da Antiguidade, da Idade Média, etc.). O que há de estranho, mais ainda, de incompreensível a propósito das culturas e raças longínquas tem o seu fundamento no facto de que só em parte conhecemos os seus comportamentos, ou de que estes não podem inserir-se sem dificuldade no horizonte das regras que nos é familiar. E deveria ainda observar-se aqui que a compreensão não se pode identificar com a adesão ou a simpatia.

Se se conhecerem suficientemente os nexos, é possível conhecer também um crime; mas nem por isso é necessário aprová-lo.

Se as coisas assim se considerarem, torna-se então desprovida de significado a afirmação de que a natureza — enquanto a nós estranha — só se pode explicar, mas não comprender. Em verdade, uma grande parte dos acontecimentos naturais é-nos tão familiar como a vida do homem, e conhecemos a natureza, em cujo contexto nos movemos sem qualquer fadiga e de um modo óbvio, em não menor medida do que conhecemos a vida humana. Homens e culturas que ainda não desfiguraram tanto como nós o olhar para o que lhes está mais próximo dão bastante a conhecer isto no culto, no mito, na arte e na poesia. A estranheza da natureza só se nos depara onde a sua indiferença se revela face às finalidades humanas; mas, de modo particular, onde ela, como nas ciências naturais, se torna objecto de uma consideração que põe conscientemente entre parênteses o nosso trato quotidiano com ela. A impossibilidade de, em certas circunstâncias, separar o mundo da natureza e o mundo do homem, mostra da maneira mais clara, creio eu, que a compreensão se não pode referir apenas aos homens, e que no fundo se baseia apenas numa plena familiaridade com um amplo contexto de regras ou de leis.

Muitos pensam que a peculiaridade das ciências históricas já está perdida quando o conceito de explicação se estabelece tão fortemente como ponto central. Com efeito, o historiador, dizem eles, explica pouco e, antes de mais, narra. Mas creio que, nas ciências históricas, toda a explicação é igualmente uma narração, e aqui dificilmente é possível uma separação entre narração e explicação. A explicação das acções do estadista, no capítulo precedente, poderá servir de indicação a este respeito, pois ela é de um modo inteiramente claro, ao mesmo tempo, uma narração. Danto, no seu livro já citado (capítulo II, *Historical explanation: the role of narratives*), chamou a atenção para o estreito entrosamento de explicação e narração. Toda a narração, observa ele, descreve uma mudança, desde os acontecimentos iniciais para os acontecimentos que se encontram no seu termo. Por conseguinte, segundo Danto, ela pode ter a seguinte forma fundamental:

(1) x é F no tempo t_1
(2) a x sucede H no tempo t_2.
(3) x é G no tempo t_3

Por conseguinte (2), a parte central da narração, explica como se chegou à mudança de (1) para (3). Nesta explicação, falta certamente a lei geral, mas esta é por ela indicada; poderia, por assim dizer, extrair-se dela: um F, a que sucedeu H, transmuta-se em G. Que este não equivale, para falar com Hegel, a uma «miserável tautologia» demonstra-o o esquema das formas possíveis de explicação, há pouco apresentado. Em primeiro lugar, com efeito, a lei aqui aduzida na terceira premissa de nenhum modo é sempre banal, como já indiquei (a saber, não é tal sobretudo em complexas situações psicológicas ou biológicas), e em segundo lugar, nem sequer é também vazia de conteúdo quando, para o historiador, é banal; com efeito, de um ponto de vista psicológico, subsiste uma relação toleravelmente obscura entre querer, crer e agir, que agora não podemos aqui abordar de modo mais pormenorizado (⁵). Segundo Danto, uma explicação rigorosamente dedutiva e uma narração são apenas duas formas diferentes de explicação, e uma pode transferir-se para a outra. A este respeito, porém, importa observar que as narrações descrevem muitas vezes a mudança ao longo de grandes períodos de tempo, de modo que a parte central é quase sempre constituída apenas por passos singulares da forma há pouco aduzida (que Danto chama, por isso, formas de uma narração atómica). Resumindo, Danto propõe os seguintes traços essenciais para uma narração coerente (e uma assim pode, decerto, esperar-se do historiador): 1. Ela trata de uma mudança em que algo é o sujeito contínuo desta mudança. 2. Explica a mudança deste sujeito. 3. Contém apenas tanta informação quanta a que é necessária para 2. Também aqui surge claramente a analogia com a explicação dedutiva.

5. *O conceito de «teoria» nas ciências históricas*

Após esta tentativa de uma ulterior clarificação do geral específico das ciências históricas, abordemos mais uma vez ainda o conceito de teoria historiográfica que já emergira nos capítulos oitavo e décimo primeiro. Toda a gente sabe que nas ciências da natureza há teorias. Fala-se da teoria da luz, da gravitação, das partículas elementares, etc. Curiosamente, pelo contrário, nas ciências históricas, este conceito ou não é usado ou então só ocasionalmente; mas, pelo que me é dado ver, em nenhum caso é usado sistematicamente e na plena consciência do que com ele se pretende significar.

As teorias nas ciências da natureza têm, entre outras coisas, o objectivo de explicar uma determinada classe de acontecimentos naturais, de a inserir num contexto de leis da natureza tão ampla quanto possível, e de a reconduzir a tal. Nas ciências históricas, pode falar-se de teorias, num sentido completamente análogo. Em vez de leis da natureza, entram regras para um determinado âmbito (por exemplo, o sistema do direito romano), as quais são seleccionadas de modo que a partir delas sejam, quanto possível, deriváveis todas as regras concernentes a este âmbito; também estas teorias servem para explicar uma determinada classe de acontecimentos, se bem que históricos, para a inserir num contexto o mais amplo possível, e para a tal a reconduzir.

Diviso aqui uma relação estreita com o «tipo ideal» de Max Weber, embora este não estivesse claramente consciente de que ele deve ter a forma de uma teoria. Creio que uma citação mais circunstanciada do seu ensaio sobre *a «objectividade» do conhecimento das ciências sociais e políticas* mostra isto de um modo perfeitamente claro, e pode ao mesmo tempo servir como exemplo de teoria historiográfica. Weber fala, antes de mais, do facto de buscarmos uma imagem dos processos do mercado das mercadorias nas organizações sociais baseadas na economia de troca, na livre concorrência, etc., e, seguida, prossegue: «Esta imagem conceptual unifica determinadas relações e processos da vida histórica num... cosmos de conexões pensadas... A sua relação com os factos da vida empiricamente dados consiste apenas no seguinte: onde... se constatam e conjecturam na realidade processos dependentes do mercado..., podemos tornar inteligível para nós o carácter específico deste nexo num tipo ideal...» ([6]).

Deste modo, diz Weber, contrói-se, por exemplo, algo como a noção da economia urbana da Idade Média e, assim, um «tipo ideal», graças ao qual é possível reunir os fenómenos singulares numa imagem conceptual unitária. — Weber considera tal apropriado, embora falte o ponto principal, a saber, esta combinação nada mais é do que uma teoria de regras. Com efeito, só nisto pode consistir a ideia de economia citadina medieval ([7]).

Este exemplo torna também inteligível o que uma teoria historiográfica descreve. Ela descreve um sistema presente na história, tal como uma teoria científico-natural descreve um sistema presente na natureza. Quer isto dizer que ela pressupõe a eficácia de um sistema de regras num grupo de fenómenos sociais, ao passo que uma teoria da ciência natural pressupõe a eficácia de um sistema de leis num grupo de fenómenos naturais. De novo se mostra assim o que já se podia ter deduzido dos capítulos oitavo e décimo primeiro, a saber, uma consideração científica, por conseguinte, teórica, da história deve referir-se a sistemas históricos. Assim, por exemplo, uma teoria da economia medieval de mercado toma em consideração os processos mercantis desta época enquanto determinados por um sistema de regras por ela descrito, ao passo que uma teoria óptica examina os fenómenos luminosos como determinados por um sistema constante de leis da natureza, por ela descrito.

Contra este uso dos conceitos de «teoria» e de «sistema» nas ciências históricas muitos objectarão, sem dúvida, que com eles não se atribui à história uma racionalidade e uma lógica, que ela não possui. A história não se deixa comprimir em sistemas. É demasiado indeterminado o que nela acontece; em grande parte, as paixões, o erro, a loucura e as contradições dominarão o que acontece. «O tecido da história», escreve Schopenhauer, «... são entrosamentos passados de um mundo humano, móvel como as nuvens no vento, que muitas vezes são inteiramente remodelados pelo acaso mais insignificante» ([8]). «O que a história narra é, de facto, apenas o longo, difícil e confuso sonho da humanidade» ([9]). Se tal fosse verdade e, claro está, nesta medida, a historiografia não seria possível, mais ainda, nem sequer haveria uma história. Com efeito, já se apontou que não só os sistemas históricos são muitas vezes deficientes ou não assaz claros, mas que isto vale também para a sua interpretação e para as conclusões que delas tiram as pessoas na sua acção histórica. Mas se os sistemas são deficientes, a teoria a seu respeito deve espelhar tal facto; e se o são as suas interpretações, isto deverá eventualmente explicar-se por meio de instrumentos que não são de modo específico historiográficos mas, por exemplo, de natureza psicológica. Com efeito, como já se disse, na história actuam não só sistemas teóricos, mas também sistemas naturais. Muitas vezes, recorrer-se-á à idealização, como pretendia acentuar Max Weber com a sua expressão «tipo ideal»; muitas vezes, a tentativa de trazer alguma ordem às coisas fracassará. Tudo isto, porém, já pressupõe que tais tentativas não só não podem se descuradas pelos historiadores, mas são para eles um instrumento heurístico irrenunciável da sua ciência, uma ideia regulativa, como se poderia dizer com Kant. Quem a tal renuncia de antemão renuncia a escrever cientificamente a história. Tratar-se-ia, para mais uma vez citar Kant, de uma razão preguiçosa.

Gostaria, além disso, de novamente precaver contra a minimização da lógica dos processos históricos. Já salientei que toda a nossa vida é determinada, até às particularidades de todos os dias, por uma multidão de regras heterogéneas. Onde estas são infringidas insinuam-se, quase sempre, apenas outras no seu lugar; e até a loucura tem, como se sabe, o seu método.

6. *Sobre o problema da justificação dos princípios teóricos nas teorias historiográficas*

Por conseguinte, defendo e afirmo o seguinte: não há somente teorias da ciência natural, mas também teorias historiográficas, e ambas têm a mesma forma lógica. Mas em seguida, em contraste com uma opinião bastante difundida, deparamos em ambos os tipos de teorias também com os mesmos problemas gnoseológicos, na medida em que tais problemas resultam justamente daquela forma.

Toda a teoria historiográfica parte também necessariamente de determinados princípios e, por isso, importa novamente dar uma resposta ao problema da sua justificação. A estes princípios pertencem, antes de mais, os do conhecimento enquanto tal, como, por exemplo, o princípio da retrodição, que utilizamos sempre, tanto nas ciências empíricas como na vida quotidiana, sempre que de acontecimentos presentes remontamos a eventos passados. Mas, para as ciências históricas, são importantes princípios especificamente derivados das ciências da natureza, pois devem apoiar-se na física, na astronomia, na biologia, etc., enquanto ciências auxiliares. Isto acontece na datação de achados, na investigação acerca da autenticidade de documentos, no uso de genealogias, e em casos semelhantes. Por fim, há decerto princípios especificamente historiográficos, mas eles podem integrar-se nas mesmas categorias gerais, desenvolvidas no capítulo 4, como também as das ciências naturais. Aqui como além, encontram-se, de facto, princípios que se poderiam chamar axiomáticos, judicativos e normativos.

Pretendo agora ilustrar estes princípios de um modo mais pormenorizado e apontar, ao mesmo tempo, para a sua problemática gnoseológica. Esta não depende do seu conteúdo respectivo — quer ele tenha a ver com a ciência da natureza quer com a ciência histórica.

7. *Princípios axiomáticos* a priori *nas teorias historiográficas*

Por princípios axiomáticos devem entender-se aqueles que constituem o núcleo de uma teoria. Nas ciências da natureza, trata-se de suposições acerca das leis fundamentais de um sistema natural (por exemplo, as equações de Schrödinger) mas, nas ciências históricas, lida-se com conjecturas sobre as regras fundamentais de um sistema histórico. Em que consistam estas últimas, as únicas que aqui interessam, já se indicou há pouco, em relação com uma explicação um tanto geral acerca do que são as regras para o historiador que explica. Entremos agora em maiores pormenores e, claro está, trazendo à baila alguns exemplos tirados da história da historiografia da Antiga Roma.

Esta historiografia pode conceber-se como história de teorias sobre o Estado romano e a sua cultura. Significa isto que se elaboram estruturas fundamentais por meio das quais se tenta explicar os acontecimentos singulares e reunir os fenómenos mais diversos sob pontos de vista unitários — regras e conceitos como regras. Já Gibbon, na sua *History of the Decline and Fall of the Roman Empire* ([10]), interpreta o drama histórico a partir das estruturas espirituais gerais do fim da Antiguidade e do Cristianismo. Isto pode observar-se ainda melhor em Niebuhr, cujo ponto de partida para a sua *Römische Geschichte* ([11]) foram os fundamentos sociais de Roma e a condição do seu sistema agrário. Também aqui uma imensa quantidade de material histórico isolado é submetido à ordem de uma sistemática geral e elaborado com a ajuda dos seus princípios. Não diversamente vemos proceder Mommsen, quando ele vai muito além de Niebuhr pela sua familiaridade com questões jurídicas e, por conseguinte, consegue reconduzir de modo melhor e mais aprofundado a princípios sistemáticos a sua narração ([12]). Novos aspectos se encontram, além disso, em Rostovzeff ([13]), o qual desenvolve a história económica e social do Império Romano, usando pouquíssimos conceitos fundamentais. Muito recentemente, Heuss tentou justamente identificar em parte a política interna de Roma com a história da sua constituição e apresentar a primeira como legível a partir da segunda.

«Em vez da ilustração de muitos acontecimentos — escreve ele — deveria oferecer-se uma articulação da massa dos factos que fosse clara e fecunda para o conhecimento, fornecendo-se assim um fio condutor... O princípio objectivo para este propósito foi o conceito de revolução, do qual surgiu a tarefa de ordenar o tecido histórico segundo as fases do processo revolucionário, e de assim fazer emergir do modo mais claro este último na sua respectiva estrutura» ([14]).

Mas teorias encontram-se também, em todas as questões particulares da história de Roma. A expansão romana, por exemplo, é explicada com um princípio maquiavélico da simples vontade de poder que lhe está subjacente; por outro lado, em particular por Mommsen, com o princípio da sempre mais premente garantia de estabilidade. Também o hábito da política externa de Roma de motivar juridicamente as declarações de guerra e de fazer acontecer isto com um ritual rigoroso é deduzido da constituição conservadora de Roma, pois se trata sempre de apresentar o adversário como violador do direito existente e tradicional. De importância fundamental são, além disso, as diversas teorias sobre princípios dos optimatas, por um lado, e dos membros do partido popular, por outro. Uns vêem aí um conflito de classe, outros, pelo contrário, apenas um conflito constitucional (governo apenas do senado ou com acrescentamento de um direito de iniciativa, por parte dos comícios). Mencione-se, por fim, ainda a tentativa de Meyer de derivar de um princípio constitucional a política urbana, a política do império e a política externa, em geral, toda a esfera de influência de Augusto ([15]).

Estes princípios axiomáticos das teorias historiográficas, por estranho que tal possa parecer à primeira vista, são princípios *a priori*, tal como os das teorias da ciência natural. E justamente no sentido de que, por um lado, só eles possibilitam o conhecimento dos factos, por outro, porém, jamais podem ser imediatamente verificados ou falsificados pelos factos.

Para a demonstração deste ponto, parto do caso em que um historiador pode compreender um documento só mediante o conhecimento das relações jurídicas, económicas ou sociais, que então dominavam. Mas onde é que ele pode ir buscar informações a tal respeito? A resposta é: novamente a partir das fontes, por exemplo, de outros documentos. Tentará com estes ordenar em conexões o múltiplo dos dados e deduzi-lo de princípios. Por outras palavras, construirá, no confronto das fontes, uma teoria historiográfica tal que o ponha na situação de interpretar os documentos em questão e, com a ajuda dos documentos assim interpretados, de num primeiro momento estabelecer em geral os factos e, em seguida, interpretá-los. O historiador, com efeito, não procede diversamente do investigador da natureza. Aqui como além, trata-se de ver o facto singular à luz de uma teoria. Este é «dependente da teoria». E nesta medida uma teoria é, pois, «condição da possibilidade da experiência».

Por outro lado, no entanto, a teoria é de novo submetida à comprovação pela experiência. A concepção, que alguém elaborou a partir dos princípios do direito romano para a explicação de um acontecimento histórico ou para a interpretação de um documento, encontra-se confirmada ou refutada, entre outras coisas, nos documentos; as relações de construção, que se esboçam para o estilo geométrico da Antiguidade Grega, podem ser corrigidos com base nas ânforas de terracota deste período; é possível comprovar se as acções singulares de Napoleão estão de acordo com os objectivos a ele atribuídos, etc. Isto significa que, com uma interpretação, se «tem êxito» ou não. Aqui, transcrevi somente estes modos de expressão para os conceitos aqui introduzidos. E, de facto, jamais se pode verificar ou falsificar empiricamente uma teoria de um modo inequívoco e absoluto, pois as fontes e os factos de que alguém se serve como comprovação pressupõem já, por seu lado, como se evidenciou, teorias historiográficas, de que dependem. Toda a verificação, toda a falsificação é, por conseguinte, sempre algo de hipotético. O esquema lógico de uma confirmação consiste, além disso, em que as proposições, derivadas sob condições determinadas de teorias pressupostas, se encontram em consonância com os factos interpretados; mas a confirmação do que foi deduzido, como se ilustrou várias vezes nos capítulos precedentes, nada diz logicamente sobre a confirmação das suas premissas — no nosso caso, dos princípios axiomáticos. Estes não são, por conseguinte, susceptíveis de qualquer fundamentação empírica imediata, mas devem ser construídos *a priori*.

8. *Princípios judicativos*

Consideremos, já a seguir, os princípios judicativos. Por eles devem igualmente aqui entender-se sobretudo aqueles princípios segundo os quais rejeitamos ou aceitamos as teorias, na base dos factos interpretados. Justamente porque isto tão pouco pode acontecer nas ciências históricas e nas ciências da natureza de um modo empiricamente peremptório, como há pouco se mostrou, é necessário que para semelhante fim existam regras determinadas sobre o modo como tal deve acontecer. Dever-se-á assim, por exemplo, decidir se se poderão aceitar asserções factuais que contradizem a teoria ou, mais exactamente, se se poderão aceitar os pressupostos teóricos de tais asserções. Se for este o caso, dever-se-á ainda decidir se, deste modo, a teoria se terá apenas de atribuir a algumas circunstâncias particulares e atípicas; poderia, ademais, ter-se a opinião de que uma teoria deve ser abandonada se unicamente pode ser defendida com a ajuda de hipóteses *ad hoc* ou, inversamente, se seria possível admitir estas hipóteses em circunstâncias determinadas; seria possível — não importa em nome de que razões — optar por ater-se em cada caso a certos axiomas, ou por aceitar uma teoria só quando ela possuísse, em relação às outras, um conteúdo maior e mais compreensivo, só quando explica algo ainda não elucidado, quando ajuda a descobrir algo de ainda desconhecido, etc. Tudo isto, em substância, já foi dito nos capítulos precedentes, se bem que sobretudo a propósito das ciências da natureza. Mas nenhuma destas regras de verificação ou de falsificação, seja qual for o modo como as coisas se encontram em relação a cada uma delas em particular, se pode fundar na experiência, pois a experiência é que as pressupõe. Decidem apenas, por exemplo, se um facto se pode admitir como pedra de toque para uma teoria e, no caso de acordo ou de desacordo, se ele poderá considerar-se como uma confirmação ou refutação. Se nos devemos decidir *a priori* por qualquer regra deste tipo, a realidade histórica (ou natural) mostra, de facto, se ela, nestas condições, confirma as nossas construções, ou se a seu respeito pronuncia um «não». (Voltaremos ainda uma vez a este assunto, com maior pormenor.)

9. *Princípios normativos*

Por fim, no tocante aos princípios normativos, já o nome expressa a sua aprioridade. Dizem-nos em geral o que faz parte de uma teoria científica. Se esta é histórica — e só disto se deve aqui falar agora —, é de esperar que utilize, por exemplo, a geografia, a cronologia e a genealogia histórica, a paleografia, a heráldica, a esfragística e a numismática, se apoie, portanto, numa série de instrumentos auxiliares, os quais, por seu turno, satisfazem certos requisitos normativos, e se designem ciências auxiliares para a historiografia. Com elas se entrosam também ciências da natureza como a geografia, a astronomia e a biologia. De particular importância é, naturalmente, a utilização de fontes, para as quais se desenvolveram de propósito métodos científicos de selecção e de avaliação. Não se admitem, por exemplo, o recurso a forças supra-sensíveis e a intervenção, por exemplo, da providência divina, etc.

10. *A relação entre* a priori *e o* a posteriori

Um modelo simples poderia agora servir para elucidar ainda uma vez a relação entre o apriórico e o aposteriórico.

1. a é F (Fa)	(T_1)	
2. Todas as vezes que F, então G	(T)	T_3, T_4, S_1
a é G (Ga)	(T_2)	

Este esquema expressa uma inferência em que Fa e Ga são proposições singulares e a segunda premissa é um axioma de uma teoria. T_1 e T_2 indicam as teorias pelas quais são dados Fa e Ga. Com T_3, intentam-se teorias normativas segundo as quais T, T_1 e T_2 são admitidos no tocante à sua forma, com T_4, pelo contrário, indicam-se teorias judicativas, que servem para considerar ou não Ga como confirmação de T. S_1 é, por fim, o conjunto de todas as teorias há pouco citadas de T a T_4. Ora o que é que neste modelo é empírico? É empírico o facto de que, se pressupusermos S_1, obtemos um resultado R_1, ou seja, Fa, Ga, e assim, por exemplo, a confirmação de T, pois ninguém poderia saber tal *a priori*. Se, por outro lado, substituirmos S_1 por S_2, obteremos talvez um outro resultado R_2. E também isto seria um facto empírico, pois poderia muito bem resultar o inverso: S_1 poderia levar a R_2 e S_2 a R_1. Nenhuma parte singular deste modelo é, portanto, por si algo de puramente empírico; nem os diversos conjuntos S, nem as proposições singulares; puramente empíricas são apenas as metaproposições hipotéticas: Se pressupusermos S_1, então o resultado é R_1, e se pressupusermos S_2, então obtemos R_2. (Cf. capítulo terceiro).

Se, pois, se diz que as teorias podem ser confirmadas ou refutadas empiricamente, trata-se então apenas de um modo de falar elíptico. Pelo contrário, com os seus princípios, elas são algo de construído e de *a priori* na medida em que, por um lado, possibilitam experiências e, por outro, são directamente comprováveis através da experiência. Uma tal comprovação é, pois, possível só em condições como as fornecidas por um conjunto S, e deste depende igualmente o êxito imprevisível da comprovação.

Ora como há pouco se observou, nem sequer as proposições singulares do modelo são por si algo de empírico, porque são tão pouco directamente proporcionadas pela experiência como os princípios. Mas isto é válido só na medida em que elas, enquanto proposições sobre objectos de experiência interpretados, possuem um conteúdo teórico que excede o conteúdo derivado da experiência. No entanto, este conteúdo teórico é, por seu turno, parte do conjunto S. Uma proposição singular do modelo expressa, pois, experiências sob condições; mas o conjunto S exprime apenas as condições — e é exclusivamente a estas últimas que chamo *a priori*.

O apriórico, por conseguinte, não pode também eliminar-se nas ciências históricas. Mas, enquanto tal, necessita continuamente de uma particular justificação. Antes de agora me virar para esta *quaestio juris*, gostaria ainda de completar as minhas considerações em relação a alguns pontos importantes.

11. *O chamado círculo hermenêutico*

O modelo utilizado mostra que o chamado círculo hermenêutico, acerca do qual hoje se faz tanto barulho, não existe. Em primeiro lugar, importa constatar que aquilo que erroneamente assim se chama não ocorre apenas nas ciências históricas e nas ciências do espírito, mas em toda a ciência empírica, pois a relação entre as suposições aprióricas e os factos interpretados com a sua ajuda é em princípio sempre a mesma. Não pode, pois, falar-se de que aqui se trata de algo que é peculiar às ciências históricas e às ciências do espírito ([16]).

Consideremos ainda uma vez mais o esquema precedente, que diz respeito a todas as possíveis ciências empíricas. Suponhamos, para tornar mais clara a questão, que $T = T_1 = T_2$ (de modo que «sempre que F, então G» seja apenas um dos muitos axiomas de T). Suponhamos, ademais, que, sob o pressuposto de T, obtemos Fa, Ga e, inversamente, por fim, que T seja por eles confirmado. Não se depara aqui com círculo algum, pois, como há pouco se mostrou, só a experiência pode decidir se chegamos a semelhante resultado e, portanto, se, sob os pressupostos dados de um conjunto S, resultam Fa, Ga e a confirmação procurada. Da simples teoria isto não pode derivar-se. É, por conseguinte, só condicionalmente verdadeiro, quando se diz que das coisas apenas se tira o que dentro delas se pôs; a experiência caminha antes pelo meio, embora ela esteja já, em certo sentido, «pré-formada» por uma teoria, como se vê por meio de S, no modelo indicado ([17]).

Se Ga é um facto ainda não conhecido do historiador, este poderá prevê-lo com base na premissa 2, tal como o costuma fazer o cientista natural com a experimentação, e de modo análogo se verá igualmente confirmado ou refutado por eventuais achados e descobertas ulteriores em arquivos, escavações, etc. Mas se Ga é um facto já conhecido do historiador, pode então acontecer que ele, com a ajuda da sua teoria, possa ser interpretado ou ligado a outros factos, por exemplo, a Fa, de um modo que se deve considerar como confirmação ou falsificação desta sua teoria.

12. *A elucidação das explicações e das mutações dos sistemas históricos e a explicação dos significados*

Até agora, falou-se somente da explicação, por parte do historiador, de acontecimentos e de factos situados no espaço e no tempo, como ilustrara o exemplo do estadista que age segundo regras de um modo determinado. Mas o historiador deve, além disso, explicar igualmente a origem das próprias regras, portanto, a emergência das ideias, opiniões, representações, práticas, estilos, etc. A história da constituição e do direito, a história económica, a história da arte, etc., proporcionam a este respeito inúmeros exemplos. Em geral, toda a história chamada do espírito e das ideias é deste tipo. Mas como é que isto acontece? Como já se mostrou no capítulo oitavo, os sistemas históricos, em virtude da sua forma, podem sujeitar-se a um movimento só de dois modos: por um lado, mediante a explicação e, por outro, por mutação. Por «explicação» de um sistema indico o seu desenvolvimento interno com a conservação das suas regras fundamentais e, assim, a emergência de um novo sistema. Portanto, a questão anterior, mais exactamente, soa: como é que o historiador elucida explicações e mutações?

Tomemos, para começar, a explicação. Trata-se aqui sempre do facto de que, a partir de certas regras, se desenvolvem outras. O caso ideal, como já se disse, é uma teoria física, por exemplo, a de Newton, da qual se deduzem sempre mais teoremas e para a qual se descobrem mais âmbitos de aplicação. Também semelhante teoria pode, enquanto histórica, tornar-se objecto, juntamente com as suas explicações, de investigações históricas, por exemplo, de investigações da história da ciência. Mas deduções deste tipo são também reveladas por certos desenvolvimentos políticos, económicos, artísticos, etc. Têm lugar sempre que, sob determinadas condições, se devem tirar consequências no âmbito de um dado contexto. O juiz, o homem de negócios, o político, o cientista, todos eles agem deste modo, quase todos os dias. É como num jogo de xadrez — as regras fundamentais persistem e, em conformidade com a situação, desenvolvem-se sempre novos e diferentes jogos, aberturas de jogo, estratégias, etc. Cada passo é derivável das regras fundamentais, mas o facto de ele ser efectivamente dado e de eventualmente ser registado no manual de xadrez como um determinado elemento estratégico num determinado tipo de partida só pode explicar-se a partir da práxis do jogo de xadrez. Com efeito, a possibilidade lógica da dedução, o seu estar-implícita nas regras fundamentais, não pode confundir-se com a sua efectiva ocorrência.

O esquema da elucidação das explicações históricas dos sistemas não se diferencia, como é de ver, em linha de princípio, do já aduzido a propósito dos factos singulares, pois a explicação científica tem sempre a mesma forma. Pode, aproximadamente, esboçar-se do seguinte modo:

1) Para alguém (pode ser também um grupo) foi dado um conjunto de regras R.

2) Este encontra-se numa situação determinada, para a qual deve estabelecer uma regra que se pode obter a partir de R.

3) Ele julga que isto é verdadeiro em relação a R'.

4) Alguém, que satisfaça as premissas 1-3, estabelecerá/não estabelecerá R' na base de leis psicológicas, biológicas, físicas, etc.

5) Por conseguinte, estabeleceu/não estabeleceu R'.

Como exemplo, pode servir a já mencionada ocorrência de certos motivos na arte tardo-medieval. Os homens viviam no conjunto de regras desta arte. A partir das formas que lhes eram dadas, procuraram desenvolver outras que fossem aplicáveis à situação traumática em que se encontravam, a saber, o grassar da peste. Julgaram tê-las encontrado nos motivos mencionados. Por isso, estes últimos transformaram-se numa nova regra, compreensível no âmbito do velho conjunto de regras. Graças a este exemplo, torna-se, além disso, claro que a dedu-

ção explicitamente de nenhum modo deve ser apenas de natureza lógica, em sentido estrito. Trata-se, assim, de regras enquanto formas e figuras artísticas, de maneira que os seus sistemas se podem, em parte, considerar em analogia com o cálculo de um jogo. Esclarecer em múltiplos âmbitos os diversos tipos de dedução explicitamente é um vasto terreno para investigações futuras a que, como creio, a presente proposta de teoria dos sistemas pode ser útil e servir de fio condutor.
Consideremos agora a mutação dos sistemas. Visto que se trata aqui de uma alteração nos fundamentos, não nos movemos, como na explicação dos sistemas, no interior de um sistema, mas assume-se no seu confronto uma distância crítica, pomo-nos fora, fala-se a seu respeito e transforma-se em «linguagem-objecto»; põem-se à disposição os seus pressupostos, os seus princípios, que são mudados. Claro está, isto pode acontecer de um modo fundamentado só se outros pressupostos se tomarem como ponto de partida, unicamente se o velho sistema se olhar criticamente a partir de outro sistema, tentando ainda adaptar os dois entre si. Olhado formalmente, este processo consiste, pois, em que um sistema se deduz do outro ao passo que antes, na explicação dos sistemas, apenas uma regra se deduzia das outras regras do mesmo sistema. Quase todas as mudanças históricas radicais se levaram a cabo, de um ponto de vista científico, nesta forma lógica. Os sistemas teóricos modificam os práticos, e vice-versa; sistemas políticos, económicos, científicos, sociais, artísticos, religiosos, etc., determinam-se reciprocamente uns aos outros. Por toda a parte se podem estabelecer semelhantes relações; uma fecunda, influencia e modifica a outra. O historiador explica, pois, uma mutação, ao «reconstruir» de modo construtivo este processo; e, por seu turno, o esquema lógico é análogo ao da elucidação das explicações. Não é necessário, por conseguinte, continuar a insistir neste ponto.

O que aqui se afirmou acerca da explicação e da mutação dos sistemas históricos é por mim denominado o *sentido lógico* do que comummente, e com bastantes mal-entendidos — se chama história das ideias, ou até do espírito, como aquela que é descrita na história da literatura, da arte, da religião, da economia, do direito, em suma, na história da cultura. Com muitos mal-entendidos, porque se sugere assim o desenvolvimento de ideias, ou até do espírito, onde unicamente se trata do desenvolvimento e do estabelecimento de regras. Não é necessário o balastro proveniente da filosofia idealista (ideia, espírito, etc.), se falamos de regras segundo as quais os homens agem. Para citar um exemplo: as regras dos processos industriais (são abordadas no capítulo 14), ou até de um jogo de futebol, dificilmente se podem pôr em ligação com semelhantes filosofemas complicados e, no entanto, trata-se, em ambos os casos, de fenómenos muito significativos da cultura moderna.

Refiramo-nos ainda uma vez aos limites da explicação histórica com a ajuda dos sistemas. Poderia, em primeiro lugar, fazer-se a ideia de uma árvore genealógica universal, embora extremamente desenvolvida, dos sistemas históricos, o qual se pode descrever com cadeias dedutivas, como numa textura complicada. Importará, no entanto, ter em conta que não só, como já se disse, o absurdo, o contra-senso e a loucura podem ser forças extremamente eficazes na história, as quais destroem toda a continuidade lógica, mas que à realização desta ideia se opõem também dificuldades de princípio, as quais estão intimamente conexas com o estatuto epistemológico dos próprios sistemas. Com efeito, como se pode depreender da relação descrita do *a priori* e do *a posteriori*, seja qual for o campo a que nos refiramos, eles jamais se fundamentarão por via da experiência ou da razão de um modo tão constrangente que não lhes esteja subjacente uma certa dose de criação espontânea, a qual de nenhuma forma pode ser «fundamentada de modo definitivo» por qualquer conhecimento necessário, como dizem muitos filósofos ou como quereriam fazer-nos crer. Se, porém, se tomar este ponto de partida, então segue-se imediatamente que os sistemas históricos, em virtude da espontaneidade que lhes é peculiar, podem ocorrer quer de modo descontínuo quer de modo contínuo, em cadeias de consequências. Cadeias de consequências que, por assim dizer, são em certa medida construídas «em suspenso» e em nenhum lado se apoiam em experiências ou conhecimentos racionais absolutos, e que podem novamente ser interrompidas e fornecidas com um novo ponto de partida. Que tal seja, todavia, possível só nos limites de um contexto mais amplo é o que já se depreende das considerações acerca da mutação e se tornará ainda mais claro a seguir.

Até agora, falou-se simplesmente de explicações de factos, em que também se engloba a emergência de regras, na forma da explicação e da mutação. Igualmente importantes para o historiador são, não obstante, também as *explicações de significados*, por exemplo, as que se referem ao sentido das palavras. São, pois, elas as que também nos desvendam o sentido das fontes. As explicações do significado precedem assim as explicações dos factos, pois, para poder explicar os factos, é necessário estabelecê-los, por conseguinte, já foram extraídos dos documentos. Embora essa correlação tenha sido discutida no parágrafo sétimo deste capítulo, ocupemo-nos ainda dela aqui com algum pormenor.

Consideremos, de novo, um exemplo simples. No seu conto breve, com o título «A pesquisa de Averróis», Borges narra que Averróis, num primeiro momento, não entendera o significado dos termos «tragédia» e «comédia» na *Poética* e *Retórica* de Aristóteles. No âmbito do Islão, ninguém sabia o que eles significavam. De súbito, estimulado pela inovação do almuédão, escreveu o seguinte: «Aristu (Aristóteles) chama tragédias aos panegíricos, e comédias às sátiras e aos anátemas. Tragédias e comédias magníficas encontram-se ocultas em grande quantidade no Corão e na *mohalla* das coisas sagradas» ([18]).

Com esta interpretação, Averróis obtém o conhecimento de uma série de factos, pois, com ela lê o relato de Aristóteles sobre a história do teatro antigo, e com estes factos chega a saber algo sobre a estética aristotélica do drama. (Que nisto se tenha enganado inteiramente é outra questão).
A análise de explicações dos significados não me parece ainda completamente elucidada. Mas, pelo presente contexto, é suficiente poder depreender do exemplo aduzido que, em primeiro lugar, das explicações de significado fazem parte teorias, as quais consistem em estabelecer definições como regras gerais, e que, em segundo lugar, estas teorias são comprovadas empiricamente, ao indagar-se se as passagens textuais singulares estão com elas em consonância. Raramente o acordo procurado se poderá fixar de um modo rigorosamente formal, porque são sempre possíveis amplas margens interpretativas. Por conseguinte, parece que as leis não desempenham qualquer papel nas explicações de significados, embora possam também aqui ocorrer, por exemplo, sempre que a seu favor se aduz qualquer intenção particular do autor. Mas, seja como for, não há para o historiador explicação alguma de significados sem a utilização de uma teoria historiográfica e, deste modo, também ela entra na esfera problemática complexiva, aqui discutida.

13. *A justificação dos princípios teóricos numa situação histórica*

Posso agora virar-me, finalmente, para o problema nuclear, já mencionado, das ciências históricas, a saber, o problema da justificação dos princípios *a priori*, que lhes estão subjacentes. Se para eles — o que aqui, sem dúvida, pressuponho — existe uma justificação absoluta, transcendental; se, além disso, lhes está igualmente vedada uma justificação empírica, e se, por fim, a condição já indicada da sua «suspensão» não pode entender-se como expressão de um mero arbítrio, tal só pode significar, por seu turno, que as suas fundamentações, como já transparecera na discussão da mutação dos sistemas, se vão buscar, antes de mais, a outras teorias ou, de um modo mais geral, a outros sistemas históricos em que o historiador vive. Este, como todo o investigador, tenta trazer a multiplicidade espiritual que o rodeia a uma conexão o mais unitária e ampla possível, purificá-la de contradições e obscuridades ou, pelo menos, descobrir tais contradições e obscuridades. Para ele, trata-se decerto de ordenar sobretudo o material histórico nesta totalidade e de integrar os princípios *a priori* axiomáticos, judicativos e normativos, a ela pertinentes, numa relação harmónica com os princípios restantes da multiplicidade dada. Deriva-os, pois, de outras regiões ou âmbitos vitais, onde parecem já estar justificados *a priori* por qualquer motivo, e aplica-os ao seu âmbito de objectos. Para elucidação ser-nos-ão aqui, de novo, úteis alguns exemplos.

Já com a historiografia científica, que surgira no Iluminismo e se libertara da teologia e do dogma, se caiu na conta dos múltiplos influxos a que o historiador está exposto. Assim os antepassados da escola histórica alemã, Schlözer e Rühs, de Gotinga realçaram a importância das outras ciências para a historiografia, e também a sua conexão com os factores políticos e outros factores sociais ([19]).

Podiam fazer tal porque, dos métodos críticos já existentes na filologia clássica da investigação bíblica, extraíram com plena consciência o que eu chamo princípios judicativos e normativos. Serviu sobretudo de modelo a edição crítica do Novo Testamento. Schlözer apresenta a seguinte denominação: confronto dos manuscritos, purificação dos erros, no texto estabelecimento de interpolações e falsificações, descoberta das fontes utilizadas pelos autores, etc. Remete-se também para o facto de que o desenvolvimento de tais métodos teve a sua origem nas disputas religiosas gerais que, desde a Reforma, determinaram tão fortemente o mundo. De modo análogo, Gatterer, o primeiro representante da escola de Gotinga, associou a transposição do modo de trabalho crítico-científico para a historiografia a diversas questões jurídicas e constitucionais, que eram de altíssima importância política. A história transformara-se, pois, em ciência só no momento em que um conceito normativo de ciência já está cunhado noutros âmbitos; mais ainda, semelhante conceito é explicitamente transferido, pelo motivo indicado, destes âmbitos para a história.

Mas não foi só a crítica bíblica ou a filologia clássica que aqui fez de padrinho. Tiveram também um papel decisivo as ciências da natureza e uma teoria geral da experiência que com elas se desenvolvera e fora purificada pela teologia. Isto pode observar-se já com muita claridade em Bayle (portanto, muito antes da escola de Gotinga), o qual aplicou esta teoria às fontes dos factos históricos e desenvolveu assim um método crítico para o historiador ([20]). E Webb, num momento culminante das ciências históricas, tendo em vista Ranke, queria dizer que este transformara a sala de aulas num laboratório em que os documentos se utilizavam em vez de provetas ([21]). Mas, por estranho que tal possa parecer à primeira vista, as ciências históricas foram buscar às ciências da natureza sobretudo os princípios axiomáticos. Isto mostra, antes de mais, a introdução do conceito de lei no seu âmbito. Voltaire, que foi um dos primeiros a tentar uma coisa assim, perseguiu explicitamente o propósito de escrever uma obra histórica, análoga à física de Newton ([22]). E o modo como interpreta os acontecimentos por ele descritos, que princípios neles divisa operantes, a que ordem sistemática os submete, é completamente determinado por esta ideia que pairava no seu espírito (sendo indiferente em que medida ele foi bem sucedido ou em que também apenas entendeu correctamente Newton).

Poderia igualmente mostrar-se algo de semelhante para Montesquieu, sobretudo porque ele reduz parcialmente as «leis» a condições naturais, em especial climáticas ([23]).

Deve, decerto, admitir-se que a conexão imediata e consciente com as ciências da natureza se perdeu depois novamente, e em parte, de vista, como também em geral os primeiros começos iluministas foram mais tarde rejeitados como historiografia dos filósofos, que devia ser substituida por uma historiografia dos *érudits*. Mas quem pretenderia negar que um dos maiores *érudits*, a saber, Gibbon, transfere para a sua obra histórica o axioma do racionalismo surgido com as ciências da natureza, não só vendo, interpretando e explicando todos os acontecimentos à luz da «razão natural» mas, além disso, procurando também descrevê-los com os instrumentos da crítica iluminística ao cristianismo? De resto, tornou-se hoje quase uma evidência considerar a historiografia não só na sua relação com as outras ciências mas, na minha terminologia, na sua relação com uma multiplicidade de sistemas (da política, da economia, da estrutura social, da técnica, etc.), nos quais ela, por seu turno, está incrustada. Agora, que se começa a retomar as ideias da antiga escola de Gotinga e de lord Acton ([24]), isto é, a ocupar-se da história da historiografia, tais objectos vêm para primeiro plano, embora se descure quase totalmente a problemática gnoseológica e epistemológica. Com efeito, não se consegue assim que tais relações recíprocas sejam descobertas, mas que nelas se reconheçam fundamentações do apriórico, com todas as questões inerentes.

A esfera das teorias e dos sistemas históricos, a que o historiador vai buscar a justificação dos princípios das suas teorias, ou com os quais entra numa relação recíproca de fundamentação, é a sua situação histórica, no sentido do capítulo oitavo. Nenhuma razão absoluta, eternamente válida e fundada em si mesma, e nenhuma experiência absoluta, pura e não interpretada, o consegue arrancar e libertar de semelhante dependência. A imagem da história, por ele projectada, é em si mesma algo de histórico. Emprega sempre nela também elementos *a priori* nos quais, avançando, deve basear os seus pensamentos e experiências, sem lhe ser possível ao mesmo tempo transformar totalmente este *a priori* em objecto explícito da investigação. Toda a cadeia fundacional termina necessariamente algures. Nem tudo se pode comprovar; muitas coisas devem — de modo provisório — considerar-se como suficientemente fundadas. Tudo isto pode de novo um dia expor-se ao fogo cruzado da crítica — mas então haverá, mais uma vez, outra coisa para que se apelará, na situação histórica modificada.

Nada acontece realmente *ab ovo*. Os que acreditavam no contrário, como, por exemplo, Descartes e Dingler, enganaram-se. Mas isto vale igualmente para quem é da opinião de que todos os pressupostos, como ponto de partida, se põem de modo arbitrário. Uma coisa assim é tão impossível como pretender comprovar tudo.

A eterna inquietude da ciência, a sua coacção em desenvolver-se sempre mais, deve fazer-se remontar, sem dúvida não em última instância, ao facto de jamais poder resolver o problema da fundamentação de um modo absoluto, ao facto de que tal acontece sempre apenas de um modo provisório, *ad hoc*, hipotético, em relação a uma determinada situação, ao facto de que nunca se sai definitivamente para fora do estado de suspensão. Mas a inquietude das ciências, ao tratarem da história, tem ainda uma outra razão em virtude da qual também as justificações dos princípios *a priori* e da sua contínua mudança surgem de um modo ainda mais particular — e a tal respeito quero agora expressar-me.

14. *O passado como função do presente*

Vou tomar aqui como ponto de partida as chamadas «proposições narrativas» que, segundo parece, foi Danto o primeiro a estudá-las (*narrative sentences*) ([25]). Explica o que entende por elas, entre outras coisas, mediante o seguinte exemplo, que ele foi buscar a um poema de Yeats, em que é narrado o rapto de Leda por Zeus.

«A shudder in the loins engenders there / The broken wall, the burning roof and tower / and Agamemnon dead.» («Um arrepio nos rins gera ali / o muro fendido, o ardente telhado e a torre / e Agamémnon morreu.»)

Danto pretende assim mostrar que nenhuma testemunha ocular deste acontecimento — supondo que tenha acontecido — poderia escrever uma proposição deste tipo, e precisamente porque não podia saber o que aconteceria no futuro. Nas proposições narrativas, salienta-se, pois, que acontecimentos, que agora se desenrolam, surgem muitíssimas vezes diferentes e, com frequência, devem também efectivamente considerar-se de um modo inteiramente diverso, quando são descritos pelo historiador à luz do saber acerca do que mais tarde aconteceu. E isto sucede mesmo quando não possuímos um melhor conhecimento ulterior dos acontecimentos, patentes à testemunha ocular. Muitas coisas, que para ela são importantes, talvez surjam desprovidas de importância à luz dos acontecimentos ulteriores, e vice-versa; muitas coisas, a cujo respeito se torna mais tarde evidente que nada têm a ver entre si, talvez apareçam aos seus olhos numa relação estreita; algo que ela considerou como um grande mal era, na realidade, pelo que hoje sabemos, algo de bom; por vezes, para a interpretação de alguns factos, utiliza construções de sistemas históricos, que nós, agora, erigimos de um modo inteiramente diverso.

Sublinhemos uma vez mais que tudo isto pode igualmente acontecer quando, em relação aos acontecimentos vividos pela testemunha ocular ou pelo contemporâneo, sabemos exactamente tanto como ele, e não tiveram lugar factos novos, subtraídos então ao seu conhecimento. Tal deve-se a que os acontecimentos, com a crescente distância temporal, são olhados nas suas múltiplas relações com outros acontecimentos, mais numerosos e ulteriores. Podemos comparar isto com o aspecto mutável de um quadro que observamos, primeiro, de perto e, em seguida, a uma distância maior. As particularidades insinuam-se cada vez mais uma em relação à outra, em relações diversas e, deste modo, altera-se também o seu significado, a sua função e até o seu conteúdo. Lembremo-nos, ademais, do que por vezes dizemos: «Hoje, vejo a uma outra luz o que então aconteceu», e que não pretendemos assim necessariamente ter entretanto sabido mais acerca das particularidades dos acontecimentos passados; com efeito, por vezes, as coisas surgem diferentes de outrora simplesmente porque se sabe o que após elas aconteceu e onde elas foram acabar ([26]).

Um exemplo pertinente, espero, mostrará isto de modo mais claro e servirá ao mesmo tempo para aprofundar e esclarecer ulteriormente o ponto de vista de Danto. Fui buscar semelhante exemplo ao livro de Wolfgang Schadewaldt, *Die Geschichtsschreibung des Thukydides* ([27]).

A discussão posterior, que ele suscitou entre historiadores e filósofos, é aqui irrelevante, pois não se trata dos rasgos particulares da investigação de Tucídides, mas apenas do facto de Tucídides ter reescrito a sua narrativa sobre a guerra do Peloponeso, depois da derrota definitiva de Atenas. E, neste ponto, estou quase inteiramente de acordo com Schadewaldt e com o seu grande predecessor nesta questão, a saber, com Eduard Schwartz ([28]).

A questão é pois: Que é que Tucídides escreveu durante a guerra, e depois dela, sobre os mesmos acontecimentos? Como lhe surgiam enquanto se desenrolavam — ele era, mais ou menos, testemunha, e até testemunha ocular — e como se lhe deparavam, depois de tudo estar acabado? A resposta, em todo o caso, é a seguinte: de modo inteiramente diverso, como também podem ser em particular as divergências de opinião entre os investigadores. Schadewaldt escreve:

«A importância que a exposição da expedição à Sicília conserva na totalidade da obra, graças à extensão e ao trabalho de lhe proporcionar uma forma, deve basear-se no significado que, segundo a concepção de Tucídides, o acontecimento da expedição siciliana revestia para a guerra do Peloponeso, no seu conjunto» ([29]).

Schadewaldt infere então que os livros sexto e sétimo da obra de Tucídides (concernentes aos acontecimentos mencionados) não podem ter sido escritos antes do fim da guerra. Só numa retrospectiva é que Tucídides poderia considerar a aniquilação do exército ateniense, no ano 413, como o decisivo ponto de viragem de um desenvolvimento que chegou ao termo com a queda de Atenas, no ano 404. Não podia prever isto como contemporâneo da catástrofe siciliana; pelo contrário, a situação de Atenas até melhorara de um modo essencial, após a vitória de Císico.

Só o conhecimento do desfecho final, só a ampla retrospectiva depois da derrota definitiva, do destino realizado, tornou possível a Tucídides divisar as forças motrizes por trás da cena directamente visível e, por conseguinte, interpretar de um modo novo o que antes acontecera; descobrir conexões onde nenhuma parecia haver, interpretar determinados acontecimentos como causas, como razões ou motivos do que aconteceu mais tarde e que ninguém podia prever, etc.

«Aqui, não se asserem de modo incontestável simples empreendimentos» — disse-se ainda em Schadewaldt —, aqui compreende-se historicamente um único grande empreendimento em si corrente (7, 87, 5) entendido como parte de toda a guerra, que durou 27 anos e se concebe agora como unidade de efeitos. E a partir desta unidade universal, tal empreendimento é conhecido no seu significado, é modelado segundo o seu significado, e é igualmente revelado o sentido que lhe é imanente, o sentido da realidade» ([30]).

Por conseguinte, Tucídides teve igualmente de reescrever os discursos de Péricles («Péricles não discursa aqui, com base nos conhecimentos e na intenção do historiador de 429, mas com o apoio no conhecimento e na intenção do historiador depois de 404») ([31]), e mostrar assim a cisão entre os ideais de Péricles e as forças reais, só mais tarde plenamente reconhecíveis; teve de relacionar, por um lado, o comportamento de Alcibíades e a aversão dos Atenienses para com ele e, por outro, as derrotas, primeiro, de 413 e, mais tarde, de 404; uma relação que, para Tucídides, se tornou visível só quando conseguiu interpretar o estalar das contendas entre os Atenienses e Alcibíades como simples sintoma de uma doença política de raízes fundas, como uma espécie de decadência que ofuscava lentamente a perspicácia dos seus concidadãos e que, mais tarde, levou ao colapso definitivo de Atenas; teve de considerar o período inteiro como *uma só* guerra e, por conseguinte, inserir os períodos de paz, comparativamente longos, entre as operações militares, num desenvolvimento em si coerente; viu-se obrigado a sublinhar o carácter extraordinário e a importância de Atenas, que podiam ser reconhecidos em quase todas as regiões só após esta época de êxitos, conquistas e esforços imponentes, depois da estabilidade e da inteligência demonstrada em situações desesperadas e catastróficas. Além disso, só numa retrospectiva é que Temístocles e Pausânias podiam aduzir-se como grandes exemplos para os problemas da democracia ateniense e, respectivamente, da oligarquia espartana; unicamente numa retrospectiva é que os motivos e causas do Peloponeso se podiam reevocar, no período de tempo imediatamente posterior às guerras médicas. E, por fim, mencione-se ainda a chamada «arqueologia» do primeiro livro, que é inteiramente determinada pela posição temporal de Tucídides na história. Recorda ele aqui, entre outras coisas, que as estirpes helénicas não se chamaram originalmente Helenos, pois, embora fossem já então, como é evidente, um povo, ainda não eram conscientes da sua unidade. E assim por diante.

Vemos, pois, em primeiro lugar, que Tucídides considera, num segundo momento, alguns acontecimentos como sintomas de uma doença política que, só mais tarde e não de imediato, podia ser diagnosticada. De modo correspondente, reinterpretou estes acontecimentos como sintomas. De facto, quando alguém afirma que qualquer acontecimento foi indício de uma doença, sem antes o conseguir saber, dá, como é óbvio, a este acontecimento um novo sentido; e se tal doença teve consequências importantes, e ele não podia saber tal coisa previamente, todo o processso recebe em seguida um outro significado, que a princípio lhe não podia ser atribuído. Além disso, podemos, deste modo, ligar entre si acontecimentos que, antes, pareciam nada ter a ver uns com os outros; com efeito, se se parte do resultado, a saber, da doença, conseguimos inserir todos estes sintomas numa relação recíproca, justamente como sintomas de uma e mesma doença, na sua evolução. Podemos, em segundo lugar, observar que Tucídides procura evidentemente descrever algo, a que dou o nome de «sistema histórico»: refiro-me, por exemplo, ao sistema da democracia ateniense, da oligarquia espartana, dos ideais políticos de Péricles, etc. A doença, que, segundo a sua opinião, actuava como um veneno, porque tudo destruía lentamente, era por ele considerada como um elemento essencial destes sistemas. E a sua descrição alterou-se assim igualmente segundo o diagnóstico da doença. De resto, nenhum sistema se revela de imediato ([32]). Só no decurso do tempo se pode desenvolver (explicação) e, deste modo, manifestar as suas possibilidades, o seu núcleo duro, as suas ideias fundamentais, as suas contradições, etc. Nem sequer a originalidade, a unicidade e a grandeza de um fenómeno histórico se podem alguma vez conhecer antes do seu fim.

A doença de que fala Tucídides consiste na completa *taraché*, na confusão espiritual dos Gregos desta época. Realidade e ideal dissociavam-se cada vez mais, desde que se perdera a harmonia homérica. A vontade natural de poder já não era equilibrada por projectos e ideias englobantes, mas degenerou numa estúpida guerra de todos contra todos. Mas, segundo Tucídides, isto revelava apenas as mais profundas deficiências estruturais da democracia ateniense, por um lado, e da oligarquia espartana, por outro. Atenas não conseguia evitar a crescente demagogia, corrupção e anarquia, enquanto a oligarquia espartana, que inevitavelmente se tornou cada vez mais rígida e infecunda, tentava ainda, no fim, conservar o seu próprio poder. Tanto um como o outro sistema se revelara de múltiplos modos, no decurso da sua explicação, como em si contraditório e condenado ao fracasso.

Ora, embora pareça ser também um facto que Tucídides só chegou a conhecer tudo isto numa retrospectiva — e tal é aqui o ponto saliente —, sem saber mais do que antes sabia em relação aos acontecimentos precedentes enquanto tais, porque é que não havia, no entanto, de ser possível imaginar um homem de grande capacidade profética que estivesse em condições de prever o fim de toda a guerra, por conseguinte, de escrever de repente o que Tucídides só mais tarde conseguiu? Mas, neste caso, não seria necessária uma alteração na interpretação dos acontecimentos passados.

Ora é certo que, sem semelhante dom profético ou sem um mero acaso, não seria possível, na história, uma correcta previsão. Com efeito, ninguém poderia justificar uma previsão deste tipo de modo racional, pois não há leis estritas, nem sequer indeterminísticas, a que se poderia recorrer ([33]).

As profecias irracionais ou até miraculosas, embora concebíveis e, por vezes, também realizadas, estão aqui fora de discussão. Pelo contrário, aqui fala-se do modo como acontecimentos precedentes, justamente quando o historiador se comporta de modo científico e, por conseguinte, se limita a considerar e a descrever as coisas seguindo um processo de que ele é responsável, enquanto historiador. Uma comparação: por vezes, um médico pode vaticinar que doença tem o paciente sem, de momento, poder fornecer uma demonstração. Mas, neste caso, comportar-se-á responsavelmente como médico só se não procede com precipitação mas atende a outros sintomas para diagnosticar a doença e, eventualmente, reinterpretar de modo comprovável acontecimentos precedentes.

A fim de evitar mal-entendidos, deve aqui sublinhar-se que eu não nego, obviamente, os chamados «factos inalteráveis», como a derrota de Atenas no ano 413, o desfecho das diversas batalhas durante a guerra do Peloponeso, etc. Mas factos deste tipo encontram-se igualmente nas simples crónicas, que não se podem confundir com as obras escritas pelos historiadores. Podemos distinguir *factos nucleares* de factos que estão mais ou menos expostos à mudança no modo como aparecem. Que, por exemplo, Péricles morreu de peste é um desses factos nucleares (o que não significa que seja absolutamente verdadeiro); mas os seus discursos, referidos por Tucídides, não o são.

Pode assim, espero, tornar-se suficientemente claro o que intento dizer quando, em oposição a uma opinião largamente difundida, afirmo que o passado é necessariamente uma função do respectivo presente. Nada poderia ser mais falso do que o célebre mote de Schiller: O passado persiste eternamente imóvel ([34]). A tarefa fundamental do historiador não consiste em descobrir «como as coisas genuinamente aconteceram» (Ranke), se tal significar: como as teria visto uma testemunha ocular. Pelo contrário, isto induzir-nos-ia quase sempre a perseguir o fantasma de uma verdade eterna que reside oculta para lá da cortina do «espírito do tempo». A tarefa fundamental do historiador deve, pelo contrário, consistir em reescrever continuamente a história, tendo em conta a inevitável mudança a que o passado está exposto, no decurso das épocas.

A história da historiografia da decadência de Roma mostra também, de um modo particularmente eficaz, como isto acontece; é uma história que evocarei com brevidade, para complementar o exemplo de Tucídides ([35]).

Esta decadência é, decerto, um *topos* da história espiritual do Ocidente, no qual se podem ler as suas grandes mudanças, tanto na respectiva autocompreensão, como no olhar retrospectivo. Se Santo Agostinho considera a queda de Roma como o soldo de pecados contínuos e que vão além de toda a medida, tal só é possível porque ele já vive numa época cristã e conhece o fim. Mais tarde, do ponto de vista medieval, Otto von Freising não entende tanto esta queda como decadência de uma época, mas antes como sintoma da «translatio imperii ad francos et teutonicos», («transferência do Império para os Francos e os Germânicos»), em que se preservava o universalismo romano mas amadurecia, pouco a pouco, em vista do Sacro-Império Romano da nação alemã. Só assim, nesta continuidade, se pode desenvolver a ideia católica. O declínio do império terreno de Roma corresponde aqui à ascensão do reino transcendente de Cristo, e o que hoje nos aparece como separado, como colapso de um velho mundo e início de outro novo, surgia-lhe como uma unidade coerente de vasos comunicantes. De modo inteiramente diverso o divisou, e tinha de olhar, Macchiavelli. Os aspectos problemáticos da política cristã, que entretanto se vieram a revelar, não lhe permitiam já considerar Roma e a Idade Média como unidade, e a primeira como prelúdio no drama da redenção. Os critérios de avaliação transformam-se doravante no seu contrário, e o que estava conexo de novo se separa: a queda da cidade eterna conduz, no fim, à calamidade do presente, significou a decadência de um mundo antigo cheio de grandeza em prol de um mundo novo, cheio de misérias. As causas já não podiam, pois, considerar-se como transcendentes, mas residiam nas forças naturais dos homens e no carácter contraditório dos princípios dos seus sistemas. Vemos Gibbon avançar por este caminho. Acrescenta aos axiomas da consideração de Machiavelli apenas uma ingente quantidade de material histórico, e podia, sobretudo, basear-se numa crítica da doutrina e política cristãs que, entretanto, fora designadamente aprofundada pelo racionalismo.

Em Santo Agostinho, Otto von Freising, Machiavelli e Gibbon, refere-se respectivamente a ideia fundamental, a cuja luz as épocas que lhe pertencem lançam um olhar retrospectivo sobre a queda de Roma. Tenho aqui de renunciar a mencionar outros que descreveram, com maior ou menor extensão, o grande acontecimento em semelhante enquadramento, embora se desviem em muitos pormenores ou acrescentem muitas outras coisas.

Mas é possível observar de novo de que modo o objecto histórico no decurso do seu próprio desenvolvimento nos constrange a modificar a concepção do que nele é importante ou irrelevante, unido ou separado, mau ou bom; e, por conseguinte, com esta alteração do próprio objecto, de que modo se deve alterar em particular a sua mais exacta construção, a interpretação que nele se procura. «O objecto altera-se» significa aqui simplesmente que ele entra em novas relações com acontecimentos ulteriores; com efeito, não constitui, como se viu, nenhuma espécie de átomo a que se podem juntar simplesmente outros átomos ulteriores; pelo contrário, graças a estas novas constelações, deixa de aparecer à velha luz. Fornece um novo potencial interpretativo que, doravante, está exposto à selecção do historiador.

15. *Três formas de justificação dos princípios teóricos nas ciências históricas*

Regressemos ao problema da justificação dos princípios apriórios e façamos de novo uma síntese. Primeiro: esta justificação tem lugar em relação com uma multiplicidade de sistemas, em que vive um cientista. Segundo: a mudança de tais princípios é justificada pela transformação que esta multiplicidade sistémica sofreu de modo inevitável pelas razões mencionadas (automovimento dos conjuntos de sistemas). Terceiro: no caso de objectos históricos, a mudança dos princípios *a priori* é, além disso, justificada em virtude de estes objectos se alterarem necessariamente de per si. Mais exactamente, por um lado, devem justificar-se com o novo potencial interpretativo, que os objectos proporcionam; por outro, em virtude de os novos princípios representarem uma selecção a partir deste potencial, selecção que está em consonância com a respectiva multiplicidade sistémica dada. Se, agora, se pensasse que existe uma contradição no facto de as mudanças do apriórico não serem determinadas pelo próprio *a priori*, mas também por objectos, por conseguinte, pela experiência, lembro o que aqui tentei mostrar, com a ajuda do modelo sobre a interacção do *a priori* e do *a posteriori*. Não se trata aqui de uma determinação directa pela experiência, à qual jamais se pode por si sujeitar o *a priori* enquanto tal. Pelo contrário, isto pode acontecer sempre unicamente através da inserção de condições, como as que um sistema põe ao dispor. Por isso, pode sempre optar-se por fazer julgar as teorias a partir de experiências, ou rejeitar estas experiências com a ajuda do instrumentário apriórico, que aqui se tem inevitavelmente de utilizar, e por fundar este último com o amplo contexto da multiplicidade dos sistemas em que isto se encontra incrustado. Mas, no fundo, o conjunto S tem sempre a última palavra, pois é ele que define o que se deve entender em geral por experiência e por factos. Seja qual for, pois, o aspecto que possa ter, um conjunto S deverá conter, no caso de um objecto histórico, justamente as condições apriórias que tornam possível a sua experiência como de um objecto que se transforma, de modo que ele fará assim explodir continuamente uma parte do instrumentário apriórico, que o conjunto respectivamente aprontará.

Muitas vezes, duvidou-se do sentido da historiografia porque ela não nos permite conhecer as coisas como efectivamente se desenrolaram, mas apenas como as interpretamos e como nos surgem à luz do nosso tempo. Assim considerada, ela constitui somente um longo romance, em que cada época se reflecte a si mesma. Ora não existe, com efeito, nenhuma verdade histórica de natureza científica para além, por trás ou até sem as interpretações, não existe sequer uma verdade eterna, por exemplo, a de «como as coisas genuinamente aconteceram» (Ranke). Mas existe, decerto, a verdade e a experiência histórica que se constitui com o concurso do respectivo entrosamento, sempre de novo justificado, dos princípios *a priori*. Nesta perspectiva, cada geração deve controlar à sua maneira o seu presente e o seu passado e, visto que não pode fazer uma coisa sem a outra, é-lhe indispensável escrever e reescrever continuamente de modo novo a história. Estas considerações pretendiam, entre outras coisas, demonstrar que tal pode acontecer de um modo fundamental.

NOTAS

[1] C. G. Hempel, *Aspects of Scientific Explanation*, Nova Iorque 1965; P. Gardiner, *The Nature of Historical Explanation*, Oxford 1961; M. White, *Foundations of Historical Knowledge*, Nova Iorque 1969; A. C. Danto, *Analytical Philosophy of History*, Cambridge 1968.

[2] Assim, por exemplo, nas suas considerações de filosofia da história, Herder considera as nações como organismos, von Humboldt compara os processos históricos às metamorfoses das plantas, Ranke chama «totalidades» aos povos, e de modo semelhante se expressa Dilthey: nas suas obras tardias, fala de «conexões dinâmicas».

[3] «Empatia» é o nome que, por exemplo, Herder dá a esta capacidade; Dilthey fala de «compreensão»; Troeltsch dá-lhe o nome de «pressentimento», e Ranke, de «divinação».

[4] W. L. Langer, «The Next Assignment», in: *American Historical Review* 69 (1963).

[5] Cf. W. Stegmüller, *Probleme und Resultate der Wissenschaftstheorie und Analytischen Philosophie*, vol. I: *Wissenschaftliche Erklärung und Begründung*, Berlim/Heidelberg/Nova Iorque 1969.

[6] M. Weber, «Die Objektivität sozialwissenschaftlicher und sozialpolitischer Erkenntnis», in: *Soziologie, Weltgeschichtliche Analysen, Politik*, Estugarda, 1964, p. 234.

[7] Neste ponto, remeto para o trabalho interessante de E. von Savigny, «Zur Rolle der deduktiv-axiomatischen Methode in der Rechtswissenschaft», in *Rechtstheorie*, Francoforte 1971.

[8] A. Schopenhauer, *Sämtliche Werke*, 2 vols.: *Die Welt als Wille und Vorstellung*, ed. de A. Hübscher, Leipzig 1938, p. 505.

[9] Ib., p. 506.

[10] E. Gibbon, *History of the Decline and Fall of the Roman Empire*, ed. de E. J. Bury, 7 vol., Londres 1896-1900.

[11] B. G. Niebuhr, *Römische Geschichte*, 3 vol., Berlim 1811-1832.

[12] Th. Mommsen, *Das Römische Staatsrecht*, Berlim 1887; Id., *Römische Geschichte*, Berlim 1854-1856.

[13] M. Rostovzeff, *Social and economic history of the Roman Empire*, 1926.

[14] A. Heuss, *Römische Geschichte*, Braunschweig 1971, p. 575.

([15]) E. Meyer, *Kaiser Augustus*, Halle 1924.

([16]) Cf. também W. Stegmüller, «Der sogennante Zirkel des Verstehens», in *Natur und Geschichte*. X Congresso Alemão de Filosofia, Kiel 1972, org. de K. Hübner e A. Menne, Hamburgo 1974.

([17]) Gostaria aqui de sublinhar que, não obstante a crítica há pouco exposta, julgo estar de acordo em muitos pontos com os defensores da hermenêutica. Mas parece-me que muito do que eles pretendem dizer só atinge a clareza, ou pode mesmo pôr-se em ordem, se nos libertarmos do seu estilo obscuro e transferirmos para as ciências históricas o método analítico, que os epistemólogos aplicaram, até agora, sobretudo às ciências da natureza. Que tal é possível, justamente porque os dois ramos do conhecimento têm, no fundo, as mesmas formas lógicas — por mais que isto tenha, num primeiro momento, permanecido oculto — espero vir a demonstrá-lo claramente com a presente investigação. Para a crítica da hermenêutica, ver também G. Patzig, «Erklären und Verstehen», in *Neue Rundschau* 3 (1973).

([18]) J. L. Borges, *Labyrinthe*, Munique 1959, p.89 s.

([19]) H. Butterfield, *Man on his Past*, Cambridge 1969.

([20]) Cf. a este respeito também E. Cassirer, *Die Philosophie der Aufklärung*, Tubinga 1932, p. 269-279.

([21]) V. P. Webb, «The Historical Seminar Its outer Shell and its Inner Spirit», in: *Mississipy Valley Historical Review* 42 (1955/56).

([22]) Voltaire, *Essai sur les Moeurs et l'Esprit des Nations*, in: *Oeuvres XVIII. Le Pyrrhonisme de l' Histoire*, in *Oeuvres XXVI*.

([23]) Montesquieu, *De l' Esprit des Lois*.

([24]) Cf. a este respeito o capítulo sobre Lord Acton in H. Butterfield, *Man on his Past*, Cambridge 1969.

([25]) Cf. Nota 1, (supra).

([26]) Agradeço ao professor Trunz a referência de que Goethe expressou algo semelhante, com graça, no seu ensaio «Wiederholte Spiegelungen» (Goethe, *Werke*, Vol. 12, Hamburgo 1959, p. 322 s.) Escreve ele: «O que se conservou por muito tempo... flutua... de um lado para o outro, por muitos anos, na interioridade. O que... por muito tempo se conservou é, por fim, expresso para o exterior em recordação viva e espelhado ainda uma vez... Daqui mana um impulso para realizar tudo o que do passado poderia ainda evocar por encantamento. A nostalgia cresce e, para a satisfazer, é absolutamente necessário chegar a um lugar para, pelo menos, se apropriar de tal localidade... Surge aqui, na localidade de algum modo desolada, a possibilidade... de para si criar um segundo presente com as ruínas do existente e com a tradição... Se se pensar agora que os espelhamentos repetidos não só mantêm vivo o passado, mas até o elevam a uma vida mais alta, virão então à mente os fenómenos entópticos que, de igual modo, não empalidecem de espelho para espelho, mas se ateiam então; e ter-se-á um símbolo do que várias vezes se repetiu e ainda quotidianamente se repete, na história das artes e das ciências, da Igreja e, decerto, também do mundo político.»

([27]) W. Schadewaldt, *Die Geschichtsschreibung des Thukydides*, Berlim 1929.

([28]) E. Schwartz, *Das Geschichtswerk des Thukydides* , Bona 1929.

([29]) W. Schadewaldt, *Die Geschichtsschreibung des Thukydides*, op. cit. p. 7.

([30]) *Op. cit.*, p.27.

([31]) *Op. cit.*, p. 24.

([32]) Cf. K. Hübner, «Philosophische Fragen der Zukunftsforschung», in: *Studium Generale* 24 (1971).

([33]) Cf. «Philosophische Fragen der Zukunftsforschung», *Op. cit.* (Nota 32)

([34]) F. von Schiller: Mote de Confúcio: Tríplice é o passo do tempo, lentamente empurrado, vem o futuro, como uma flecha foge o agora, eternamente imóvel persiste o passado...

([35]) Cf. a este respeito, entre outros, W. Rehm, *Der Untergang Roms im abendländischen Denken*, Lípsia 1930.

Parte III

O MUNDO CIENTÍFICO-TÉCNICO E O MUNDO MÍTICO

XIV

O Mundo da Técnica Científica

O primeiro capítulo deste livro tratava da relação estreita que existe entre o problema da fundamentação das ciências naturais, do numinoso e da arte. O problema da fundamentação das ciências da natureza alargou-se, em seguida, em particular ao das ciências históricas. Mas quem pretenderia negar que existe um vínculo indissolúvel entre o que se pode chamar «razão científica» e o que se pode denominar «razão técnica»? Não teríamos um conhecimento suficiente da nossa situação histórica se, na nossa indagação crítica, não incluíssemos também técnica. Só então regressaremos ao ponto de partida do primeiro capítulo e poderemos, se bem que numa forma nova, pôr a velha questão: Que se passa com a fundamentação da arte e do numinoso no nosso mundo dominado pela ciência e pela técnica?

Em geral, o termo «técnica» emprega-se em relação com aparelhos, máquinas e processos de produção artificiais, com a utilização de forças naturais para fins humanos, etc. Nesse sentido, há técnica enquanto existem culturas. E, no entanto, ela sofreu mudanças tão radicais nas intenções fundamentais, na compreensão de si e, deste modo, também nos objectivos singulares que é mais adequado introduzir o seu estudo com a sua história do que, porventura, com a tentativa, tantas vezes feita, de encontrar uma resposta para a pergunta «Que é a técnica?», e descobrir assim uma definição que convenha a todas as épocas.

1. *Para a história da técnica*

Esta história é determinada sobretudo por dois acontecimentos decisivos: pela difusão do cristianismo e pela emergência das ciências exactas da natureza.

A importância do cristianismo para a técnica consiste, entre outras coisas, em que contribuiu para a eliminação da economia escravagista e forçou, deste modo, a substituir as forças laborais humanas, outrora disponíveis em abundância e baratas, mas doravante insuficientes, pelas forças da natureza. Só agora se aprendia a utilizar melhor o animal para o trabalho, ao desenvolver-se a coleira; utilizaram-se cada vez mais o vento e a água, graças a um sistema de moinhos que se tornou florescente; fomentou-se o desenvolvimento da técnica metalúrgica e com esta tornou-se possível o uso da pólvora e da imprensa.

A utilização em grande escala das forças naturais, tal como a exigia um mundo transformado pelo cristianismo, teve por consequência, embora ainda de um modo limitado, a existência própria da técnica, a qual começou agora, a partir de si mesma, a modificar retroactivamente e de modo revolucionário a cultura. Na antiguidade, pelo contrário, ela estivera inteiramente ao serviço do Estado, do culto, da arte, etc. e recebia destes domínios tarefas e objectivos e procurava assim só melhoramentos lentos em limites pré-determinados. Invenções e projectos livres, como, por exemplo, aqueles a que se aventuraram Ctesíbio (séc. III a. C.) ou Herão de Alexandria (séc. I a. C.), foram mais ou menos considerados como divertimentos ([1]).

Embora na Idade Média a técnica já não estivesse marcada, como outrora, sobretudo pela cultura e pela tradição mas abrisse assim o caminho a descobertas decisivas e revolucionárias, permanecia, no entanto, ainda limitada sobretudo pelo facto de não ser apoiada pela ciência e, portanto, carecia da penetração teórica. Se, na Antiguidade, a ciência se ocupara principalmente dos «fundamentos do ser», doravante consumia-se no debate com a teologia. Agora como no passado, deixava desdenhosamente a técnica para o artesão. A situação alterou-se só quando, no Renascimento, surgiram as ciências exactas da natureza e, pouco a pouco, se fundiram com a técnica naquela unidade indissolúvel, sob cujo signo deveria instalar até hoje o seu desenvolvimento. Era sobretudo necessário começar pelas coisas mais simples. Niccolò Tartaglia calculou em 1546, pela primeira vez, o ângulo pelo qual se devia regular o cano de um canhão para obter o desejado alcance do tiro ([2]).

A ciência exacta da natureza aponta já enquanto tal para uma conquista técnico-prática da existência. Surge sempre em relação com o aparelho técnico: o relógio, o telescópio, o pêndulo, para apenas enumerar alguns. Cada vez mais se exige também que os conceitos científicos se definam mediante operações com aparelhos de medida, os quais se tornam ao mesmo tempo mais completos e sofisticados. A técnica, por seu lado, não aplica apenas conhecimentos científico-naturais, mas realça igualmente fenómenos que põem o investigador perante novas tarefas. Em 1824, por exemplo, Carnot tentou elaborar uma teoria da máquina a vapor, quando esta já prestava serviços excelentes; em

1912, von Laue identificou a natureza dos raios de Röngten (Raios X), cuja actualização se encontrava já muito difundida. O facto decisivo desta fusão de ciência e técnica, iniciada com o Renascimento, consiste em que pela primeira vez a conquista prática da natureza está penetrada de *teoria*. A consequência é que a técnica, no seu desenvolvimento autónomo, já não permanece confinada à mera disposição para preparar e esperar a circunstância fortuita — como acontecia ainda na Idade Média — mas exigiu, doravante, o pressuposto da, e é ainda impelida a tal pela, vontade de inquirir, sem limitações e *de um modo sistemático*, o reino das possibilidades técnicas. Com efeito, a teoria científica enquanto tal separa-se do particular e do individual, avança para o geral e desenvolve o seu âmbito de objectos segundo princípios (no sentido do capítulo oitavo), é, pois, sistematizante e classificadora; só ela proporciona a liberdade à investigação, onde quer que nela se introduza.

Forma-se assim um novo tipo de homem, que antes jamais existira nesta forma: *inventor*. Este tem uma formação científico-natural e, por conseguinte, igualmente teórica; interessa-lhe a invenção sistemática em geral, e menos a invenção de algo particular; os interesses económicos, sociais, políticos não são para ele determinantes, muitas vezes, são até adoptados só como pretextos; e, no entanto, ele é dominado pelo desejo de converter à prática os seus projectos, mais ainda, por vezes, de constranger os seus contemporâneos a aceitá-los. Deparamos com esta constituição em todos os grandes inventores, desde Leonardo da Vinci, passando por Papin, Huygens, Watt, Trevithick, Niepce, Daguerre, Nobel, Edison, etc., até ao presente, em que o trabalho de equipa substitui em geral o trabalho individual (^{3}).

A técnica dos tempos modernos, e sobretudo a contemporânea, distingue-se da antiga e da medieval por uma autocompreensão inteiramente diversa. Com a emergência das ciências exactas da natureza, propõe a si própria, doravante de um modo irresistível, novas tarefas, desperta as suas peculiares necessidades, antes nem sequer suspeitadas. Pretende a indagação metódica do campo indefinido das possibilidades técnicas, quer investigar passo a passo o que até então permanecera por explorar, e experimentar coisas novas. O espírito da técnica das épocas passadas não revelava qualquer traço semelhante. Sem dúvida, também ainda hoje se encontra de muitos modos ligada às que lhe propõem o Estado, a sociedade, a economia, etc; mas o especificamente novo, aquilo que a marca de um modo essencial é, no entanto, a dinâmica da força criativa por ela desencadeada.

2. *A cibernética como técnica moderna por excelência*

Esta liberdade encontra a sua mais pura expressão na *cibernética*, que põe à disposição um sistema geral de conceitos para a descrição das estruturas e procedimentos técnicos.

Um dos seus conceitos fundamentais mais importantes é o de sistema de transmissão. Por sistema de transmissão entende-se a passagem, regulada mediante operadores, de quaisquer entidades (as de entrada) para outras (as de saída). Estas unidades denominam-se operandos. Um exemplo simples surge-nos a este respeito num piano: a pressão exercida sobre certas teclas tem como consequência o som de certas notas. Os sistemas de transmissão podem desenvolver-se de qualquer modo. Assim, todo o operando poderá, por vezes, transformar-se apenas num outro e, por vezes, em vários; os operandos podem representar um contínuo ou ser discretos; a transmissão pode ser determinística ou estatística, etc. Os sistemas de transmissão, em geral, podem ser tanto modelos matemáticos, teorias exactas (por exemplo, da física), etc., como também processos reais, que exibem séries ordenadas de acontecimentos. De particular importância são aqui, no entanto, os processos reais em que os operandos de introdução ou os operadores se podem modificar, como, por exemplo, acontece graças ao aparecimento de interferências, ao manejo de interruptores ou coisas semelhantes. Em tais casos, fala-se de *processos de comando, de regulação, de adaptação,* e em geral de *processos de retroacção* de todo o tipo. São designados, de modo abreviado, como «sistemas de transmissão com introdução».

Ora em todo o processo de produção técnica se realiza um fim estabelecido de modo físico-químico, por conseguinte, segundo leis que definem as transformações de grandezas de entrada em grandezas de saída. Por conseguinte, é sempre um sistema de transferência e é, além disso, um processo de retroacção, pois, em virtude da abertura dos sistemas físico-químicos, o processo de produção deve ser continuamente vigiado e controlado. Também os produtos por ele realizados representam, na sua função, sistemas de transferência, como revela um olhar aos fins que eles devem, satisfazer. Estes fins podem, de facto, reagrupar-se nos de *conservação de estados,* da *utilização de energia* e de *obtenção de informação.* Na consideração de estados, as grandezas de entrada são as interferências que podem modificar o estado, mas as grandezas de saída são o estado que se deve manter (exemplos a este respeito são os diques, os abrigos, os conservantes, os sistemas de aquecimento, etc.). Também na utilização da energia lidamos com um processo regulado de transformação, a saber, com o da energia, e, por isso, com um sistema de transferência (pense-se no automóvel, no avião, no caminho de ferro, etc.). Por fim, na obtenção de informação, introduzem-se palavras (notícias), reduzem-se para ondas electromagnéticas, letras impressas, cintas perfuradas e coisas semelhantes, e são de novo introduzidas sob a forma de palavra (notícia) (de que é exemplo o computador).

Visto que os processos de produção e os seus produtos representam, em geral, «sistemas de transmissão com ou sem introdução», «processos de comando, de regulação, de adaptação», etc., podem descrever-se em *modelos matemáticos*, quando as leis ou as regras das suas transformações são exactamente formuláveis. Com efeito, tais leis ou regras adquirem, com os modelos, apenas uma forma axiomática. (Um exemplo de utilização de regras, não apenas de leis, num sistema de transferência é um computador. Para a diferença entre «lei» e «regra», cf. capítulo 13, par. 1.) A construção de tais modelos tem um significado de amplo alcance. Servem, de facto, como fundamento para três níveis de considerações teóricas de abstracção crescente. No *primeiro nível*, prescinde-se, graças aos modelos, do fins imediatos e dos fenómenos particulares dos objectos técnicos e explora-se o campo das suas ulteriores possibilidades. O modelo satisfaz aqui apenas o fito de uma teoria que permite tornar deduzíveis fenómenos isolados e abarcá-los, mediante a classificação e ordenamento, num contexto mais amplo. No *segundo nível*, mais abstracto, comprova-se a estrutura dos sistemas de transmissão reproduzidos em modelos matemáticos, para o escopo da recíproca substituibilidade dos sistemas de transferência. Se, por exemplo, se constata uma isomorfia ou uma homomorfia — por conseguinte, uma consonância estrutural completa ou parcial — entre um sistema de transmissão técnico e um natural, então aquilo que o sistema de transmissão natural realiza será também produzido, no todo ou em parte, pelo sistema técnico. Certas operações lógicas podem ser transferidas para um aparelho técnico só porque tanto a álgebra linear como a lógica proposicional correspondem estruturalmente a um retículo booleano. No *terceiro nível*, finalmente, partindo de sistemas dados de transmissão, constroem-se livremente outros sistemas de transferências mediante combinação, variação, etc., segundo múltiplos pontos de vista, para em seguida indagar de que modo eles se podem aplicar sob o ponto de vista prático. Hoje, encontramos estes três níveis de abstracção e de teorização progressiva em numerosos campos científicos de origem recente, como, por exemplo, na *teoria dos circuitos de comutação, na teoria dos autómatos, na teoria da regulação, na teoria dos jogos, na teoria dos sistemas adaptativos, dos modelos neuronais, das estruturas da linguagem, da teoria da informação, etc.*

Por cibernética pode, pois, entender-se o modo extremamente abstracto de considerar a técnica que tem em vista a introdução de princípios e de métodos gerais, a elaboração de modelos matemáticos e a investigação da sua natureza. Revelou-se extremamente fecunda e proporciona ao espírito solto do inventor ricas fontes de ajuda e indispensáveis meios de orientação no seu impulso para ampliar a esfera das possíveis realizações e dos possíveis fins técnicos.

3. *A sociedade na era da técnica*

A técnica, assim inteiramente reduzida a uma estrutura teórica, pela primeira vez ideada na época barroca e, mais tarde, realizada, é enquanto tal, a saber, enquanto reduzida à dimensão teórica, determinada sobretudo pela ênfase decisiva do *progresso e da exactidão*. É determinada pelo progresso, enquanto a sua teorização deve justamente servir para se libertar do imediatamente concreto, do fim dado, da tarefa dada, do meio dado (máquina) e, deste modo, para indagar sistematicamente o âmbito das possibilidades técnicas (em que isto, no sentido do capítulo oitavo, tanto pode ser progresso 1 como progresso 2); é determinada pela exactidão, enquanto semelhante escopo se deve alcançar graças a modelos matemáticos, sistemas de transmissão esquematizados, etc. A técnica torna-se, em parte, uma espécie de *jogo de l'art pour l'art*. Não só surgem assim novos meios para a obtenção de metas antigas, mas emergem igualmente inumeráveis novos objectivos e necessidades. Precipita-se uma avalanche de progresso, e se em algum lado existe uma revolução permanente é, decerto, no campo técnico. Torno a repetir: são muitos os factores, e não imediatamente técnicos que, hoje como outrora, para tal contribuem (por exemplo, a política e a economia); mas a atitude técnica fundamental, já descrita, faz parte do que é realmente novo na nossa época. Impregna em grande parte também as formas da sociedade tecnicizada.

    Em primeiro lugar, uma característica essencial dos modernos processos industriais e, deste modo, de uma grande parte do mundo laboral moderno, é ter uma forma exacta. Esta forma era, anteriormente, de todos desconhecida e só com a invenção de Maudslay do suporte do torno paralelo foi possível pôr nesta forma elementos de metal como manivelas, rolos, válvulas, etc. Antes — avalie-se a mudança histórica —, não havia, como nos informa Nasmyth, «nenhum sistema sobre a relação entre o número dos passos e o diâmetro de um parafuso» ([4]). Toda a rosca e toda a porca de parafuso era assim, de per si, uma particularidade. A sistematicidade, a ordem e o sistema de regras que Maudslay introduziu nos lugares de produção receberam, pois, de Nasmyth o nome de «autêntica filosofia da construção» ([5]). Foi justamente esta exactidão (alavanca de comando, pressão de botões, cinta transportadora) que suscitou uma produção e um consumo de massa. Com efeito, o exacto torna possível a aplicação simples e rapidamente repetível de elementos unívocos (operandos), segundo as regras e leis rigorosas (operadores). Mais ainda, pode dizer-se que em tal consiste principalmente o exacto. É o que se revela sobretudo na sua forma ideal, a saber, nos cálculos de todo o tipo; estes não estão imediatamente ao serviço da verdade e da compreensão, mas do operar segundo esquemas com uma certa forma fundamental (figuras, sinais, etc.). Só uma forma, e não um conteúdo, pode ser exacta, pode possibilitar operações esquemáticas. Com elas, alcança-se um grau altíssimo de intersubjetividade, pois, em virtude da sua univocidade e do seu rigor, podem ser realizadas e compreendidas em princípio por todos e do mesmo modo. Mas, justamente por isso, um operar segundo esquemas existe como algo que se deve reconhecer como racional. Assim uma sociedade, para a qual são determinantes a produção e o consumo de massa, é uma sociedade amplamente racionalizada, uma sociedade continuamente propensa à «racionalidade», por mais obscuro que tal conceito seja para a maior parte. E aqui se encontram, em não pequena medida, as raízes da progressiva «eliminação dos tabus» e da «desmitologização», que hoje por toda a parte observamos.

Não restam dúvidas de que, além da ideia de exactidão, domina a nossa sociedade a ideia de progresso, tão peculiarmente essencial à técnica moderna. (É uma outra questão que, em particular, a propósito da ideia de progresso, não reine clareza alguma, mais ainda, que se encontrem difundidas a seu respeito falsas concepções, pelo motivo que já se aprofundou no capítulo oitavo.) Pode, sem dúvida, dizer-se que esta ideia era já um fruto do Iluminismo. Mas também já, para a Ilustração, a racionalização do mundo, que ela visava como objectivo final, surgia primeiro no âmbito das ciências da natureza e da técnica. Nada aqui se modificou; ainda hoje a ideia de progresso, por mais vaga que possa ser a sua concepção na consciência geral, é por elas alimentada e mantida em vida de um modo constante. E como a racionalidade técnica, muito determinada, se amplia numa racionalidade indeterminada, assim também o progresso científico se alarga a um progresso geral, que deve concernir quase a tudo. Pretender ser contra a racionalidade ou o progresso é hoje, para a maior parte das pessoas, como se outrora alguém tivesse protestado contra a ordem divina do mundo. A sociedade humana contemporânea, enquanto sociedade industrializada, deriva assim em larga medida a sua autocompreensão de formas e ideias genuinamente técnicas e científicas.

4. *A técnica entre o pró e o contra*

Parte dos filósofos saúda tudo isto, uma outra parte recusa. Para os que dão as boas vindas, a tecnicização é sobretudo a base de uma liberdade que cada vez mais se difunde. O progresso técnico liberta das constrições da tradição; o consumo e a produção de massa redimem da necessidade material; a intersubjectividade do trabalho, bem como a estandardização dos seus produtos contribuem para a superação das diferenças sociais; a racionalidade exclui, aparentemente, o ininteligível. É, pois, óbvio que as liberdades políticas, hoje em parte exigidas e em parte conseguidas, a luta contra os tabus de toda a espécie e a democracia moderna, se ponham em relação com a técnica [Wendt ([6]); Fink ([7])]. Muitos divisam, num mundo tecnicizado, justamente o «reino do homem autónomo» ([8]), aguardam nele a realização de valores superiores num grau jamais conhecido e associam-no, deste modo, a concepções mais antigas do *regnum hominis* ([9]).

No progresso, vê-se a «emancipação relativamente à prisão do homem na condição de planta e de animal» e, por conseguinte, o instrumento «para uma espiritualidade total» ([10]); tarefas mais elevadas poderão ser levadas a cabo só na independência e no ócio que a técnica proporciona. Esta possibilita igualmente um fluxo de informações sempre mais rápido, pelo qual é difundida a cultura e os homens se podem compreender e conhecer melhor uns aos outros. Uma humanização universal, e até da natureza ([11]), teve lugar *pari passu* com a técnica.

Contra esta valoração optimista da técnica aduz-se o seguinte: A mania das inovações e o geral abandono de todas as tradições que se conectam com a orientação fundamental da técnica, a rápida e contínua mudança do ambiente material em virtude do progresso técnico, transplantam o homem para uma inquietação sem raízes em que perde a sua capacidade de reflexão e a sua orientação. Este progresso consiste apenas num máximo de acção com um mínimo de «porquê» e «para quê» ([12]). Uma atitude espiritual empenhada na técnica, cujo ideal é o exacto e, deste modo, o simplesmente formal, não admite uma ordem do mundo vinculatória, segundo a qual o homem se possa orientar. Onde em primeiro plano se encontra o jogo com formas unívocas, segunda regras rigorosas, onde acima de tudo se depara com a relação se-então e, não com o conteúdo, com a importância, com o significado das condições iniciais ou dos resultados, não é possível fundamentar valores universais e moralmente vinculativos. A técnica, enquanto tal, é isenta do valor [Litt ([13]); Spranger ([14])] e, justamente por isso, é tão fácil fazer dela um mau uso. Visto que o seu cerne é a racionalidade [Fischer ([15])], o seu espírito de tudo querer dominar, orientado para o que é manipulável, permanece unilateral e, sobretudo, sem relação com a arte e a religião. O novo bem-estar nem sequer trouxe, em verdade, aos homens o ócio e a independência. Ao aumento de energia e de tempo, por um lado, contrapõe-se, por outro, o imenso dispêndio de energia numa indústria gigantesca e a incessante falta de tempo de um mundo de trabalho pela pressa e pela rapidez [Jünger ([16])]; para o lugar da carestia material entram as coacções de sempre novas necessidades que, em virtude do desaparecimento da indigência, não são sentidas como menos opressoras do que esta. A igualdade modelada pela intersubjectividade do trabalho técnico e pela estandardização das necessidades e dos produtos transforma-se em indiferença, o homem sente-se como um número, por trás do qual desaparece a sua individualidade e sofrem erosão as suas forças anímicas. Paga a liberdade com a «despersonalização» ([17]) e com o desaparecimento no meio da massa. Nos Estados altamente tecnicizados, a liberdade transforma-se antes numa tirania das massas, de líderes demagógicos ou de tecnocratas e burocratas sem alma. A técnica possibilita justamente um controlo total por parte do Estado e a ameaça da humanidade por meio das armas de aniquilação de imensa extensão. O mais rápido fluxo das informações fomenta, sem dúvida, a cultura, mas trata-se da cultura do nivelamento de um mundo que se tornou uniforme e mesquinho. Uma técnica que intervém profundamente na natureza e a transforma em instrumento completo [Spengler ([18]); Scheler ([19]); Heidegger ([20])] conduz não só a uma destruição do equilíbrio e do governo naturais, com consequências incalculáveis, mas priva também a natureza do seu poder simbólico, a saber, da possibilidade de ser imagem de uma ordem divina.

Uma natureza «humanizada» pela técnica contemporânea é, na verdade, apenas a expressão do desumano, inerente a semelhante técnica.

Importa constatar, em primeiro lugar, que tanto os defensores como os críticos da técnica partem efectivamente das suas noções fundamentais, decerto nem sempre concebidas de um modo claro: exactidão, racionalidade e progresso. Diferentes são apenas as inferências que tiram da eficácia de tais noções. Enquanto a acentuação excessiva da exactidão, da racionalidade e do progresso, segundo a visão dos amigos da técnica, suscitará, acima de tudo, a libertação do homem dos contragimentos de todo o tipo e, por fim, um «reino da liberdade» — assim se pode resumir a sua concepção —, os críticos, pelo contrário, divisam aí o aparecimento de novas constrições e, por fim, de um mundo dominado por despotismos e, sobretudo, esvaziado de sentido. No entanto, esta cisão na valoração da técnica assinala apenas que ambos os lados viram algo de verdadeiro.

Aos críticos poderá conceder-se, em suma, que é exagerado pôr em relação o «espírito», a «cultura», a «humanidade», etc., mediante a utilização vaga destes conceitos, com a técnica e que, além disso, é ilógico esperar da técnica a realização definitiva dos valores tradicionais, pois ela contribuiu justamente para reinterpretar em larga medida ou destruir tais valores. Por outro lado, porém, é inútil censurar dogmaticamente à técnica apenas a destruição da humanidade transmitida pela tradição e opor-se-lhe com obstinação. Semelhante humanidade também não é tão óbvia como a alguns parece. (Se as coisas fossem diferentes, dificilmente lhes teria cabido um tal destino.) Além disso, o efeito positivo da técnica é de tal modo incontestável em muitas coisas que é, sem mais, absurdo pretender negá-lo.

Ora se aos dois lados — tanto aos defensores como aos críticos da técnica — se reconhecer que, em certo sentido, têm e não têm razão, tal não deve, no entanto, levar à conclusão de que deve ser possível pacificar os críticos da técnica por meio de um correspondente tratamento desta última. Como muitas vezes se disse, a técnica não é em si nem boa nem má, mas trata-se apenas de dela fazer um uso justo! Mas tal esperança ilude. A técnica nunca poderá deixar de ser também — digo *também* — um escândalo, na medida em que se baseia fundamentalmente na racionalidade, na exactidão e no progresso e, por isso, suscita necessariamente modos gerais de comportamento que não podem, ou só com dificuldade podem pôr-se em consonância com certas representações do mundo tradicionais e profundamente radicadas na nossa cultura. Aqui se inscreve certamente também a perda do numinoso e a perda de significado da arte.

5. *Técnica e futurologia*

Os críticos, todavia, obtêm hoje novo alimento a partir das mais sombrias profecias da futurologia, que, nos últimos tempos, teve um rápida difusão ([21]).

Esta investigação é uma consequência da técnica e consiste principalmente na previsão tecnológica (*tecnological forecasting*). Como se mostrou, a técnica está hoje essencialmente virada para o futuro; o que é velho em oposição às anteriores concepções do mundo, nada significa para ela, mas só o novo e a mudança; o espírito de invenção goza nela a sua vida. A futurologia é, hoje, impelida do presente para diante, onde já não são imediatamente calculáveis as repercussões de tal dinâmica. O homem começa a assemelhar-se ao feiticeiro e já não consegue exorcizar os espíritos. Neste ponto, o desenvolvimento parece estar impelido para a frente com preocupante aceleração. Teme-se em tempo já previsível uma geral contaminação e envenenamento do ar, da água, e do alimento, bem como um aumento desmedido das massas humanas, já hoje gigantescas. deste modo, toda a produção, por grande que seja, ficaria, em parte, inevitavelmente aquém das necessidades e, em parte, neutralizar-se-ia a si mesma. Um recuo da técnica parece impossível, se não se quiser precipitar o mundo na miséria; mas se se prosseguir de um modo como até agora aconteceu, pensa-se que mais cedo ou mais tarde terá lugar uma catástrofe.

Sem dúvida, tudo depende de se o futuro e os efeitos das providências tomadas a tal respeito podem ser correctamente previstos. A futurologia elaborou para este fim métodos diversos, como a *extrapolação de tendência* (com que se tenta determinar o decurso futuro de uma tendência a partir das suas condições iniciais), o *procedimento da árvore de relevância* (com o qual se desejaria prever os pontos que, no futuro, se revelam cruciais com base na valoração quantitativa do significado de cada elemento de um sistema de formulação de objectivos), o *método Delfi* (que se funda na análise das prognoses de pessoal especializado e competente segundo um *procedimento de convergência*) e o *método morfológico* (com o qual se procura determinar as soluções mais favoráveis de um problema técnico), para só nomear os mais importantes. Todos estes métodos têm, no entanto, a deficiência de serem mais ou menos ideados ad hoc e teoricamente insatisfatórios.

Uma teoria da futurologia deveria basear-se numa teoria dos processos históricos. Mas o intento de tal indagação, a saber, o de prever processos históricos, pressupõe que se tenha um conceito da forma em que eles em geral decorrem e da que estrutura possuem. Por conseguinte, quanto mais uma técnica inteiramente virada para o possível e para o futuro, e quanto mais o mundo profundamente estampado por ela, quer no plano espiritual quer no material, são aparentemente indiferentes face ao passado tanto mais se torna inevitável a consideração do que é histórico.

6. A técnica à luz da teoria dos conjuntos históricos de sistemas e a paixão da mudança

Importa, pois, perguntar o que nos ensina, neste contexto, a história da técnica, que estruturas revelam os seus processos. Em virtude das considerações apesentadas no início, depreende-se, antes de mais, que a técnica não permite satisfazer sempre melhor e mais rapidamente a geral situação humana das necessidades mas que, pelo contrário, se transformaram historicamente as necessidades que, por seu turno, lhe são subjacentes. O intento de transformar a ciência tecnicamente e a técnica cientificamente (de modo determinado por teorias), como também o intento de modificar radicalmente o mundo do ponto de vista da racionalidade é de todo estranho à técnica precedente, determinada sobretudo pelo artesanato e pela tradição, vinculada nas fronteiras estritas do Estado, do culto, etc. Como ainda irei mostrar, este intento não é nem dado de modo necessário por uma razão eternamente válida, nem é suscitado por constrições empíricas. Constitui antes um fenómeno historicamente contingente, como o aparecimento do cristianismo e a emergência das ciências exactas da natureza. As necessidades técnicas, prescindindo do que é trivial, são tão mutáveis como todos os outros fenómenos da cultura. Por isso, nem sempre a historiografia da técnica se pode separar da conexão com as historiografias dos outros âmbitos culturais (como política, arte, economia, etc.).

A maior parte dos filósofos que se ocuparam da técnica não atendeu à sua condição histórica. Assim, por exemplo, Marx parece ter acreditado que a técnica, desde os tempos mais remotos, sofreu um autodesenvolvimento interno, cujas etapas essenciais foram acompanhadas por revoluções sociais. Segundo a sua concepção, a história universal é impelida pela contradição sempre recorrente entre, por um lado, as forças produtivas, que continuamente se ampliam e, em certo sentido, surgem de novo e, por outro, os ordenamentos sociais que se arrastam atrás delas e lhes servem de obstáculo. A introdução do tear é considerada por Marx como a causa da sociedade feudal da Idade Média, a da máquina a vapor como a causa da sociedade burguesa. A técnica, nesta perspectiva, desdobra-se autonomamente em cada época e, quando muito, é dificultada ou fomentada por outros factores. Tudo o mais, cedo ou tarde, se lhe ajusta, embora não sem conflito ([22]). — Friedrich Dessauer defende uma concepção igualmente an-histórica da técnica. Para ele, um homem, pelo menos de um modo latente, é sempre um «homo faber», um «investigator» e «inventor» e, por isso, «técnico» ([23]). A tal o empurra tanto a necessidade como o desejo do luxo, o lucro, o poder ou a espiritualização. Por isso, obtém o fogo, edifica casas, exercita a agricultura, forja armas, constrói estradas e barragens. Ocupado ao longo de milénios com estas tarefas, adquiriu uma prática cada vez maior, fez sempre mais descobertas, as quais, por fim, se avolumaram como uma avalanche e hoje transformaram o mundo inteiro num mundo da técnica. Enquanto, segundo Dessauer, a técnica satizfaz sempre mais as necessidades humanas originárias, segundo Marx, as necessidades seguem sempre mais os constrangimentos de uma técnica que se alarga por si mesma. Mas, em ambos os casos, a autocompreensão da técnica é considerada como imutável, por conseguinte, como an-histórica. A este respeito pensaram de modo semelhante Kapp ([24]), Du Bois-Reymond ([25]), Mach ([26]), Spengler ([27]), Diesel ([28]) e muitos outros.

Entre os pensadores que realçam a historicidade da técnica encontram-se Ortega y Gasset ([29]) e Heidegger ([30]). Ortega distingue a técnica artesanal das épocas precedentes, em que dominava o uso e não o impulso para o que é novo, da técnica dos tempos modernos, para a qual se trata de um complexo de actividades ilimitadas, e não tanto de algo de determinado. A técnica sempre pretendeu, é certo, o bem-estar, mas em que consista o bem-estar do homem é evidentemente uma questão que só pode ser respondida no âmbito de uma cultura que teve uma origem histórica e, de novo, se desvanecerá. Também Heidegger sublinha a heterogeneidade das técnicas antigas e moderna. Se foi outrora um «desvelamento» prudente, consiste hoje numa produção violenta. Os seus produtos já não são, em primeiro lugar, objectos de veneração e de atenção, mas constituem o que em cada momento é «encomendável», «disponível». Pelo que a técnica é hoje uma provocação da natureza, um «dispositivo», em que a natureza se «fornece» como a caça. Se as análises de Ortega e Heidegger podem talvez ser inadequadas e superadas nos pormenores, reconheceram, no entanto, correctamente a condição histórica da técnica.

Compreender historicamente a técnica significa conceber a sua história como uma história dos seus objectivos e normas fundamentais. Careceria de sentido histórico se estes objectivos enormes permanecessem imutáveis, se os desenvolvimentos técnicos tivessem lugar apenas dentro de limites rigorosamente estabelecidos. Mas justamente as mudanças fundamentais da autocompreensão da técnica, como se podem observar, em grandes traços, sobretudo nas alterações radicais da Antiguidade para a Idade Média e da Idade Média para a Idade Moderna, mostram que a técnica deve ser historicamente compreendida. Se se pretender caracterizar a autocompreensão da técnica por um desses períodos, então deverão atribuír-se-lhe certos fins fundamentais que se encontram entre si subordinados num contexto. Mostrou-se assim, por exemplo, que a técnica moderna *sublinha* a racionalidade, a exactidão, o progresso e, por isso, visa igualmente a teorização do que é prático, a sistematização numa unidade englobante, etc. De certas atitudes fundamentais deduzem-se, por conseguinte, obviamente outras. Pode assim afirmar-se que a estrutura da técnica moderna se pode ordenar num sistema mais ou menos rigoroso, e que pode descrever-se por meio de um sistema correspondente. Algo de semelhante se poderia tentar com qualquer outra época histórica da técnica, se tiver em geral de se reconduzir a fins fundamentais unitários. *Significa isto que a história da técnica se pode interpretar como uma história de sistemas e, claro está, no sentido do capítulo oitavo, como história das suas explicações e mutações.* O desenvolvimento da técnica moderna pode, por exemplo, olhar-se como explicação de um sistema, cujas metas fundamentais são, como se afirmou, a racionalidade, a exactidão e o progresso. Como mutação sistémica poderia, pelo contrário, considerar-se a passagem revolucionária da técnica medieval à técnica dos tempos modernos. Esta passagem dá-se justamente de um modo tal que o novo sistema não era imediatamente deduzível do antigo, mas continha novos fins fundamentais.

Ora, visto que as mutações e as explicações sistémicas são estruturas de processos históricos, a futurologia deverá então consistir exactamente em prever semelhantes explicações e mutações. Deve assim, a partir dos actuais sistemas de referência, deduzir segundo princípios o que haverá no futuro (por exemplo, a partir do sistema de referência da técnica ou dos seus inumeráveis subsistemas). A dificuldade insuperável consiste, no entanto, em que se deve, por um lado, pressupor a duração do sistema de referência ao passo que, por outro, não é possível para tal fornecer uma previsão. A duração, estaria, quando muito, garantida só quando os fundamentos do sistema em causa fossem para todos necessariamente válidos, absolutamente evidentes ou coisa semelhante. Mas é justamente isto que não acontece, de um ponto de vista científico nos sistemas históricos e, por isso, nem sequer no da técnica moderna ou dos seus subsistemas. Porque não? Porque, como já repetidamente se especificou, não existem conteúdos necessários de uma razão eterna na qual se possam apoiar tais fundamentos, e porque estes também não podem reconduzir-se a experiências constrangentes. (Cf. capítulos 4 e 8).

Esclareçamos mais isto para o presente contexto. Que experiência nos deveria coagir a promover a técnica no sentido da técnica moderna? Porventura a experiência de que ela pode mais facilmente realizar as nossas concepções de uma vida melhor, mais cómoda, mais bela, mais aprazível, em qualquer caso, mais desejável? Quem responde afirmativamente pressupõe que as concepções de uma existência mais desejável são antropológicas, por conseguinte, deduzíveis de uma essência imutável do homem e que, estabelecidas estas metas eternas, a experiência torna possível aprontar os instrumentos necessários para tal. Só que as ideias do que seja uma existência desejável são consideradas pelo historiador como algo de histórico e, além disso, a técnica moderna, por exemplo, também não se ocupa de semelhante coisa: como vimos, ela própria estabelece fins, quer os tenhamos a todos ou não por desejáveis. — A historicidade de tais fins mostra, no entanto, que também eles não foram produzidos por uma razão que propõe fins absolutos e necessários. Além disso, nem sequer a razão está sempre conexa com a exactidão e o progresso. Mesmo quando a tal não se atende e se sublinha, acima de tudo, a racionalidade da técnica moderna, não se pode afirmar que a técnica deve necessariamente ser desejada pela razão, em virtude da sua racionalidade. A sua racionalidade é em si algo formal, como a *l'art pour l'art* do inventar sistemático, como as operações segundo esquemas dos processos industriais, como a cibernética que — enquanto tipo de ciência fundamental da técnica — tem em vista simples estruturas. E o que é genuinamente novo na técnica contemporânea consiste sobretudo, como se depreende da análise precedente, na tendência para pôr *em primeiro plano* este aspecto formal, que aqui triunfa finalmente sobre todos os conteúdos, os quais, perante ele, e ao contrário do que acontecia anteriormente, assumem uma importância secundária. Semelhante *absolutização do racional* não deriva, porém, *imediatamente* do próprio racional, pois dimana de uma exigência posta *ao que é* racional. Pode, por seu lado, fundar-se racionalmente, quando muito, *de modo mediato*, ou seja, mediante o facto de que aqui se pode tomar como ponto de partida qualquer *dado de facto real* que, enquanto tal não pode ser de per si racional. Mas, visto que estes dados reais, como já se mostrou, não representam nenhuma «experiência absoluta», só podem, por seu turno, ser históricos. Pelo que a técnica, na medida em que tende *principalmente* para a racionalidade, a exactidão e o progresso, como para um objectivo por ela mesma posto, só pode ter uma raíz histórica, e não brota de modo algum da razão, entendida como racionalidade. Se há pouco afirmei que a reconsideração da história se torna tanto mais urgente quanto mais a técnica e o mundo por ela determinado, na sua orientação quase total para o futuro e o possível, são indiferentes face ao passado, semelhante reconsideração adquire então um significado ainda mais geral e profundo. Se, com efeito, com a observação há pouco repetida, me referi sobretudo às peculiares preocupações pelo futuro que promanam do nivelador de desenvolvimento da técnica, vê-se agora que o seu elemento histórico se torna também cada vez mais evidente, justamente *porque* ela é a racionalidade tornada objecto. Com efeito, esta racionalidade desenfreada, enquanto indiferença face aos conteúdos, é necessariamente paixão da mudança, da revolução técnica permanente, da exploração das possibilidades e, deste modo, da incessante superação dos sistemas de referência com que se poderia relacionar toda a expectação e todo o cálculo no autodomínio da técnica. Nesta paixão, descortina-se no fim uma vontade que se consome justamente na sua própria historicidade.

A orientação para a racionalidade, que sempre esteve em acção quando se tentou harmonizar sistemas — porque também isto é, acima de tudo, algo de formal — limitava-se antes, em grande medida, àqueles períodos de transição em que tal acontecia. Tal orientação não se tornara então propriamente objecto, mas utilizava-se antes como simples meio; mais ainda, tratava-se sempre sobretudo de conteúdos considerados *sub specie aeternitatis*. Só na era da técnica e, acima de tudo, no seu próprio âmbito, é que a orientação para o racional se torna quase um fim em si mesmo, em todo o caso, uma orientação fundamental. Já ninguém acredita em conteúdos permanentes, mas, sim em «modelos». No fundo, olha-se tudo apenas como «modelo» — uma palavra predilecta do nosso tempo e totalmente derivada da técnica! —, só que não como algo de definitivo. Por conseguinte, quanto mais a técnica vive a fundo na sua racionalidade e no seu formalismo tanto mais se torna imprevisível, tanto mais se torna, no fim, não calculável, e tanto mais difícil de ser controlada no seu decurso ulterior mediante a previsão científica.

Resumo: à luz de uma consideração histórica da técnica, a cibernética revela-se como técnica moderna por excelência: a saber, enquanto técnica sumamente teorizada e, deste modo, virada para o futuro, o progresso e a mudança. Daqui derivam fenómenos e modos de comportamento fundamentais de uma sociedade industrializada, com todos os seus prós e contras. Mas enquanto esta sociedade se volta sobretudo para o possível e o futuro — de modo inteiramente diverso das precedentes formas sociais que estavam empenhadas no «ser, no seu eterno presente» e no passado enquanto tradição, como herança, de que se falará em pormenor no último capítulo —, também a preocupação pelo futuro emerge cada vez mais em primeiro plano. Como mundo técnico, o nosso mundo pretende também assenhorear-se tecnicamente do futuro. No entanto, só conseguirá tal, ao virar-se para a estrutura dos processos históricos e ao conceber a própria técnica como processo histórico. Quase perdidos em pleno futuro, eis-nos energicamente chamados à história. Mas é justamente assim que se nos revelam as condições não racionais da nossa racionalidade aparentemente absoluta. Descobrimos que tanto mais profundamente estamos enredados na nossa historicidade quanto mais nos abandonamos a esta racionalidade. A nossa capacidade de controlar o futuro torna-se, pois, tanto mais incerta quanto mais tecnicizado se tornou o mundo.

O que aqui tentei foi uma análise ou, se se quiser, um diagnóstico do mundo da técnica e — não receio acrescentar — uma determinação da essência da técnica moderna. Isto nada tem a ver com um essencialismo, justamente sempre de novo criticado, porque tal determinação essencial se refere a um fenómeno histórico circunscrito. (Há, pois, uma diferença se pergunto que coisa são os números primos, ou o que são os números em geral.) Uma análise, um diagnóstico ou uma determinação da essencialidade técnica tem, entre outras coisas, o objectivo de considerar, antes de mais, com clareza nas suas origens a situação em que nos encontramos. A pergunta, de todo incómoda, sobre o que se deverá fazer, pergunta que hoje tanto nos preocupa, permaneceu sem resposta. Mas como podemos encontrar uma resposta satisfatória se, antes, ainda não sabemos exactamente quais são os fundamentos da nossa situação? Creio que aqueles que hoje apelam para a mudança das relações sociais e elaboram ideias mais ou menos úteis sobre como e na base de que objectivos tal deve acontecer, lidaram apenas com paliativos, não obstante a legitimidade dos seus esforços. Se capitalismo ou socialismo, se estas ou aquelas relações sociais, se esta ou aquela planificação técnica, económica, social — se tudo isto é, do ponto de vista político, muito importante, não é, porém, na *perspectiva filosófica*, o problema *fundamental*. O problema é em toda a parte a mesma autocompreensão do homem moderno, eficaz tanto no Leste como no Ocidente: a sua intencionalidade técnico-científica e, deste modo, a sua racionalidade demasiado acentuada, transformada quase em fim de si mesma. Aqui reside a sua genuína grandeza e nisto consiste igualmente a sua autêntica miséria.

Excurso sobre teorias da decisão racional

Depois das considerações precedentes, é fácil compreender que a planificação racional constitui um dos *slogans* da nossa época. Existem já várias teorias, a que se deu nome de teorias das decisões racionais (e planificação significa, sem mais, decisão); tenho em mente as teorias de von Neumann, von Morgenstern, Bayes, Ramsey, etc. Visto que as não posso aqui discutir, pretendo limitar-me a analisar um modelo muito simples mas, parece-me, representativo destas teorias; representativo, porque nele ocorrem os mesmos problemas filosóficos fundamentais que igualmente nelas emergem. Suponhamos que um senhor X tem diferentes possibilidades de alcançar um determinado objectivo, e que múltiplas circunstâncias são importantes para todas estas possibilidades. Uma das possibilidades poderia levá-lo rapidamente ao objectivo no caso de ocorrerem certas circunstâncias, ao passo que, se tiverem lugar outras circunstâncias, se apresentam desvios e uma notável perda de tempo, etc. X pode agora, num primeiro passo, elaborar uma matriz em que as linhas representam as possibilidades, as colunas as circunstâncias, e os elementos os respectivos resultados destas possibilidades e circunstâncias. Semelhante matriz disse-se *matriz das consequências*.

$$
\begin{array}{c|ccc}
 & U_1 & \cdots & U_m \\
\hline
M_1 & R_{11} & \cdots & R_{1m} \\
\vdots & \vdots & & \vdots \\
M_n & R_{n1} & & R_{nm}
\end{array}
$$

Num segundo passo, X atribuirá agora a cada elemento seu, portanto, aos resultados nela aduzidos, um determinado valor de utilidade, o qual indica quão útil é, para o seu intento de alcançar rapidamente o objectivo, o resultado respectivo. Da matriz das consequências surge assim a *matriz de utilidade*.

Por fim, num último passo, X determinará as probabilidades com que ocorrerão as circunstâncias singulares e elaborará uma *matriz de probabilidade*. Em conformidade com este modelo simples, com o objectivo diante dos olhos, tem assim tudo para escolher racionalmente entre as possibilidades que se encontram à sua disposição. Calculará o valor de expectação para cada uma das possibilidades, segundo uma regra de Bayes, a fim de se decidir por uma acção, em harmonia com o mais elevado valor de expectação.

Este valor é dado pela fórmula

$$Ew.(M_i) = \sum_{k=1}^{m} N_{ik} \, W_{ik}$$

em que N_{ik} indica o valor de utilidade do comportamento H_i na circunstância U_k, e W_{ik} a probabilidade para a ocorrência da circunstância U_k. (Por brevidade, passam-se por alto os pressupostos da teoria da probabilidade, de que aqui lancei mão). Até aqui, o nosso modelo.

Facilmente se vê, julgo eu, que a racionalidade, por ele expressa de um modo claro, pressupõe certas intenções e hipóteses do senhor X. Se este tenciona alcançar um determinado objectivo, se conjectura que para tal tem tais e tantas possibilidades, que estas e aquelas circunstâncias desempenham um papel, que se podem produzir a este respeito estas e aquelas probabilidades, etc., então pode calcular os diversos valores de expectação e decidir racionalmente como deverá proceder. Mas, evidentemente, o nosso modelo não diz em que consistirá propriamente, da sua parte, a racionalidade de todos os objectivos e hipóteses. Não poderiam ser também estes objectivos e pressupostos os de um louco?

Teorias deste tipo são, por conseguinte, demasiado débeis para fornecer uma resposta satisfatória à questão da racionalidade das decisões; mas podem, no entanto, mostrar-nos em que direcção devemos continuar a indagação. Importa, claro está, que prestemos atenção às intenções e hipóteses há pouco mencionadas, por conseguinte, ao conteúdo das matrizes, estabelecido por X.

Que poderá significar, por exemplo, que X tenha chegado racionalmente aos elementos da matriz das consequências, ou seja, aos resultados mencionados? Estes resultados são prognósticos que, em parte, se referem a leis da natureza e, em parte, a regras de acção humana. X projecta, por exemplo, uma viagem. Reflecte: se tomar um avião e há nevoeiro, o resultado, em virtude das leis naturais existentes, será um atraso significativo. Ou então X gostaria de ganhar dinheiro na Bolsa. Considera: se compro acções, então, por força das regras económicas existentes, as possibilidades de lucro são escassas, etc. Por conseguinte, aqui, a racionalidade pode ser somente a fundamentação racional das leis e das regras utilizadas para os seus prognósticos.

Ora, tais fundamentações são, porém, muito complexas, como mostrou a abordagem dos problemas da verificação, da confirmação, da falsificação de leis e regras, da indução, etc., nos capítulos precedentes.

A questão torna-se ainda mais difícil se passarmos aos elementos da matriz de probabilidade. Que significa aqui fundamentação?

Há estudiosos que negam que uma tal fundamentação racional seja em geral possível. Outros, por seu turno, tentaram desenvolver diversas teorias, com as quais se podem controlar ou apoiar racionalmente hipóteses estatísticas. Infelizmente, pode demonstrar-se, primeiro, que nem sequer estas teorias podem ser universalmente válidas e, segundo, que já pressupõem de que modo se chega em geral à determinação de probabilidades. Em terceiro lugar, e sobretudo, a aceitação ou a recusa de uma hipótese estatística não representa qualquer alternativa simples e jamais pode acontecer de um modo constrangente.

As teorias da decisão racional aqui disponíveis pressupõem, pois, teorias para a justificação de leis, regras e probabilidades, cuja racionalidade é, por seu turno, problemática ([31]).

Passo aqui em silêncio a questão de como X consegue a elaboração das diversas possibilidades de alcançar o seu objectivo, ou chega aos elementos da matriz de utilidade. Em vez disso, abordo, por fim, a questão verdadeiramente mais importante, a saber: de que modo se podem fundar realmente os próprios objectivos?

Visto que aqui se pode somente tratar de delinear, pelo menos, a problemática das decisões racionais, posso igualmente indicar apenas em que direcção, a meu ver, se poderia encontrar a resposta para este problema.

Devemos ter sempre diante dos olhos, creio eu, que nem sequer os objectivos podem ser dados isoladamente, mas sempre e só em conexão com uma situação determinada. Vivemos já sempre num sistema de fins privados e públicos. Constituirá, pois, um contrasenso indagar se um objectivo isolado é por si racional; devemos, pelo contrário, suscitar estas questões em relação ao contexto complexo de sistemas em que ele se encontra: ao contexto em que vivemos, em que nos movemos e ao qual, por conseguinte, não podemos subtrair-nos. Mas é-nos, sem dúvida, possível deslocar nele pesos, ou equilibrar as partes entre si. A racionalidade de um contexto de sistemas, em que se permanece necessariamente encerrado, justamente porque não se pode abandonar de todo e porque a vida significa já sempre vida em semelhante totalidade, tal racionalidade — afirmo — consistirá essencialmente na harmonia do contexto sistémico, segundo a acepção do capítulo oitavo. O grau da sua racionalidade dependerá, portanto, da medida em que tal harmonização se conseguiu. Julgaremos, pois, um objectivo segundo ele se adapta a um amplo contexto dado e contribui para eliminar as suas discordâncias. Faça-se a contraprova: descurar radicalmente semelhante consideração do todo é pura idiossincrasia, que pode porventura fazer parte da essência da loucura, do estado maximamente oposto à racionalidade. Gostaria de sublinhar de novo, em consonância com o capítulo oitavo, que a racionalidade pode, em situações determinadas, incluir igualmente objectivos divergentes e entre si contraditórios; mas isto acontece só na medida em que parece inevitável por um certo tempo e numa esfera circunscrita, ao passo que num outro contexto, mais amplo e mais profundo, contribui para a harmonização do conjunto de sistemas. De modo inteiramente análogo, como se viu, também as leis, as regras e hipóteses estatísticas utilizadas nas decisões racionais, bem como as teorias justificativas a elas associadas, podem ser avaliadas somente no contexto complexo em que se aplicam. Também a sua racionalidade é, pois, algo de referido à situação, e deverá medir-se segundo o grau em que se podem integrar neste contexto mais amplo.

Concluo, por conseguinte, estas breves observações sobre a moderna questão da decisão racional, com as duas teses seguintes.

1) As decisões racionais são decisões históricas na medida em que se encontram sempre ligadas a condições históricas. São determinadas por uma situação e, por conseguinte, não há quaisquer conteúdos racionais «em si», como, por exemplo, determinados objectivos e suposições. Objectivos e hipóteses podem sempre avaliar-se unicamente num contexto dado e, por consequência, nunca podem reivindicar a pretensão de ter validade sempre e em toda a parte, como hoje erroneamente crêem os representantes de uma espécie de novo Iluminismo.

2) As decisões racionais são, por outro lado, an-históricas na medida em que demandam sempre a mesma coisa, têm sempre a mesma forma: a saber, estabelecer em consonância optimal consigo mesmo um amplo contexto complexivo. Como é óbvio, tal não significa necessariamente a adaptação a uma mera facticidade, ao que é simplesmente dado e existente. Com efeito, visto que se trata do objectivo de uma genuína consonância, a qual não se deve obter nem pela arbitrariedade nem pela força ou qualquer coisa de meramente fictício, por ele deve entender-se tanto a conservação racional como a racional mudança; ou seja, a conservação e a mudança em vista das condições dadas do contexto histórico, e não *in abstracto*, por exemplo, em vista do chamado e pretensamente eterno «ideal da razão».

Creio que os fundamentos para uma moderna teoria da planificação racional se devem buscar nesta direcção.

NOTAS

1) Ctesíbio de Alexandria, além de objectos de todo o género construídos para passatempo, contruiu igualmente um orgão e uma bomba de água. Herão de Alexandria, *Druckwerke und Automatentheater,* grego e alemão de W. Schmidt, Lípsia 1899. Ele construiu aparelhos que utilizavam a pressão de ar comprimido ou aquecido e o vapor de água. Utilizavam-se assim rodas dentadas, parafusos, cilindros com pistões, etc. Eis aqui alguns exemplos: um mecanismo pelo qual estatuetas oferecem uma libação sempre que num altar tem lugar um holocausto; recipientes sacrificiais, dos quais escorre água benta, após a introdução de uma moeda; um templo cujas portas se abrem espontaneamente, ao acender-se um fogo sagrado, mas que se fecha, quando este se apaga; um teatro mecânico, etc.

2) N. Tartaglia, *Quesiti et inventioni diverse,* Veneza 1546.

3) A este respeito K. Hübner, «Von der Intentionalität der modernen Technik», in: *Sprache im technischen Zeitalter,* n.º 25 (1968).

4) Mais à frente, lê-se em Nasmyth: As roscas de parafuso «não possuíam e não permitiam qualquer traço comum com os seus vizinhos. Esta prática foi levada tão longe que todos os parafusos e as porcas correspondentes deviam ser assinalados de modo particular como pertencentes um ao outro. Qualquer troca que entre eles ocorresse levava a

dissabores e a perdas de tempo sem fim, bem como a uma infrutífera confusão, sobretudo quando se deviam usar como peças de reparação elementos de máquinas compostas... No seu (de Maudslay) sistema da máquina de tornear parafusos, nas suas tarrachas, nos bancos para estampar e nos seus aparelhos para fazer parafusos em geral, proporcionava ele um exemplo e um fundamento para tudo o que, desde então, foi criado neste ramo essencial de construção das máquinas... O senhor Maudslay comprazia-se em mostrar-me o sistema correcto e o método adequado do tratamento de todo o tipo de materiais de fabricação, que são utilizados na técnica mecânica.» (citado segundo F. Klemm, *Technik. Eine Geschichte ihrer Probleme*, Friburgo/Munique 1954, p. 289 s.).

5) É também digna de nota a seguinte asserção de Nasmyth: «Ele (Maudslay, K. H.) gostava deste tipo de trabalho muito mais por amor dele mesmo do que pelos seus proventos materiais» (citado segundo Klemm, *op. cit.*, p. 291).

6) U. Wendt, *Die Technik als Kulturmacht in sozialer und geistiger Beziehung*, Berlim 1906.

7) E, Fink, «Technische Bildung als Selbsterkenntnis», in: *VDI—Zeitschrift*, vol. 104 (1962), p. 678 s.

8) G. Fourster, *Machtwille und Maschinenwelt*, Potsdam 1930.

9) F. Bacon, *Novum Organum* (1620). *Works*, Londres 1857 ss., Vol. I (Reimpressão anastática, Estugarda—Bad Cannstatt 1963)

10) F. Dessauer, *Streit um die Technik*, Francoforte 1956, p. 216 s.

11) K. Marx, *Grundrisse der Kritik der politischen Ökonomie*, Berlim 1953.

12) E. Jünger, *Der Arbeiter*, Hamburgo 1932.

13) Th. Litt, *Naturwissenschaft und Menschenbildung*, Heidelberg 1954[2].

14) E. Spranger, *Lebensformen*, Halle 1922[3].

15) H. Fischer, *Theorie und Kultur*, Estugarda 1958.

16) F. G. Jünger, *Die Perfektion der Technik*, Francoforte 1949[2].

17) E. von Mayer, *Technik und Kultur*, Berlim 1906 (*Kulturprobleme der Gegenwart*, vol. 3).

18) O. Spengler, *Der Mensch und die Technik*, Munique 1931.

19) M. Scheler, *Probleme einer Soziologie des Wissens, Ges. Werke*, vol. 8, Berna/Munique 1960.

20) M. Heidegger, «Die Frage nach der Technik», in *Reden und Aufsätze*, Pfullingen 1954.

21) A este respeito K. Hübner, «Philosophishe Fragen der Zukunftsforschung,» in: *Studium Generale* 24 (1971).

22) K. Marx, *Die Deutsche Ideologie, Marx-Engels Werke*, vol. 3, Berlim 1963.

23) F. Dessauer, *op. cit.*, p. 140-142.

24) E. Kapp, *Grundlinien einer Philosophie der Technik*, Braunschweig 1877.

25) A. Du Bois-Reymond, *Erfindung und Erfinder*, Berlim 1906.

26) E. Mach, *Kultur und Mechanik*, Estugarda 1915.

27) O. Spengler, *Der Mensch und die Technik*, Munique 1931.

28) E. Diesel, *Das Phänomen der Technik*, Berlim-Lípsia 1939.

29) J. Ortega y Gasset, *Ensimismamiento y alteración. Meditación de la técnica*, 1939.

30) M. Heidegger, «Die Frage nach der Technik,» in: *Reden und Aufsätze*, Pfullingen 1954.

31) Cf. W. Stegmüller, *Probleme und Resultate der Wissenschaftstheorie und Analytischen Philosophie*, Vol. IV, *Personelle und Statistische Wahrscheinlichkeit*, Berlim 1973.

XV

Significado do mito grego na era da ciência e da técnica

A coruja de Minerva, lembra-nos Hegel, só inicia o seu vôo ao cair do crepúsculo. Se, pois, hoje é com tal decisão que se «reflecte», como se costuma dizer, sobre os fundamentos das ciências, mais ainda, se o mundo filosófico já quase não fala de outra coisa, revela isto que aqui se perdeu uma ingénua certeza. Recordemos mais uma vez as questões que a tal respeito se põem e que também aqui foram levantadas. Em que é que pode consistir a verdade das asserções e teorias científicas? Que significam aqui as verificações ou falsificações? De que modo se decide efectivamente entre duas teorias em conflito recíproco? Em que é que consiste o progresso científico? Segundo que critérios é possível distinguir em geral entre o que é e o que não é científico? Todas estas questões — não é possível evitar esta conclusão — são a expressão de uma consciência científica cindida. Para compreender até que ponto ela se encontra já difundida, requere-se apenas seguir a discussão agitada que se ateou há pouco em torno das teses de Kuhn sobre a estrutura dos processos de desenvolvimento científico ([1]).

A descoberta das antinomias no seio da matemática, no princípio do século, surge como uma mera sacudidela em comparação com a crise em que hoje se encontra a razão científica, embora isto permaneça ainda, em grande parte, oculto para um vasto público. Mais clara porque mais imediatamente perceptível é, sem dúvida, a crise da razão técnica, mais ainda, do mundo científico-técnico, que foi tratada no capítulo anterior. Esta é, pois, a situação actual.

1. *O problema da justificação do mito. A conexão entre mito, numinoso e arte*

As considerações seguintes, que se ocupam do mito grego, encontram-se — embora, a princípio, possa parecer estranho — numa conexão indissolúvel com a situação há pouco descrita. Com efeito, a visão mítica constitui uma alternativa à ciência, embora hoje se considere como historicamente liquidado. Que aqui se trata, na realidade, de uma alternativa, mostra-o de modo particular o mito grego — aqui, quase sempre mencionado brevemente como mito — a partir de cuja destruição se desenvolveu a ciência. É, pois, óbvio recordá-lo de novo no momento em que já não se está de todo seguro do caminho por onde enveredámos há dois milénios e meio. Significa isto que *os problemas da justificação de uma ciência que hoje exerce a sua influência sobre quase todas as coisas, problemas que hoje se tornaram candentes, já não podem ser tratados, deixando de lado a questão da justificação do mito*. Por conseguinte, as minhas considerações sobre o mito grego devem entender-se como contributo à discussão actual, mais ainda, semelhante objecto, como já reconhecera Ernst Cassirer com toda a clareza, deve considerar-se como elemento integrante de uma teoria das ciências ([2]).

De que modo se distinguem entre si ciência e mito? Como podemos distinguir entre os dois? Ou serão talvez fluidos os seus confins? Que direito temos para preferir o modo científico de abordagem ao mítico? Eis as questões que, agora, inesperadamente se põem se um modo premente, e que temos de examinar com espírito objectivo, sem os numerosos preconceitos que, habitualmente, lhes estão adscritos.

A questão da justificação do numinoso e do objecto da arte, levantada no primeiro capítulo, de nenhum modo a perdemos de vista. Mas o primeiro capítulo contém uma introdução *histórica* à problemática deste livro e, por isso, refere-se, de modo correspondente, a tipos de consideração do mundo não científicos, que nos foram *transmitidos*, a saber, à religião e à arte. Ambas estas formas transmitidas têm a sua raíz histórica no facto de que o mito se desintegrara em religião e em arte, mas desaparecera como totalidade. No entanto, esta cisão acontecera, no final da Antiguidade, só sob a pressão da ciência emergente. Só quando o *logos* da filosofia grega começou a banir do mundo o elemento mítico é que a religião demandou uma relação com a *transcendência* absoluta, e a arte se transformou em aparência *dela* ([3]). A dimensão mítica sobreviveu de um modo fraccionado pelo «*logos*», pela ciência, no numinoso da religião, embora como objecto de perplexidade crescente, e no conteúdo mitológico da arte, se bem que sem genuíno significado de realidade ([4]). Mas agora, que já podemos levantar a «questão da justificação» da ciência de um modo muito mais radical do que era possível, por exemplo, a Kant, o qual tentou até fornecer-lhe um fundamento transcendental, podemos agora, sim, contrapor a ciência à sua alternativa radical, por ela ainda não influenciada, justamente aquela alternativa em que se fundiram numa unidade indissolúvel a religião e a arte: a saber, o mito grego como forma completamente diversa e autónoma de experiência *imanente* do mundo e da realidade e, ao mesmo tempo, como ponto de partida histórico da ciência.

Em que consiste a forma mítica da experiência do mundo e da realidade, e de que modo se distingue da que é própria da ciência? A fim de se encontrar um fio condutor indispensável para a resposta a tal questão, lembremos ainda uma vez alguns resultados dos capítulos 4, 8 e 12. Resumindo, podemos dizer: as categorias para as ciências da natureza, desenvolvidas no capítulo 4, encontram, como mostrava o capítulo 13, uma parcial correspondência nas ciências históricas. Em sentido amplo e geral, os conteúdos das categorias denominaram-se também estipulações ou princípios *a priori*. Já nos capítulos 8 e 11 se demonstrou que o seu conteúdo é, em vastíssima medida, historicamente susceptível de mudança, mas elementos seus *definem* o tipo científico de consideração (também ele, como totalidade, pode decerto compreender-se só historicamente). Aqui se inscrevem, entre outras coisas, como a seguir se irá mostrar, algumas asserções muito gerais sobre a causalidade, a qualidade, a substância, a quantidade e o tempo. Estes termos correspondem, sem dúvida, a alguns dos chamados conceitos puros do entendimento e a algumas das formas puras da intuição de Kant, mas têm, no entanto, um sentido diverso do kantiano.

Em primeiro lugar, não se olham como condições da experiência em geral, mas somente como condições da experiência *científica*. E, segundo, com eles deve, justamente por isso, expressar-se na máxima generalidade só quanto é *fundamental* para a abordagem científica, na medida em que esta já foi anteriormente analisada. Por conseguinte, mencionar-se-ão, por exemplo, só alguns aspectos formais da concepção científica da causalidade, que residem para além de todas as particularidades conteudais, como as do determinismo ou indeterminismo — cf. capítulo 2; o mesmo se diga para a concepção científica do tempo, com a qual podem permanecer fora de consideração problemas do tipo tratado no capítulo 10, etc. Kant, porém, associou às suas categorias e formas de intuição conteúdos muito determinados, que se encontram em relação com a física newtoniana.

Podemos, pois, levantar a questão precedente de um modo mais exacto: em que consistem, por exemplo, as representações *míticas* da causalidade, da qualidade, da substância, da quantidade, e ainda do tempo, e como se distinguem elas das correspondentes representações *científicas*?

Admito que é uma simplificação extrema falar eu, neste contexto, *das* representações míticas e *das* representações científicas. No entanto, não vejo nisto perigo algum, pois limitar-me-ei aqui só a uns quantos *traços essenciais*, os quais se podem ir buscar, por um lado, ao mito enquanto figura histórica encerrada, por outro, porém, também à ciência, na medida em que esta pode até agora ser abarcada historicamente pelo olhar — e só dela se ocuparam igualmente os capítulos precedentes. Prescindi aqui dos desenvolvimentos mais recentes, que se encontram ainda demasiado em movimento, sobretudo na microfísica e na cosmologia, embora já tenham levado, em parte, a resultados que mostram uma semelhança espantosa com algumas representações míticas.

2. As condições da experiência mítica

Comecemos pela *causalidade*. Miticamente, ela é a eficácia divina, não importando se diz respeito a um movimento espacial (χατὰ τόπον) ou a uma transformação e metamorfose (αλλοίωσις, μεταβολή). O arremesso de uma lança, o levantar da tempestade e do vento, o movimento das nuvens, das estrelas, do mar — em tudo isto se manifestam as forças dos deuses. Mas estes estão igualmente em acção nas mudanças das estações, na irrupção de uma enfermidade, na inspiração, no vislumbre de génio, na sabedoria, no autodomínio, na ilusão e no sofrimento ([5]).

Mas esta eficácia, que em parte tende para o movimento espacial e, em parte, para a metamorfose apresenta traços típicos. Nenhum deus é responsável pelo arbitrário, mas só pelo que é conforme à sua essência. Helios suscita o movimento espacial do Sol; Atena dirige a lança de Aquiles para levar a cabo a missão histórica dos Aqueus; mas é também a proximidade de Atena que produz a inteligência prática, o conselho prudente, como é também à de Apolo que se deve a previsão e o êxtase musical; é Afrodite que faz arder os homens de amor, é Hermes que se ocupa da galhofa, da burla, etc. ([6]).

Pode, pois, compreender-se a causalidade mítica como eficácia divina quando ela se perspectiva em conexão com as *essencialidades dos deuses*. E tais essencialidades representam *qualidades míticas*. Estas qualidades, como já mostram os escassos exemplos aduzidos, são figuras originárias e, ao mesmo tempo, totalidades configuradas, porquanto, para falar como Walter F. Otto, representam um «ser múltiplo» ([7]). São poderes elementares que constituem a realidade humana, e a sua eficácia causal concebe-se como expressão da sua essência.

Hesíodo mostra-nos isto de um modo particularmente claro. Quando o Caos gera dois reinos das trevas, da Noite e do Érebo, tal acontece em virtude de uma relação essencial que subsiste entre semelhantes qualidades de obscuridade. Mas a Noite dá também à luz o Dia, e é de novo uma qualidade, embora a da oposição polar, que produz esta sucessão causal. Uma relação qualitativa subsiste, além disso, entre os Titãs e os deuses, por um lado, e os seus progenitores, o Céu (Urano) e a Terra (Gea), por outro; com efeito, os Titãs e os deuses fazem obviamente parte da Terra e do Céu. Lembro Prometeu, que foi buscar o fogo ao Céu, Mnemósine, senhora da sabedoria divina,

Témis, guardiã da ordem e justiça divinas, e os seus filhos que, por seu turno, personificam as qualidades da justiça e da paz. Poderiam multiplicar-se a bel-prazer estes exemplos e mostrar-se também que neles é possível encontrar uma certa ordem sistemática, tema que aqui já não podemos aprofundar mais. Sublinhemos, no entanto, o seguinte: as qualidades míticas são figuras individuais que impregnam a realidade humana, que desenvolvem uma eficácia típica, inerente à sua essência ([8]).

Enquanto aqui a causalidade se reduz a uma qualidade, na óptica científica, pelo contrário, as qualidades são deduzidas a partir de leis causais. É óbvio que, de modo correspondente, qualidade e causalidade significam aqui e além algo de completamente diverso. E, no entanto, para o grego da época mítica, os deuses, enquanto figuras e qualidades originárias, como lhas tinham transmitido Homero e Hesíodo, eram justamente o alfabeto que o ajudava, para falar com Kant, a soletrar as suas experiências individuais, do mesmo modo que certas estruturas básicas gerais de causalidade e de qualidade, no sentido da ciência, constituem o alfabeto correspondente do homem moderno. O grego partia dos deuses como figuras e qualidades originárias, via-os por toda a parte em acção e experimentava o mundo no âmbito da sua típica personalizada, da sua ordem, das suas relações e actividades causais, no enquadramento da sua subdivisão em esferas de competência. Também Heródoto sentia isto, ao escrever que Homero e Hesíodo «elaboraram para os Gregos a genealogia dos deuses, deram nome aos deuses, atribuiram-lhes honras e capacidades e tornaram clara a sua figura ([9]).»

Estes deuses eram, para o grego, condições de possibilidade da experiência mítica ([10]).

Faz, certamente, parte dos erros inextirpáveis sustentar que o mundo da experiência humana é necessariamente o mesmo e que, por exemplo, os deuses foram, por assim dizer, inventados *a posteriori* para explicar fenómenos de todos conhecidos ou para inventar, no seu confronto, histórias graciosas, ao passo que ulteriormente tudo se veio a conhecer de modo científico. O contrário exacto é verdadeiro, justamente na perspectiva científica, pois, segundo ela, não há e não pode haver nenhum mundo da experiência ininterpretado. O grego vê o mundo *à luz* dos seus deuses e só quando, para falar com Heródoto, conhece os seus nomes, honras, capacidades e figuras é que o mundo se *articula* e para ele, em geral, se ordena ([11]).

Tudo o mais é disto apenas consequência. Também concebemos tudo à luz de uma concepção, estruturalmente, sem dúvida, de todo diferente, da causalidade e da qualidade; e também para nós tudo o mais, os casos singulares e os particulares, são dela apenas uma consequência. *Os deuses são o elemento* a priori *dos mitos gregos,* possibilitam a experiência mítica. E nesta medida são para ele tão objectivos como o são em geral, na ciência, as leis causais e — em contraposição ao mito — as qualidades determinadas por estas leis ([12]).

Como já se indicou, todas as qualidades míticas possuem algo de pessoal, se bem que não sejam justamente pessoas; são indivíduos no espaço e no tempo e, nesse sentido, são também *substâncias*. Quando a Noite gera o sono, a morte, o sonho, etc., algo dela, precisamente a obscuridade e o nocturno, permanece nestas qualidades geradas. O mesmo vale quando se unem o Céu e a Terra para dar vida aos Titãs e aos deuses: com efeito, nestes se encontra conjungido o celeste e o terreno. Assim a substância da Noite reside no sono e no sonho, tal como a substância do Céu e da Terra se encontra nos Titãs e nos deuses, mas igualmente no Sol, no fogo, nas ordens do direito, do costume, etc. Estas partes e estes elementos da Noite, do Céu e da Terra, que se encontram em tudo o que por eles é gerado, distinguem-se tão pouco da totalidade da Noite, do Céu e da Terra, como o vermelho de uma superfície se distingue do vermelho de uma parte de tal superfície. Miticamente, não existe diferença alguma entre um todo e as suas partes. Eis uma característica da *quantidade mítica*.

Esta representação da quantidade mítica, segundo a qual o todo reside em cada parte, enquanto o todo e a parte representam ao mesmo tempo substâncias pessoais, permite-nos compreender como é que um deus pode estar simultaneamente presente em muitos lugares. Com efeito, onde quer que dominem a sabedoria, a medida e a ordem, aí se encontra a substância apolínea e, por conseguinte, por causa da identidade do todo e da parte, aí está o próprio Apolo; onde quer que a beleza e o enamoramento encantem os homens, aí se encontra a própria Afrodite, e o homem sente em geral, em momentos significativos, num *Kairós*, a proximidade divina; sente-a quando é atingido como que por um dardo e quando uma força viva dele se apossa, quando ele se denomina algo de divino, um ϑεῖος; aqui, experimenta justamente como a substância divina para ele flui ([13]); também etimologicamente a origem do termo «influxo» se vai buscar ao mundo do pensamento mítico ([14]).

Há ainda uma coisa de importância decisiva: a qualidade mítica não pode subdividir-se numa esfera material e numa esfera ideal. O que aos nossos olhos é ideal, como a ordem, a sabedoria, a medida, a justiça, a ilusão, o amor, etc., é aqui sempre ao mesmo tempo, enquanto *substância pessoal,* algo de material; de modo correspondente, porém, o que é material, como a Terra, o céu, o mar, o sol, é, enquanto *substância pessoal,* algo de ideal. Por isso, na perspectiva mítica, algo que é espiritual pode sempre materializar-se e vir ao nosso encontro como uma figura individual, da mesma maneira que, inversamente, algo de material pode assumir em qualquer altura traços pessoais. Na dimensão mítica, tudo tem uma *figura holística.* Quer se trate de uma figura ou de uma qualidade originária, ou da causalidade derivada da sua essência individual, quer se tenha a ver com a relação de todo e parte, de ideal e material, o pensamento mítico, enquanto holístico, é *sintético*. O procedimento *analítico*, tal como a ciência o introduziu no mundo, a saber, o desmembramento do mundo em substâncias, átomos e elementos abstractos, os quais se movem segundo leis gerais, é tudo completamente estranho ao grego da época mítica. Não pretendo com isto afirmar que a diferença entre ideal e material é de todo desconhecida do homem grego; quero, porém, afirmar que, para ele, a linha divisória entre estas duas esferas não residia onde a traçamos porque ele, como se mostrou, tinha outras ideias inteiramente diferentes de causalidade, qualidade, quantidade e substância.

Não menos surpreendente é quão diversas são das nossas as suas intuições do tempo. Para uma maior clarificação, devo virar-me ainda uma vez para a qualidade e causalidade míticas. Como se afirmou, as qualidades míticas, enquanto figuras divinas originárias, têm a sua eficácia específica. Mas estas figuras e estas eficácias são agora *definidas* mediante histórias determinadas que se narram a seu respeito, histórias que, seguindo a Grønbech, chamo *archai* ([15]). Uma *arché* é um acontecimento sagrado, é a história de um deus. O que cada um dos deuses é só é cognoscível graças às suas histórias, em que se relata a sua origem, o seu nascimento e o conjunto dos seus feitos. Entre estas *archai*, algumas tratam de um acontecimento natural, outras são da natureza mais histórica, pelo que me parece oportuno distinguir as *archai naturais* das *archai históricas*. Encontramos *archai* naturais, por exemplo, na cosmologia de Hesíodo, onde se descreve a origem do universo a partir do Caos, da Terra e do Eros, além disso, na partida e no regresso de Proserpina, na mudança das estações. Fazem parte das *archai* históricas a morte dos Pitões por ordem de Apolo, a batalha dos Titãs, o roubo dos rebanhos de Hermes, o dom da oliveira por meio de Atena, a lenda de Erecteu, etc.

Ora quando Hesíodo narra a história da origem do mundo, não pensa em acontecimentos que acontecem *no* tempo, mais ainda, a palavra tempo, tanto quanto me é dado ver, curiosamente, não aparece uma única vem em toda a *Teogonia*. Aqui, não há qualquer separação entre tempo e conteúdo, separação que, para nós, é tão corrente. As *archai* naturais, a saber, o Caos e a história dos seus efeitos, a Terra e a história dos seus efeitos, a sucessão da noite e no dia, da Terra, do Céu, das montanhas e do mar, o curso do Sol, tudo isto são elementos originários temporais e não se referem, como acontece na ciência, a quaisquer pontos ou linhas abstractos de um contínuo temporal pensado. Cada uma destas *archai* é uma história *individual* com um princípio e um fim; e o decurso temporal é, antes de mais, como que a abertura de uma página sempre nova do livro das histórias cósmicas, até ao ponto em que elas se repetem perpetuamente de um modo cíclico. Cada uma destas histórias individuais, enquanto *arché*, enquanto figura originária e qualidade mítica, tem essencialmente *em si* a sua sucessão interna e a sua referência à história que se segue, e cada uma destas histórias é absoluta, porquanto a nada mais se pode reduzir. Só estas *archai*, e nada mais, constituem miticamente o tempo, pelo que se podem chamar não só elementos do tempo, mas também *figuras temporais* ([16]).

O que nós *em geral,* prescindindo de múltiplas teorias sobre *determinadas* leis causais, estruturas espaciotemporais, etc., separamos, na perspectiva científica como tal — a saber, os acontecimentos individuais, o tempo como um *continuum* de pontos e as leis causais gerais, que ordenam estes acontecimentos no tempo, regulando a sua sucessão —, funde-se, para o grego, também aqui numa totalidade solúvel, ou seja, na totalidade e na unidade de uma *arché* ([17]).

Considerado topologicamente, o tempo mítico tem, em primeiro lugar, um *início absoluto,* tal como Hesíodo escreve. Com efeito, visto que a *arché* do Caos não está *no* tempo, mas o constitui, seria um contrasenso indagar um tempo *antes* dele, como seria insensato demandar um além do universo curvo de Einstein. Em segundo lugar, no entanto, o tempo mítico é topologicamente *cíclico,* no sentido de que as *archai* naturais, se não todas, pelo menos em parte, retornam *idênticas*. Entre aquelas, a cujo respeito não pode haver dúvida alguma, contam-se o nascimento do dia a partir da noite, o percurso circular de Helios e das estrelas, bem como o eterno ritmo da partida e do regresso de Proserpina, em que miticamente consiste a sucessão das estações. Trata-se aqui sempre do mesmo processo que retorna, é sempre de novo a *mesma* e idêntica história divina e sagrada, que se repete. Por isso, o grego fala igualmente de um tempo sagrado, de um ζάθεος χρόνος.

Mas, através dos seus mitos, passa como um fio vermelho a diferença entre o sagrado, o mundo dos deuses, das *archai,* do que é eterno, por um lado, e o mundo dos mortais, dos βροτοί, por outro. E, de modo correspondente, o grego separa o ζάθεος χρόνος do tempo dos homens, que ele denomina simplesmente χρόνος (uma distinção, que encontro sobretudo sublinhada em Fränkel) ([18]).

O mundo dos mortais e do que é profano, em contraposição ao dos imortais, é justamente caracterizado por nele nada retornar, porque tudo se altera e modifica ou até desaparece novamente sem deixar rasto. Aqui, é-se forçado a deter o passado e a prever o futuro e, por isso, é de fundamental importância, justamente por tal motivo, o contar temporalmente serial, a distinção consecutiva das diversas horas, dias e anos. Aqui, é inevitável ordenar os acontecimentos *no* tempo para, em geral, os poder identificar. Para a batalha de Maratona é, pois, constitutivo o facto de ela ter tido lugar no ano 490. Mas, para o eterno retorno do idêntico enquanto tal, não é constitutivo o número de vezes que ele regressou. Nem sequer o retorno de Proserpina, por exemplo, tem necessidade de uma datação para a sua identificação.

O tempo profano decorre, como hoje nos é familiar, da passado para o futuro. Passado, presente e futuro estão nitidamente separados. O passado decorreu irrevogavelmente, o futuro é desconhecido. O tempo *sagrado,* pelo contrário, torna continuamente a si mesmo. Ciclicamente, retornará sempre nele, no futuro, o já passado, e o próprio ciclo, enquanto *figura* da *arché,* é eterno presente. O grego mítico vive numa realidade pluridimensional, que engloba tanto a dimensão do sagrado como a do profano. Na dimensão do sagrado, as *archai* resplandescem perante ele como imagens originárias eternas e como *arché* — tipos, e ele utiliza estas estrelas polares para, por elas, se orientar no profano, ou seja, em primeiro lugar, mediante a utilização da sua métrica intrínseca — a do seu ritmo — e, secundariamente, mediante o cômputo serial das suas repetições com o fito da identificação do que é mortal, do que nunca mais retorna. Neste sentido, o tempo profano é, para ele, apenas derivado do sagrado, por conseguinte, secundário. O cosmos — que abarca o homem grego — e, em todo o caso, a natureza sagrada não estão sujeitos ao tempo profano. E, no entanto, revela-se também aqui o pensamento holístico do mito, pois a distinção entre as duas dimensões da realidade não se entende como separação, antes pelo contrário. E na imediata *intuição* do sagrado, dos acontecimentos *arché* — tipos, das *archai,* por conseguinte, na intuição do eterno retorno do idêntico divino no curso dos astros e no ritmo das estações, o homem grego obtém a ordem e a direcção do tempo, como a medida temporal do seu mundo mortal ([19]).

A intuição do tempo é aqui também, com efeito, condição da possibilidade da experiência. Mas distingue-se totalmente da que se vai buscar à perspectiva científica. Na dimensão mítica, trata-se de uma intuição de figuras temporais eternas, bem como de uma intuição de uma relação complexiva indissolúvel entre tempo sagrado e tempo profano, que gostaria de chamar o *tempo mítico.* Pelo contrário, a intuição do tempo na ciência desenvolveu-se a partir do *tempo profano,* embora hoje, nos pormenores, já não seja de modo algum idêntica a ele. Este tempo profano foi, no entanto, ao longo de séculos, o seu critério absoluto. Tudo *nele* foi ordenado, e o que aí não podia inserir-se, como as figuras temporais absolutas das *archai,* foi declarado não existente. Ora já não se via o mesmo, o que se repete de modo idêntico, no ritmo dos dias e das estações; já não era *a* Primavera, cujo retorno se saudava com festas, mas a unidade temporal que se desenrolava foi considerada como algo de novo, algo de irrepetível e de jamais decorrente — e, assim, a natureza esvanecia-se como algo de sagrado e transformava-se em algo de mortal.

Até agora, falou-se, em relação com o tempo mítico, das *archai* naturais. Mas também as históricas desempenham aqui um papel importante. São igualmente figuras temporais, enquanto representam um decurso individual determinado de acontecimentos que teve lugar uma primeira vez (τὰ πρῶτα) e, em seguida, retorna continuamente de modo idêntico como exactamente *este* acontecimento individual. Constitui, pois, uma *arché* histórica como figura temporal quando, *in principio,* Atena deu a oliveira e a arte da tecelagem, Apolo instituiu a ordem do Estado e a música, Hermes fundou o negócio, o comércio e o tráfico. E visto que tudo isto representa ao mesmo tempo histórias e séries de acontecimentos que fazem parte da qualidade e da substância míticas da divindade, assim também estas substâncias se encontram em acção onde os homens plantam oliveiras, se servem do tear, fazem música e exercitam o tráfico, etc. Por toda a parte onde tal acontece se repete a antiga *arché,* se desenvolve o mesmo processo originário, o deus correspondente está presente e é igualmente invocado ou implorado. Mais ainda, também aqui é dada na própria *arché* a eterna repetição do idêntico, pois a vontade de Atena é «mostrar» a oliveira (Ἀθηνᾶ εδείχνυ) para que se imite a sua cultivação e o seu uso; é «mostrar» o tecer, para ser praticado, etc. Faz parte de *arché* histórica o facto de ela influir literalmente no coração dos homens como uma história que é parte da substância mítica de uma divindade, e de assim agir de novo continuamente neles.

As *archai* históricas comportam-se perante as naturais como, por exemplo, na nossa perspectiva actual, determinadas leis e regras que guiam as actividades humanas se comportam em relação às leis da natureza e do universo. E no âmbito da actividade humana — pelo menos, em todas as ocupações que exigem a prévia invocação de uma divindade — não há também acontecimentos singulares de per si, nem o tempo, nem sequer uma lei causal, por exemplo, psicológica, que ordene tais acontecimentos na sua sucessão temporal; mas é de novo a história irrepetível, individualmente divina, e é esta *arché* que, como figura completa, se repete continuamente, influi nos homens como na substância e neles produz outros efeitos ([20]).

Semelhantes *archai* eram sobretudo intuidas e experimentadas nas festas sagradas. Seria irresponsável e imprudente transferir o nosso universo representativo para o da Antiguidade arcaica se, por exemplo, na representação do mito de Apolo em Delfos, que tinha por objecto a morte dos Pitões, divisássemos uma espécie de representação teatral em que se houvesse apenas de descrever e imitar este evento, ocorrido nos tempos originários. Com efeito, trata-se aqui de um acontecimento *cultural* em que o passado era retomado no presente, em que ele tinha de novo realmente lugar. «Não constitui uma simples exibição e um espectáculo — escreve Cassirer no seu livro sobre «o pensamento mítico» — executados pelo dançarino, o qual toma parte num drama mítico; mas o dançarino *é* o deus, *torna-se* o deus... O ... que acontece na maior parte dos cultos mistéricos não é a mera *representação* imitativa de um processo, mas é o próprio processo e a sua directa *execução;* é um δρώμενον enquanto acontecimento real e objectivo, porque completamente eficaz» ([21]).

«Onde vemos uma relação de simples «representação», subsiste aí, pelo contrário, para o mito... uma relação de *identidade* real; a «imagem» não representa a «coisa» — *é* a coisa... Em toda a acção mítica, existe um momento em que se realiza uma autêntica transubstanciação — uma transformação do sujeito desta actividade no deus ou no demónio, que a representa» ([22]).

Por conseguinte, chega aqui a representar-se um acontecimento decorrido há muitíssimo tempo, mais ainda, vai justamente buscar a este seu passado primigénio uma parte do seu significado, da sua importância, da sua vulnerabilidade e sacralidade; por outro, este acontecimento, que pertence de todo ao passado, é expressamente vivido como um presente imediato que opera poderosamente sobre os homens. Onde, como no âmbito do sagrado, ideal e real se fundem justamente numa unidade porque, como se disse, a substância, a qualidade e a causalidade míticas não conhecem este distinção, também aí o passado, que aos nossos olhos é só *representado,* se transforma em presente imediato. Mas o presente torna-se também o futuro no conhecimento acerca do próximo eterno retorno do idêntico, de festa para festa. Por conseguinte, para o grego, também aqui se desvanecem as diferenças temporais ([23]).

Tempo sagrado e tempo profano não são consistentes; *archai* e acontecimentos mortais pertencem a dimensões diversas, embora indissoluvelmente conexas, da realidade e, na perspectiva mítica, não existe uma topologia unitária do tempo, segundo a qual se definiriam univocamente a sua direcção e a sua ordem, da mesma maneira que não existe também uma métrica unitária a que tudo se poderia submeter. Se quisermos usar uma expressão moderna da matemática e da física, poderemos dizer, por exemplo, que as *archai* históricas no tempo profano representam singularidades quer topológicas, quer métricas: singularidades topológicas, enquanto nelas a ordem e a direcção temporais se podem inverter e conseguem agir, enquanto passado, directamente sobre o presente, sem a mediação de termos temporais intermédios; e singularidades métricas, enquanto nenhuma duração determinada é constitutiva da sua identificação (assim, por exemplo, não tem importância quanto tempo lutou Apolo contra os dragões, e se vierem a seguir indicações temporais, então não se podem tomar à letra ([24]).

O que até agora já se afirmou permite compreender que as *archai* históricas, tal como as naturais, são também condições da experiência mítica possível. As *archai* naturais constituem miticamente o tempo pelo qual o grego se orienta na natureza e na vida de todos os dias; mas as *archai* históricas, em que ele pode tornar presente o venerando passado primordial, dispensam-lhe sabedoria, guiam-no no conselho, dirigem a sua actividade, determinam os seus costumes e a ordem social, enchem-no de energia, de boa sorte e de um significado eterno ([25]). No entanto, todas as *archai,* enquanto evidentemente presentes, lhe possibilitam a fuga do seu mundo profano para a intuição do sagrado.

3. A destruição do mito pela ciência nascente

Tudo isto se pode ir buscar a Hesíodo, a Homero, a Píndaro, mais ainda, a quase todas as linhas que nos chegaram daqueles dias, e pode também reconhecer-se na arte grega ou nos santuários antigos. Mas a tal respeito chegamos talvez a saber muitíssimo graças sobretudo àqueles que tão grandes esforços empreenderam para destruir a perspectiva mítica: tenho aqui em mente, sobretudo, os eruditos gregos conhecidos como logógrafos, mitógrafos e autores de genealogias, que se encontravam activos na época da filosofia e da ciência nascentes, como, por exemplo, Hecateu, Ferécides, Helânico, Xenófanes, Éforo e outros ainda. Estes homens contribuíram de modos diversos para destruir o mito grego; atingiram-no, decerto, do modo mais mortífero, ao tentarem ordenar num sistema cronológico de tempo profano as histórias das *archai* e as personalidades e os deuses que nelas aparecem. O instrumento para semelhante fim é ilustrado, sobretudo, pelas genealogias, por eles inventadas; daí que as suas obras mitográficas e logográficas se tenham chamado também principalmente γενεαλογίαι.

Num primeiro momento, transmitiram-se genealogias do mundo das sagas só de um modo isolado e sem indicações temporais. Mais tarde, passou-se a extensos sistemas genealógicos das estirpes míticas e, por fim, começou-se por datações mais precisas. Constatamos com espanto como isso se deveria afigurar extremamente inabitual e com que meios primitivos se levou, de início, a cabo. Por exemplo, o autor começa simplesmente pela própria época como ponto de partida (ἐς ἐμέ), em seguida, serve-se das Olimpíadas. E demora ainda um bom bocado até que, ademais, se comece a lançar uma ponte que una genealogicamente os imensos períodos de tempo entre o mundo das sagas e o presente. (Aqui poderia ter sido precursor sobretudo Helânico, o qual, nas suas ἱεραί se serviu das sucessões das sacerdotizas de Hera como base para a série contínua dos acontecimentos históricos.)

Pode prever-se a força da resistência, que se deparou aos autores de genealogias, quando se observa o seu *pathos,* o seu zelo, o seu empenhamento e as estocadas polémicas com que tentavam induzir o homem grego a algo que, manifestamente, lhe deve ter sido de todo estranho, a saber, alinhar todos os acontecimentos segundo o fio condutor do tempo profano, e nele os ordenar, fixar e datar. Só o tempo profano, com a sua ordem, a sua direcção e a sua métrica unitárias, se torna agora condição de experiência possível e, de modo correspondente, existe também, por fim, *somente* uma realidade, a saber, a realidade profana. Os autores de genealogias pretendiam salvar em parte os conteúdos míticos, ordenando-os num sistema temporal unitário. Uma tentativa sem esperança, como se deveria revelar, que, por fim, desembocou forçosamente no sacrifício de todo o mito e na sua explicação como simples conto.

Temos aqui um dos primeiros grandes exemplos do *sózein tà phainómena,* do salvar os fenómenos, que ulteriormente foi tão renovado. E, como sempre, também aqui tal acontece introduzindo um novo conceito de experiência e de realidade perante o qual se devem autenticar os factos afirmados. É evidente que não foi a impossibilidade de alinhar as *archai,* de as fixar e datar de um modo temporalmente unitário, que perturbou o grego mítico e, por isso, para ele, a sua verdade e realidade não dependiam de tal. Toda a tentativa de salvar os fenómenos deste tipo pressupõe que se goste de assegurar uma coisa que se tornou duvidosa e que, no nosso caso, se pode obter ou derivar só mediante a audaz interpolação das cadeias causais genealógicas. Se, pois, o homem mítico nem sequer chegou ao pensamento de semelhante preservação dos fenómenos, então foi só porque a verdade das suas *archai* lhe parecia estar imediatamente *presente;* porque, para ele, o passado estava ainda *aí* como algo de eterno e que podia ser imediatamente intuído na natureza, no céu, nas suas actividades, mas em particular na festa cultual. Como é que, para ele, tudo isto podia carecer de explicações, à maneira do que acontecia com autores de genealogias, quando, pelo contrário, tal representava para ele o ponto de partida e o meio de toda a explicação — justamente enquanto condição de experiência possível? Grønbech tem, portanto, absolutamente razão quando afirma que nós, se quiséssemos compreender a noção do tempo dos gregos míticos, deveríamos «revolucionar» a noção que dele temos. «Involuntariamente, pensamos o tempo como uma corrente — escreve ele —, que provém de uma realidade desconhecida e flui de modo incessante para um futuro também desconhecido» ([26]). Mas, para os Gregos, «o tempo não era um lugar para acontecimentos, era estes próprios acontecimentos» ([27]). «Eles vêem algo que nós não conseguimos ver, por isso, os seus pensamentos movem-se numa dimensão inteiramente diversa, pelo que não é possível encontrar um denominador comum. Aos nossos olhos, o grego vive em dois planos. O tempo de festa não está contido no fluxo do tempo, mas reside fora, ou em termos mais correctos, para além do quotidiano, como um plano superior de que promanam os rios para as terras baixas do instante. A partir desta *arché* se desenrola o tempo; aqui, no lugar sagrado... produz-se o que na vida de todos os dias se transforma em trabalho rico de progresso» ([28]). E, por fim, Grønbech afirmava: «Na consideração da vida espiritual grega, não devemos apenas rever os nossos conceitos, mas temos igualmente de pensar de um outro modo as nossas experiências» ([29]).

Levaria demasiado longe se eu intentasse apresentar às considerações precedentes ainda um exame das representações espaciais no mito grego, as quais, como já se pode presumir, não se afastam menos das nossas do que as concepções acerca do tempo e das categorias mencionadas. Desejo, porém, para terminar, falar ainda uma vez da relação entre ciência e mito.

4. A relação entre ciência e mito

De que modo, deveremos agora interrogar-nos, podemos escolher entre os apriorismos míticos e os científicos? Como podemos decidir-nos entre as representações míticas da causalidade, da qualidade, da substância, do tempo, etc., por um lado, e as correspondentes representações científicas, por outro?

É justamente a abordagem científica, enquanto a própria ciência se torna objecto seu, que nos força a discernir que aqui se trata, em ambos os casos, de algo que apenas possibilita a experiência e que, por conseguinte, não pode ser absolutamente julgado pela experiência. Em nenhum lado arranjo algo como a realidade em si enquanto *tertium comparationis,* que ela é já sempre considerada mítica ou cientificamente, porque existe tanto a experiência mítica como a científica. O mesmo vale para a razão. Ambas, a experiência e a razão — e *assim* os critérios para a verdade e a realidade — são já codeterminados, entre outras coisas, por particulares representações causais e temporais. Pelo que nada seria mais falso do que atribuir ao mito, como muitas vezes acontece, a irracionalidade, ao qual a ciência se contrapõe como algo de racional. Também o mito tem a sua racionalidade, que opera no âmbito do seu próprio conceito de experiência e de razão, tal como é dado categorial e intuitivamente no modo antes indicado. (Que nele esta racionalidade não se absolutize, como na técnica, é uma outra questão.) Tem ainda, de modo correspondente, o seu particular tipo de harmonização dos sistemas que lhe são imanentes, como ordenação de todos os fenómenos no contexto complexivo, e tem a «lógica» do seu «alfabeto» e das suas figuras fundamentais. A luminosa claridade da antiguidade grega, se tal comparação é permitida, torna isto, em parte, sensivelmente constatável. Mas de tudo o que foi referido se depreende o seguinte: A *experiência mítica e a científica, a razão mítica e a científica são, em certo sentido, incomensuráveis.* Em certo sentido significa: poderemos, sem dúvida, compará-las, como aqui aconteceu, podemos compreendê-las como alternativas; mas não temos critério algum que a ambas abarque, pelo qual poderemos *avaliá-las.* Toda a avaliação partiria sempre já do ponto de vista mítico ou científico.

Não conseguiremos, pois, tomar aqui uma decisão? Mas já há milénios que se fez tal decisão, responder-se-á a esta pergunta. Sem dúvida, só que importa não aligeirar as coisas com as razões em prol desta mudança gigantesca e não considerar tudo a partir do nosso ponto de vista. Com conceitos *generalizados* de experiência, razão, verdade e realidade, como se demonstrou, não se vai aqui mais longe. Por isso, devemos igualmente pensar a transição do mito para a ciência como uma mutação, no sentido do capítulo oitavo, portanto, como história de sistemas. Não devemos, sem dúvida, perder de vista o facto de que assim conseguimos apreender este acontecimento só de um modo condicionado. Com efeito, assim como o homem mítico não podia conceber o seu mundo de deuses como uma moderna teoria enquanto *a priori* da experiência do mundo, assim também não lhe era possível pensar conscientemente nas linhas que o modo histórico-sistémico do pensamento atribui aos actores históricos. Pelo que, em certa medida e inevitavelmente, vemos o mito como uma espécie de *consideração extrínseca;* mas, olhadas do seu ponto de vista, igualmente inevitável, as coisas esboçam-se de modo diverso. Escancara-se aqui um vazio acerca do qual, em todo o caso, sabemos que jamais pode ser colmatado sem interrupções. O que é incomensurável nunca pode ser de todo mediatizado.

É justamente a perspectiva científica que, por um lado, não pode contestar inteiramente ao mito a legitimidade e que, por outro, considera a sua decadência histórica como racionalmente concebível no seu significado, a saber, como histórico-sistemicamente condicionado. Não podemos e, decerto, não queremos regressar simplesmente ao mito, porque é impossível reinserir-nos num mundo que não conhecia a nossa experiência organizada de modo completamente diverso pela ciência e, por conseguinte, também não tinha as nossas experiências particulares. No entanto, a questão acerca da verdade na ciência, que hoje se tornou tão candente, justamente porque inclui a concernente à verdade no mito, poderia induzir a tomar de novo mais a sério o que é mítico e, com ele, o numinoso e a arte. Com efeito, como já se observou no início deste capítulo, o numinoso e a arte têm nele a sua raíz comum. Não há, em todo o caso, nenhuma razão *teoricamente* constrangente para supor que todo o mundo, num futuro longínquo, *deve* relegar os modos de visão mítica como tais, isto é, soltos das particulares condições históricas do mito grego, para o reino das fábulas se, por assim dizer, não desejar perder a luz do entendimento ([30]). Não obstante, ninguém pode hoje prever se, e de que modo, o que é mítico, numa ulterior mudança ampla do horizonte, poderá *realmente* ser de novo universalmente vivenciado e experimentado. Mas podemos decerto afirmar o seguinte: É importante identificar uma mera *possibilidade* deste jaez e saber algo a seu respeito, no momento em que é menos reconhecível do que no passado a grandeza, mas também mais do que até agora, a problematicidade do mundo unilateralmente técnico-científico em que vivemos.

NOTAS

1) O panorama desta discussão surge-nos na obra de I. Lakatos/A. Musgrave (Org.), *Criticism and the Growth of Knowledge*, Cambridge 1970, Cf., além disso, W. Diederich (Org.), *Beiträge zur diachronen Wissenschaftstheorie*, Francoforte 1974.

2) E. Cassirer *Philosophie der symbolischen Formen*, Zweiter Teil: *Das mythische Denken*, Darmstadt 1953. Cassirer, a quem as considerações seguintes muito devem, foi decerto o primeiro e, até agora, o último que aplicou o fio condutor das categorias e das formas de intuição de Kant à indagação das estruturas míticas. Estimulado por ele, apliquei, no que se segue, um fio condutor semelhante. No entanto, tal semelhança é bastante superficial. Visto que tomo um ponto de partida que é diverso do aceite pelo kantiano Cassirer, as categorias e as formas de intuição, como se verá, têm aqui também um significado inteiramente diferente.

3) Este processo pode seguir-se com grande clareza sobretudo em Platão. Os deuses desvanecem-se no absoluto além das Ideias, mas a arte é refutada justamente porque, na sua referência sensorial ao mundo, produz apenas aparência. Os poetas mentem, afirma-se na *República* (377 d-e).

4) C. Lévi-Strauss, que investigou o pensamento mítico, não no âmbito da cultura grega, mas no da cultura sul-americana, australiana, etc., e que o designa sucintamente como «pensée sauvage», escreve: «...conhecem-se ainda zonas em que o pensamento selvagem, tal como as espécies selvagens, se encontra relativamente protegido: é o caso da arte, a que a nossa civilização concede o estatuto de parque nacional, com todas as vantagens e os inconvenientes que se associam a uma fórmula tão artificial; e é sobretudo o caso de tantos sectores da vida social ainda não decifrados e onde, por indiferença ou por impotência, e sem que saibamos quase sempre porquê, o pensamento selvagem continua a prosperar.» (*La pensée sauvage*, Paris 1962, p. 290). Lévi-Strauss refere-se aqui a *estruturas* míticas universais que, na realidade, concordam amplamente por toda a parte no mundo, e que não estão limitadas ao mito grego. São duas as razões por que só deste último se vai aqui falar: a primeira, é que ele nos fornece um exemplo particularmente familiar; e a segunda, é que foi justamente a partir *dele*, como se disse, que a ciência se desenvolveu num confronto crítico. Importa aqui indagar sobretudo *esta* conexão.

5) Estas representações são ainda poderosas em Platão. Eros inspira Sócrates para o Discurso (*Fedro* 236 — 37; 244 a), o amante pode estar «cheio de deus» (*op. cit.*, 249 c-d), etc.

6) No *Fedro*, Platão diz que a cada deus está assinalado um âmbito determinado no qual exerce o seu domínio (247 a). Semelhantes representações de ordem pertencem claramente à estrutura do pensamento mítico. «Cada coisa sagrada — escreve Lévi-Strauss, *op. cit.*, p. 17 — deve estar no seu lugar», notava com profundidade um pensador indígena... poderia até dizer-se que é isso que a torna sagrada pois, ao suprimi-la, ainda que fosse pelo pensamento, a ordem inteira do universo se encontraria destruída; ela contribui, pois, para o manter, ocupando o lugar que lhe cabe. Os refinamentos do ritual, que podem parecer ociosos quando se examinam superficialmente e a partir de fora, explicam-se pela preocupação do que se poderia chamar uma «micro-perequação»: não deixar escapar nenhum ser, objecto ou aspecto, a fim de lhe assinalar um lugar no seio da sua classe.»

7) W. F. Otto, *Die Götter Griechenlands*, Francoforte 1970[6].

8) O mito desconhece ainda o desmembramento analítico do mundo em elementos qualitativos abstractos, como os que, em seguida, a filosofia introduziu. Entre estes elementos contam-se, por exemplo, as Ideias de Platão e, além disso, o húmido, o seco, o quente e o frio, a terra, o fogo, a água, o ar, etc. Na perspectiva mítica, porém, os elementos constitutivos do mundo são sempre *figuras*.

9) Heródoto, II, 53; também Platão relata que Homero era considerado como aquele a quem a Grécia deve, juntamente com os deuses, toda a sua conduta de vida (πάντα τόν αὐτοῦ βίον), *República*, 606 e).

10) Falei, há pouco, do mito como de uma figura histórica encerrada. É aqui o lugar para precisar esta observação, a fim de evitar mal-entendidos.

Não afirmo, naturalmente, que o mito, por exemplo, no modo como foi transmitido por Homero ou por Hesíodo, tivesse para *todos* os Gregos do período mítico um carácter rigorosamente vinculatório, ou também só que ambos seriam, sem mais, conciliáveis. Mais ainda, não contesto sequer que, nos dois, se podem já observar certos sintomas de declínio do mito (sobretudo em Hesíodo) tudo o que afirmo aqui e a seguir diz respeito somente a certos *elementos estruturais*, certos traços característicos, e Homero, Hesíodo e também Píndaro servem simplesmente de exemplos para tal fim. De resto, talvez tenha aqui cometido o pecado de várias simplificações, generalizações e idealizações; oxalá os filólogos clássicos me perdoem e me instruam. Mas podem igualmente compreender que um começo não se pode fazer sem tais pecados veniais, e que o dado singular e particular só se pode encontrar, ver e ordenar no caso de se dispor de certas categorias gerais, novamente corrigíveis, numa espécie de efeito de retroacção.

(¹¹) Lévi-Strauss observa: «O erro de Mannhardt e da escola naturalista foi crer que os fenómenos naturais são *o que* os mitos procuram explicar: ao passo que são antes aquilo *mediante o qual* os mitos procuram explicar realidades que, em si mesmas, não são de ordem natural, mas lógica» (*op. cit.,* p. 126). Mas estas «realidades lógicas» nada mais são do que as representações míticas aprióricas da ordem.

(¹²) G. Krüger chega igualmente a um resultado afim. No seu livro sobre Platão, **Einsicht und Leidenschaft (Francoforte 1947)**, escreve: «O que Kant demonstrou a propósito da moderna empiria científica vale, bem entendido, para toda a experiência em geral: ela não é só um percepcionar mas, além disso, um conceber e um compreender o dado real no horizonte de possibilidades entendidas *a priori*. Mas onde o fundamento auto-suficiente de toda a variabilidade e de toda a possibilidade não se encontra no eu soberano, mas fora dele, a experiência assume aqui carácter *religioso*. A personalidade de forças que agem fora de nós está numa relação inversa à consciência fundamental da liberdade em nós» (p. 14). Krüger vai, pois, muito além das diferenças categoriais, aqui abordadas, entre os modos respectivos de pensamento mítico e científico. E tenta reduzi--los, em ambos os casos, a um fundamento último, à autocompreensão do homem. A autocompreensão apriórica do homem, enquanto condição derradeira da sua «experiência possível», na perspectiva de Krüger, é caracterizada, miticamente, pelo facto de que as forças são controladas cientificamente pelo «acto da espontaneidade e da liberdade», que é próprio da apercepção transcendental. «O tipo *mítico* de compreensão — afirma ainda Krüger, p. 23 — ... produz uma *visão do mundo* que nos é altamente estranha mas, apesar de tudo, *empírica*.» E por fim: «A receptividade absoluta (entende-se a do homem mítico)... faz ver *a priori* tudo o que é imponente como uma coisa que... opera 'pessoalmente' (p. 24). — É talvez aqui o lugar para enfrentar ainda uma vez uma objecção típica contra este tipo de interpretação que, em grande parte, partilho com Krüger (a objecção foi já mencionada na nota 10). Assim, por exemplo, na sua recepção do livro de Krüger, E. M. Manasse, (*Philosophische Rundschau,* 1957, n.º 1) escreve: «Visto que a análise de Krüger intenta também salientar a distância que medeia entre o antigo modo de pensar e o moderno, incorre em... simplificações duvidosas. Assim, a existência mítica, esquecida de si, como Krüger a descreve, é só na abstracção.» Poderia igualmente ser verdadeiro, como decerto é, que nem todo o homem medieval fosse um crente cristão, na medida em que assim se deve considerar a Idade Média enquanto *totalidade*. Mas isto não altera nada em relação ao *direito* de elaborar estruturas gerais e essenciais de um determinado modo de pensar e de, com toda a clareza, o distinguir de outros. Quem nega isto expõe toda a espécie de história cultural ao perigo de se perder no pormenor filológico e de se tornar, deste modo, infecunda. O actual declínio da filologia clássica, por exemplo, que só ainda conseguiu manter uma sombra da posição e da importância de outrora, no âmbito cultural, deve reportar-se, e não em última instância, a esta perda de fantasia e de visão.

(¹³) Platão descreve isto de modo particularmente concreto no *Ion* (533 d-e), onde fala da inspiração poética como de uma força divina *no* homem, a qual é comparada à força do magnete, pois se transmite da musa ao poeta e, através do rapsodo, aos ouvintes.

(¹⁴) P. Feyerabend, após a leitura do manuscrito do presente capítulo, lembrou-me que houve épocas míticas em que o deus se podia encontrar apenas num *único* lugar, justamente onde morava. Que um deus more em algum lugar, por exemplo, em Delfos ou no Olimpo, também foi, mais tarde, objecto de fé, mesmo quando já se lhe atribuía uma mobilidade muito maior. Mas não vejo nisto contradição alguma com a relação aqui discutida entre todo, parte, substância e pessoa. Efectivamente, a presença do deus podia ser experimentada em graus muito diversos, tal como, por vezes, era só vaticinado, sentido, mas, outras vezes, até visto directamente. Podia, decerto, intervir em toda a parte — mas a plenitude total da sua presença experimentava-se, talvez, só em determinados lugares sagrados.

(¹⁵) V. Grønbech, *Götter und Menschen, Griechische Geistesgeschichte II*, Reinbeck bei Hamburg 1967. Tentei aqui conferir ao conceito de *arché* um significado algo mais preciso do que acontece em Grønbech.

(¹⁶) Cassirer usa este conceito num contexto semelhante (cf. Nota 2 neste capítulo). A este respeito, encontra-se, além disso, uma observação no já citado livro de Krügger, *Einsicht und Leidenschaft:* «Enquanto a ideia moderna do tempo, determinada pela física de Newton, considera o tempo como algo de 'vazio', independente — como objecto da 'intuição pura', na formulação de Kant —, entende-se, concretamente, no pensamento antigo como *o tempo de um ente:* em primeiro lugar, como duração e esvanecimento de um ser vivo, de que ele é o *'tempo vital.* Por isso, também a palavra para expressar a eternidade — *aión* — *significa originariamente 'simples' tempo vital. O 'tempo absoluto' de Newton, que hoje determina a representação popular-culta do tempo, é o tempo pensado genuinamente abstracto de todos os 'tempos' concretos possíveis, no sentido antigo;...*» (p. 166).

(¹⁷) Como se vê, não é necessária uma referência à concepção newtoniana de tempo, como faz Krügger (ver nota precedente), para esclarecer a diferença entre tipo moderno e antigo da intuição. O tempo como *continuum* de pontos, *no* qual os acontecimentos se dispõem segundo leis causais, que, por conseguinte, *nesta medida* surge como algo de separado dos objectos, encontra-se também, por exemplo, na teoria da relatividade. Só o tempo «vazio», que não tem função alguma em relação à matéria movida, se encontra aqui ausente.

(¹⁸) H. Fränkel, «Die Zeitauffassung in der frühgeschichtlichen Literatur», in: Tietze (Org): *Wege und Formen frühgeschichtlichen Denkens,* Munique 1955.

(¹⁹) Também aqui parece tratar-se de uma estrutura universal, que se encontra presente em todos os círculos culturais miticamente determinados. Assim, M. Eliade, ao lado de Lévi-Strauss, um dos mais importantes investigadores contemporâneos dos mitos extra-europeus, escreve: «Como forma condensada, poderemos dizer que, 'vivendo' os mitos, se sai do mundo profano, cronológico, e se entra num tempo que é de qualidade diferente, num tempo 'sagrado', simultaneamente primordial e indefinidamente recuperável.» *(Myth and Reality,* Nova Iorque 1968, p. 18).

(²⁰) Cf. igualmente a este respeito Eliade, *op. cit.*, p. 8: «...a principal função do mito consiste em revelar os modelos exemplares de todos os ritos humanos e de todas as actividades humanas significativas — assembleia ou matrimónio, trabalho ou educação, arte ou sabedoria.» «...eis porque os mitos constituem os paradigmas de todos os actos humanos significativos» (p. 18). Sem dúvida, as expressões «modelo» e «paradigma» são enganadoras, porque aqui não se trata de imitações, mas de uma repetição real do evento originário. Que Eliade entende assim as coisas depreende-se do contexto das suas considerações, do qual se tiraram ainda mais algumas citações.

(²¹) E. Cassirer, *op. cit.*, p. 52.

(²²) E. Cassirer, *op. cit.*, p. 51.

(²³) Cf. a este respeito Eliade, *op. cit.*, p. 19: «Viver» um mito implica, então, uma experiência genuinamente «religiosa», pois esta difere da experiência ordinária da vida quotidiana. A «religiosidade» de tal experiência deve-se ao facto de se reviverem acontecimentos fabulosos, exaltantes, significativos, de mais uma vez se ser testemunha dos efeitos criadores dos entes sobrenaturais; deixa-se de existir no mundo quotidiano e ingressa-se num mundo transfigurado, auroral e impregnado da presença dos seres sobrenaturais. O que está implicado não é a comemoração de acontecimentos míticos, mas uma sua reiteração. Os protagonistas do mito tornam-se presentes, e quem assiste torna-se seu contemporâneo. Isto implica, pois, que não se vive no tempo cronológico, mas no Tempo primordial, no tempo em que o acontecimento *teve lugar pela primeira vez*... Experimentar de novo semelhante tempo, revivê-lo tantas vezes quanto possível, testemunhar de novo o espectáculo das obras divinas, defrontar os seres sobrenaturais e reaprender a sua lição criadora é o desejo que percorre, como um modelo, todas as reiterações dos mitos.»

([24]) Lévi-Strauss descreveu a representação mítica do tempo, tão divergente da nossa, baseando-se também no exemplo dos *rites de deuil* e dos *rites historiques,* que se encontram entre os indígenas australianos. «Vê-se, pois, que o sistema do ritual tem por função superar e integrar três posições: a da diacronia e da sincronia; a dos caracteres periódico ou aperiódico que uma e outra ordem apresentam; por fim, no seio da diacronia, a do tempo reversível e do tempo irreversível, pois, embora o presente e o passado sejam teoricamente distintos, os ritos históricos transportam o passado para o presente, e os ritos de luto o presente para o passado, e as duas práticas não são equivalentes: dos heróis míticos, pode verdadeiramente dizer-se que retornam...» (*op. cit.*, p. 314). «Os ritos comemorativos e funerários postulam que, entre o passado e o presente, é possível a passagem...» (*op. cit.*, p. 315). — Recordemos neste ponto que o rito da missa católica se deve entender miticamente na medida em que ele repete *realmente* o acontecimento originário da eucaristia, e não somente uma sua «comemoração». Sobre a relação entre o rito católico e o sacrifício antigo, cf. entre outros H. Lietzmann, *Messe und Herrenmahl,* Bona 1926. — E citemos ainda uma vez Eliade, *op. cit.,* p. 13: «É aqui que encontramos a maior diferença entre o homem das sociedades arcaicas e o homem moderno: a irreversibilidade dos acontecimentos, que para este último é o traço característico da história, não é um facto para o primeiro.»

([25]) As eternas repetições não são, por isso mesmo, para o homem que pensa miticamente, algo de morto e de fixo, como nos pode aparecer a nós, que estamos predispostos para a inquietação constante do progresso. Como observa Lévi-Strauss, tudo para ele se encontra justificado, se se puder dizer que foi empreendido pelos antepassados (*op. cit.*, p. 313). Lévi-Strauss refere-se aos indígenas australianos e cita, a propósito, Strehlow: «Através dos seus mitos, pode ver-se o indígena empenhado nas suas tarefas quotidianas: enquanto caça, pesca, recolhe as plantas selvagens, cozinha e modela diversos instrumentos. Todos estes trabalhos começaram com os antepassados totémicos; e também neste domínio o indígena respeita cegamente a tradição: permanece fiel às armas primitivas que empregavam os seus longínquos antecessores, e nunca lhe vem ao espírito a ideia de as melhorar.» (*op. cit.*, p. 312).

([26]) V. Grønbech, *op. cit.*, p. 167.

([27]) V. Grønbech, *op. cit.*, p. 169.

([28]) V. Grønbech, *op. cit.*, p. 170.

([29]) V. Grønbech, *op. cit.*, p. 170. Também Krügger observa (*op. cit.*, p. 38): «No mundo do mito, tudo tem um rosto diferente do que surge no mundo ulterior, racionalmente ordenado». (Não pretendo aqui dizer, naturalmente, que o mundo antigo foi «mais ou menos» irracional, mas simplesmente que ele não era governado pela razão «científica».)

([30]) Dedicarei uma ulterior publicação exclusivamente à teoria do mito.

ÍNDICE

Prefácios 7

Parte I — Teoria das ciências da natureza

I. *Introdução histórica ao problema da fundamentação e do valor das ciências naturais, do numinoso e da arte* 13

   1. O problema da justificação das ciências naturais no empirismo crítico de Hume, no transcendentalismo de Kant e no operativismo de Reichenbach 14
   2. Confronto entre os fundamentos do transcendentalismo e do operativismo 17
   3. O problema da fundamentação do numinoso e do objecto artístico no transcendentalismo e no operativismo 18
      Notas 21

II. *Análise de um caso particular: a fundamentação e a validade do princípio de causalidade na mecânica quântica* ... 23

   1. A restrição da aplicabilidade do princípio de causalidade na necânica quântica 23
   2. O princípio de causalidade ilimitada e os parâmetros ocultos 26
   3. A filosofia da Escola de Copenhaga e a filosofia de Bohm 28
   4. Nem o princípio de causalidade limitado nem o ilimitado implicam uma asserção «ontológica». Ambos são estipulações *a priori* 32
      Notas 34

III. *Desenvolvimento sistemático do problema da fundamentação nas ciências da natureza* 37

   1. A fundamentação das asserções de base 38
   2. A fundamentação das leis da natureza 39
   3. A fundamentação dos axiomas das teorias científico-naturais 41
   4. Só as asserções metateóricas podem ser puramente empíricas 44
      Notas 46

IV. *Um ulterior desenvolvimetno da teoria historicista de Duhem da fundamentação científica* 49

   1. A epistemologia historicista de Duhem 50
   2. Crítica da teoria de Duhem 53
   3. Introdução das categorias e ulterior desenvolvimento da teoria de Duhem 56
   4. O significado para a história da física das categorias introduzidas 58
   5. O significado propedêutico da história da ciência para a epistemologia 57
      Notas 63

V. *Crítica das epistemologias an-históricas de Popper e de Carnap a propósito do exemplo da «Astronomia Nova» de Kepler* 65

   1. Uma análise epistemológica da «Astronomia Nova» de Kepler 67
   2. A «Astronomia Nova» de Kepler à luz das epistemologias de Popper e de Lakatos 77
   3. A «Astronomia Nova» de Kepler e a lógica indutiva de Carnap 80
   4. A falta de sentido histórico em Popper e Carnap 83
      Notas 85

VI. *Um exemplo ulterior: os fundamentos histórico-culturais da mecânica quântica* 89

   1. A polémica entre Einstein e Bohr como polémica em torno de axiomas filosóficos 91
   2. Será a filosofia de Bohr um idealismo? 92
   3. O exemplo do gato 94

    4. Operadores para grandezas não mensuráveis na mecânica quântica 95
    5. Lógica quântica, interfenómenos, a demonstração de von Neumann e o indeterminismo 96
    6. Como é possível justificar os axiomas *a priori* subjacentes à mecânica quântica? 98
    Notas 106

VII. *Crítica das tentativas de relacionar a mecânica quântica com uma nova lógica* 109

    1. A tentativa de von Weizsäcker 109
    2. A tentativa de Mittelstaedt 115
    3. A tentativa de Stegmüller 118
    Notas 121

Parte II — Teoria da história da ciência e das ciências da história

VIII. *Fundamentos de uma teoria historicista geral das ciências empíricas* 125

    1. Uma situação histórica decide sobre factos e princípios e não vice-versa. Sistemas históricos e conjuntos históricos de sistemas 127
    2. O desenvolvimento das ciências é essencialmente suscitado por discordâncias internas ao conjunto de sistemas. Sete leis dos processos históricos 131
    3. Um tipo de consideração historicista não é de modo algum necessariamente relativista 136
    4. A explicação e a mutação dos sistemas. Progresso I e progresso II 137
    5. O progresso I e o progresso II baseiam-se numa harmonização de conjuntos de sistemas 139
    6. Nem o progresso I nem o progresso II crescem, de um modo incessante 142
    Notas 143

IX. *A transição de Descartes a Huygens à luz da epistemologia historicista* 145

    1. A segunda e a quarta regra do choque de Descartes como exemplo 145
    2. O significado das leis cartesianas do choque. A «mecânica divina» 147

3. A contradição interna do sistema cartesiano 151
4. A passagem de Descartes a Huygens como exemplo do automovimento dos conjuntos de sistemas 153
   Notas 157

X. *O significado do histórico-genético para a cosmologia relativista e a clássica questão de se o Universo é uma ideia* 159

1. A fundamentação *a priori* de Einstein da teoria geral da relatividade 159
2. O postulado sobre o substrato do universo e o princípio cosmológico 162
3. Quatro possíveis modelos de universo da cosmologia relativista e a sua discussão *a priori* 163
4. Sobre as dificuldades de falsificar a cosmologia relativista 169
5. Sobre a justificação do *a priori* na cosmologia relativista 171
6. Será o universo unicamente uma ideia? 173
   Notas 175

XI. *Crítica do conceito de verdade na filosofia popperiana. O conceito de verdade na teoria historicista das ciências empíricas* 179

1. A crítica do realismo metafísico de Popper e o conceito de verdade da epistemologia historicista 180
2. Da verdade da própria epistemologia historicista 185
3. Algumas observações críticas suplementares acerca do novo popperianismo 186
   Notas 189

XII. *Crítica da teoria de Sneed-Stegmüller dos processos da história da ciência e do progresso científico* 191

1. Crítica da definição de Sneed-Stegmüller das grandezas teóricas 193
2. Crítica da distinção de Sneed-Stegmüller entre o núcleo estrutural e o núcleo estrutural ampliado de uma teoria 194
3. Crítica da «dinâmica das teorias» de Sneed-Stegmüller 195
   Notas 198

XIII. *Fundamentos teóricos das ciências históricas* 199

1. Os filósofos da compreensão 200
2. Os filósofos da explicação 201

3. O geral específico das ciências históricas 201
4. A intrínseca conexão de explicação, compreensão e narração 205
5. O conceito de «teoria» nas ciências históricas 207
6. Sobre o problema da justificação dos princípios teóricos nas teorias historiográficas 209
7. Princípios axiomáticos *a priori* nas teorias historiográficas 210
8. Princípios judicativos 212
9. Princípios normativos 213
10. A relação entre o *a priori* e o *a posteriori* 213
11. O chamado círculo hermenêutico 214
12. A elucidação das explicações e das mutações dos sistemas históricos e a explicação dos significados .. 215
13. A justificação dos princípios teóricos numa situação histórica 219
14. O passado como função do presente 222
15. Três formas de justificação dos princípios teóricos nas ciências históricas 228
    Notas 229

Parte III — O mundo científico-técnico e o mundo mítico

XIV. *O mundo da técnica científica* 233

1. Para a história da técnica 233
2. A cibernética como técnica moderna por excelência.. 235
3. A sociedade na era da técnica 237
4. A tecnica entre o pró e o contra 239
5. Técnica e futurologia 242
6. A técnica à luz da teoria dos conjuntos históricos de sistemas e a paixão pela mudança 243
    Excurso sobre teoria da decisão racional 248
    Notas 252

XV. *O significado do mito grego na era da ciência e da técnica* 255

1. O problema da justificação do mito. A conexão entre mito, numinoso e arte 255
2. As condições da experiência mítica 258
3. A destruição do mito pela ciência nascente 266
4. A relação entre ciência e mito 268
    Notas 270

Composto e paginado por
GRAFIDOIS, LDA.
Impresso por
GRÁFICA MANUEL BARBOSA & FILHOS, LDA.
para
EDIÇÕES 70, LDA.
em Março de 1993